从竞争力到核心竞争力

中国企业集团国际化的理论与实践

—— 杨永胜◎著 ——

中国发展出版社
CHINA DEVELOPMENT PRESS

Contents
目录

第一章　导论

  企业国际化市场进入模式的选择，已成为企业跨国经营成功与否的重要影响因素。本书将研究国有特大型建筑企业国际化市场进入模式选择的特点，并对影响进入国际市场的因素进行归纳和分析，利用调查问卷所获样本数据进行定量分析，在此基础上提出市场进入模式选择的理论框架，并辅以详细的案例研究。本章首先给出研究背景、研究内容与意义、研究方法设计以及全书结构。

第二章　企业国际化战略理论概述

本章对企业国际化和市场进入模式选择的相关理论进行了回顾和总结，通过对文献的回顾和总结，主要介绍了企业国际化及相关概念、企业国际化策略的理论分析、企业战略理论和多元发展的战略选择理论，为后面的探索性研究奠定了基础。

第三章　国际化战略选择研究设计及方法

本章对本书中用到的研究方法和工具进行了介绍，为后续研究提供了技术支持。首先阐述了书中采用的研究方法，其次介绍了企业环境分析方法，最后提出采用AHP作为定量分析工具，并解释了其原因。

第四章　建筑企业国际化经营的模式与战略

在完成企业国际化相关理论及研究方法分析的基础上，需要进一步明确企业国际化经营的产业环境及战略定位，为企业市场进入模式选择提供基础。因此，本章首先介绍了国有特大型建筑企业国际化经营的产业环境。其次，以国有特大型建筑企业代表——中国交建为研究对象，对其国际化经营进行战略定位。

第五章　中国交建的生动实践

本章为本书的案例研究部分。基于建筑企业产业环境分析及中国交建战略定位，本章提出国有特大型建筑企业国际化经营的三大前提，据此构建了市场进入模式选择的分析框架，并以中国交建进入肯尼亚和安哥拉市场为例，验证了该理论框架的适用性和有效性。

第六章　国外知名建筑企业的国际化经营与合作评述

1995年，《财富》杂志把全球工业公司500强和非工业公司500强合并成《财富》世界500强。当年进入世界500强的建筑企业共计14家，日本10家，法国3家，美国1家。2012年，入选世界500强的建筑企业有12家，中国5家，法国2家，西班牙2家，美国、瑞典、奥地利各1家。伴随着越来越多的中国建筑企业走出去，我们需要放宽视野，进一步审视国外优秀建筑企业的昨天和今天，通过研究其经验、教训，更好地思

考我们未来的发展之路。

第七章　中国知名建筑企业国际化经营与合作评述

本章主要介绍了中国知名建筑企业国际化经营与合作模式
选择的历史与现状。选取了中国建筑工程总公司、中国中铁股
份有限公司、中国铁路建筑总公司、中国有色矿业集团有限公司、
中国水利水电建设集团和中国交通建设股份有限公司作为论述
对象，几乎囊括了中国最具实力的建筑企业，代表了中国建筑
界的最高水平，对它们的国际化经营与合作模式选择进行研究
和论述，具有较高的实践参考价值。

第八章　中国交建与全球知名国际工程承包商的对标分析

本章对中国交通建设股份有限公司和全球知名的建筑企业集团进行了详细的对标分析。在对标企业的选取、对标企业的排名、对标指标的选取等方面都十分慎重而严谨，力求准确、客观、科学地分析出中国交建和全球知名建筑企业的异同，并为中国交建下一步的发展找到方向，为进一步开拓国际市场、扩大国际知名度而努力。

第九章　我国建筑企业未来发展应对之策

本章是建议篇。通过科学论述和严谨论证，介绍了中国建筑企业的未来发展趋势，并在此基础上，进一步介绍了中国交通建设股份有限公司作为中国特大型国有建筑企业的代表，其未来战略追求和发展方向在哪里，且通过陈述其最新举措，展示了中国交建打造世界一流建筑企业的步伐和实力。最后对中国建筑企业的未来做了展望。

　　中国交通建设股份有限公司的杨永胜博士即将出版其专著《从竞争力到核心竞争力：中国企业集团国际化的理论与实践》，约我写一个序言。杨博士是我的朋友，其为学如其为人一样，诚实认真，一丝不苟。他多年来虽一直在企业工作，但仍对读书学习情有独钟，而且，喜欢思考问题。再者，中国企业国际化已经成为一个越来越受关注的话题，最近几年我对此问题正好也有一些思考，所以，借此机会，就其中两个重要问题谈一些个人的看法，以求教于大家。

　　第一个问题是，中国企业为什么要"走出去"？

　　近些年来，中国企业"走出去"的步伐逐渐加快，具有多方面的原因。有主动、积极的原因，也有被动、压力的原因。

　　一是随着中国经济发展进入到新的阶段，企业规模越来越大，

对资源、市场、技术和品牌等战略性资产的需求也越来越大，需要在更大范围内优化资源配置，获取先进技术，开拓市场渠道，提升品牌的国际影响力。

二是随着中国对外开放进入到新的阶段，企业国际化的形式已经越来越多地从原有的贸易开始转向贸易和投资相结合，按照新的比较优势配置各种资源。根据国际经验，发展中国家一般是人均GDP超过3000美元时开始进入对外投资的快速增长阶段。我国2012年人均GDP已达到6100美元，按照一般的规律，应该开始进入对外投资扩张的阶段。但实际上，我国海外投资的总体水平仍大大低于发达国家甚至一些发展中国家。剔除GDP总量因素，我国企业海外资本规模仅相当于日本的31.5%，美国的13.2%，英国的7.2%，韩国的36.4%，巴西的61.9%，印度的91.2%，俄罗斯的26.4%，转轨国家的31.9%。所以，中国企业国际化既是中国企业自身发展的需要，也是符合国际贸易和投资规律的；促使企业"走出去"，务实审慎地参与经济全球化进程，既是企业战略，也是国家战略。我们应从国家整体利益出发，完善"引进来与走出去相结合"的新型国际化经济模式与战略设计；要从此前更多关注贸易利益转向贸易与投资利益并重，加强对作为经济战略实施主体的企业"走出去"的政策支持和管理；要将企业海外投资纳入全球化背景下国家经济战略的全局考量与总体设计之中。

三是无论人们如何认识和评价，近些年来全球化的程度的确在不断加深。在此背景下，世界上任何一个国家都相互密切地被联系在一起，任何一个区域市场既是本地市场，也是全球市场的重要组成部分。而且，实践对许多传统的理论也提出了挑战，甚至国际化程度最高的企业并不仅仅只是具有全球竞争力的企业。如国际新企业模型认为，国际新企业是指"那些起初就通过利用多国资源和市场寻求竞争优势的企业"，这些企业不需要"走出去"就已经是国际化的企业。

此外，中国企业"走出去"还有一个非常重要的现实原因。随着中国经济的发展，包括钢铁、石化、建材、船舶、光伏等在内的许多传统和新兴产业出现了比较严重的产能过剩问题。产能过剩导致企业之间恶性竞争、效益下降。不少企业认为，"走出去"是化解当前产能过剩矛盾，提高企业整体盈利能力的一个现实选择。

第二个问题是，如何看待中国企业"走出去"正面临的各种越来越多的争议？

近年来特别是金融危机发生以来，国际社会比较密集地出现了针对我国企业对外投资行为的争议。从目前出现的各种争议看，有的是基于经济和商业利益的考虑，有的属于对政治和军事因素的关注，有的反映了对中国崛起的不安心态，也有的则折射了中国企业自身存在的诸多问题。

第一类是关于"能源和资源安全"的争议。主要担心我国政府通过大型国有企业来控制"目标企业"所在国的资源或能源，从而影响该国资源或能源安全，并声称"欢迎中国资本，但不要中国政府的控制"。2005 年中海油竞购"优尼科"公司、2009 年中铝收购力拓股份中都出现过此类情况。

第二类是关于"军事安全"的争议。主要担心中国企业的并购会影响"目标企业"所在国或所在国所属军事集团的军事安全。如2010年民营企业天津鑫茂科技公司以13亿美元竞购荷兰光纤电缆商 Draka Holding NV 时，欧盟就曾公开表示，担心这家为多个西方国家军队提供光纤电缆的公司被中国控制。

第三类是关于"技术安全"的争议。主要担心中国企业的并购会抢走"目标企业"的技术，特别是与军工有关和涉及关键基础设施（如通信）的技术，进而使"目标企业"所在国丧失技术优势。2007年华为公司拟收购美国3com公司、2010 年华为公司拟收购美国三叶（3Leaf）公司被否决的案例中就存在类似争议。据《华尔街日报》报道，欧盟以及西班牙、意大利等一些南欧国家的官员表示他们担心中国公司收购欧洲企业就是为了获得关键技术。

第四类是关于是否影响公平竞争环境的争议。主要担心中国国有企业会得到政府不透明的支持（优惠贷款、补贴、税收优惠等），对其他竞争对手带来不公平。尽管绝大多数中国国企的经营已经非常市场化，但在西方国家政府和公众看来，却并非如此。如美国国务院副国务卿罗伯特·霍马茨（Robert D. Hormats）于2011年9月13日在洛杉矶市政厅就"美国经济政策和亚太地区"发表演讲时，指出"在一些情况下，国有企业和国家扶持的企业能够赢得国内和国际市场份额的大部分原因在于它们享受私营部门竞争对手一般得不到的财政支持、税收优惠、监管优待和反托拉斯法豁免等"。

第五类是关于就业、环境和当地习俗方面的争议。主要担心中国企业裁员，导致工人失业，无视劳工权利；污染、破坏环境；不尊重当地风俗习惯、宗教信仰等。如将中国人或企业在非洲、东南亚和南美一些国家开农场、经营采矿业和开发水电视为实施"土地殖民主义"和"新殖民主义"。此外，还出现过巴布亚新几内亚关于地权的官司等现象。

第六类是由泛化的"中国威胁论"引致的争议。主要体现为对中国逐渐显示出一个全球贸易和投资大国的地位感到不安，将明显无关的商业行为套上政府行为的帽子。如2007年，中信证券与美国贝尔斯登公司签署互相持股协议，拟购入贝尔斯登6%股权，美国马上表示将对此交易展开审查。

上述争议的出现在所难免并将长期存在，只要中国企业的对外投资不断增多，这种争议便有可能出现。从已有经验看，类似争议在其他国家的企业身上也出现过。如美国1988年设立海外投资委员会的主要目的就是为了应对外国企业特别是日本企业在美国的大范围收购，以国家安全的名义，对海外投资进行审查。2006年，"迪拜港口世界"接管美国六家港口经营权通过了美国海外投资委员会的审查后，遭到了国会的强烈反对，主要理由是阿联酋反恐不力，最后，"迪拜港口世界"被迫放弃交易。从中国企业"走出去"的历史看，类似的争议也发生过，只是当时中国企业与国际市场打交道主要是通过贸易方式，因此争议主要出现于个别率先走出去的中国企业身上。如从1990年到1998年，就有中航技术进出口公司、中国有色进出口公司、中远集团、海尔等公司对美国公司的收购先后被否或引发重大争议。

从未来看，中国企业对外投资大幅度增加的必然趋势，将使这

些争议长期存在。近年来，随着中国经济的快速发展，中国企业"走出去"的深度和广度均有大幅度增加，海外直接投资和并购发展快速。今后五年和更长的一个时期，中国海外直接投资和并购必然会有更大的发展。一方面，中国海外投资现有的总规模并不是很大，有进一步发展的巨大空间；另一方面，中国企业有能力、有动机不断增加对外投资。首先，中国企业经受了经济全球化和金融危机的考验，积累了一定的经验和资本，在欧美等世界其他国家经济复苏缓慢的情况下，中国企业具有相对较强的资本实力，从而可以主动寻求资源优化配置。其次，过去多年的发展造成了能源、资源和环境的巨大压力，通过对外直接投资及并购获得资源、技术对中国企业的生存发展和中国经济长期的转型发展都至关重要。

中国企业走出去遇到的各种争议，既有短期的原因，也有长期的原因，既有经济原因，也有政治原因。

（1）中国作为一个崛起的社会主义大国融入全球体系，史无前例。

一是近些年来，伴随着中国政治、经济实力的不断增强，世界普遍认识到，中国作为一个大国正在重新崛起。在全球利益格局重构的过程中，各种争议随之而来，这是"大国崛起"的正常碰撞。五百年来，在人类现代化进程的大舞台上，每一个新的世界性大国崛起之时，都会对既有的政治经济利益格局形成挑战；而既有大国也绝不会轻易放弃已有的地位和利益，于是无一例外的都在遏制与反遏制的过程中通过战争来最终确立新兴大国的地位。尽管我们一再表示，中国要"和平崛起"，不谋求霸权，但客观上构成了对全球霸主美国和其他一些政治经济大国的挑战。

二是中国在意识形态、政治体制与文明起源方面都与西方世界显著不同，这种差异也使得西方世界普遍对中国有着不解、疑虑，从而在一些事情上有先入为主的偏见。在政治制度方面，西方及拉美、非洲等很多国家实行的是民主选举制，而中国实行的是中国共产党领导的多党合作和政治协商制度。中国是东方文明的代表，有着5000年灿烂的历史文化，在文化传统、生活习惯乃至思维方式等方面都与西方文明显著不同，因差异而导致的不理解也往往引发争议。例如中国企业在海外通常要求员工努力工作，节假日加班本来在中国国内就是常态，但在海外往往被视为不尊重人权；再如中国人很多是无神论者，也让普遍信仰宗教的海外世界很难接受。

三是金融危机以来全球经济普遍疲软与中国经济一枝独秀形成鲜明对比，加之长期的贸易失衡，不排除一些国家有嫉妒的心态。

（2）20世纪80年代的日本与今日的中国十分相似，也是争议不断。

今日的中国，在经济地位与企业"走出去"面对的争议上都与20世纪80年代的日本颇为相似。在20世纪80年代，日本成为仅次于美国的世界经济第二强国，在"广场协议"后日元升值的背景下，日本企业大举走出去，在海外持有的总资产增长了25倍，其在对美FDI中的比例从1980年的19%增加到了1987年的31%。1989年秋天，所有的新闻头条都围绕着日本收购了哥伦比亚电影公司和洛克菲勒中心两大并购案，美国舆论一片哗然，惊呼"日本将买下美国"。

美国以国家安全理由反对国外并购的事情也曾发生在20世纪80

年代,针对的是身为美国亲密军事盟友的日本。从国家安全角度来说,最具争议性的交易是日本企业富士通在 1986 年试图收购美国仙童半导体公司(Fairchild Semiconductor)的案例,然而具有讽刺意味的是,当时该公司已经由法国的斯伦贝谢公司所控制。究其原因,20 世纪80 年代末日本并购活动之所以引起那么大的争议,不仅仅是因为交易的数量和规模,而且包括一些令人瞩目的并购案件,再加上十多年的贸易失衡及互惠问题。

尽管中日两国具体情况差别很大,美国对两者的抱怨却是极其相似。正如 2007 年美国国会研究服务(CRS)的一份报告所指出的那样:"从许多方面来说,人们对中国经济力量崛起的看法,与20 世纪 70、80 年代时对日本经济崛起及其对美国经济影响的看法相似。"

(3)中国企业自身存在的一些缺点和不足也值得检讨。

第一,部分中国企业过于"功利化",未将企业自身利益与东道国国家利益、所在社区利益有机结合,从而引发争议。这种"功利化"表现在两个方面。一方面,相当多的中国企业"走出去",主要盯着自身所缺乏的资源和技术,要么投资海外大宗商品领域,以保障长期稳定的资源供应,要么直接收购海外知名企业,获得先进的技术、管理与品牌,而在当地投资建厂较少。这样的做法对中国企业虽然有利,但对于东道国而言,在选举政治的背景下,对外资是否能够创造就业十分关注,因此,一般更欢迎能够给当地带来就业机会并且拉动投资和消费增长的绿地投资。另一方面,部分中国企业在海外没有履行好企业社会责任,特别是一些中小民营企业,社会责任意识普遍不强。尽管在当地投资建厂，但不注重招聘当地员工、无视资源的可持续开采和环境保护以及与当地社区缺乏交流等等，从而引发当地民众不满，爆发争议。这样的事例在非洲等一些地方时有发生。

第二，海外投资争议频繁也暴露出中国企业整体公关与协调能力的不足。其一，中国企业"走出去"，往往是企业自己单打独斗，或是简单几个企业松散联合，势单力薄，缺乏行业组织、半官方组织和官方组织同行，当因各种原因发生争议时，则无力应付；即便寻求国内官方帮助，也因为各相关部门间缺乏协调，难以得到实质性帮助和服务，从而无法化解本可化解的一些争议。其二，中国企业"走出去"，缺乏一定的协调机制，往往是某个行业或资源看好，就有一大堆企业蜂拥而至，相互恶性竞争，"窝里斗"，给东道国以负面印象。

作为"走出去"的主体，企业能否成功地"走出去"，虽然关键在其是否能够不断提升"走出去"的能力，但也取决于政府、半官方机构以及各类民间机构能否有效地协力企业一起"走出去"，为企业"走出去"创造有利的投资环境。

（1）要继续大力开展经济外交，创建和维护合作共赢的大环境。

要将助力中国企业"走出去"作为我国外交特别是经济外交的重要战略。在推进我国实现和平崛起的过程中，我国经济外交的重点正由重视"引进来"向突出"走出去"转变。构建并保持与东道国良好的双边关系，维护合作共赢的大环境，是对企业"走出去"

最有力的支持，也是消除对中国企业"走出去"诸多误解和诋毁的根本途径。

（2）要推进半官方机构和民间机构与企业一同"走出去"，发挥润滑作用。

要重视半官方机构和民间机构在企业"走出去"中不可替代的作用。在政府不宜直接采取措施的领域，半官方机构和民间机构（以下简称"走出去"机构）是重要的政策载体和着力点。在出现矛盾和纠纷时，由这些机构代替政府直接出面能够获得伸缩空间。在我国扩大开放、吸引外资的过程中，国外许多非官方机构都发挥了积极作用，为外企在华投资提供了各种服务和支持。中国美国商会已连续13年公布《美国企业在中国》白皮书，总结在华美国企业的经营经验，同时表达企业的各种诉求。当日本扩大在美投资时，在美国代表日本利益的私人和公共组织也加强了公共关系上的努力，这里面既有美国的组织（如国际投资协会），也有日本的组织（如日本外贸组织、日本经济社会联合会等）。应当借鉴国际经验，高度重视并发挥"走出去"机构在企业"走出去"过程中的作用。我国的一些经贸类半官方机构，如中国贸促会、国际商会及各行业协会等，虽然已开始关注企业"走出去"，但资源投入和工作安排仍偏重于"引进来"。中国贸促会在国内有600多家地方和行业分支会，在海外仅在17个国家和地区设有代表处，而我国境外企业已分布在全球178个国家和地区。因此，要大力发展现有"走出去"机构，加大资源投入，推动其在海外设立代表处；鼓励企业与所在国各种机构加强联系；鼓励中外双方建立交流合作组织，扩大社会接触面，多种途径为企业营造良好投资环境。

（3）要吸收更多企业参与双边或多边国际战略与经济对话，增加企业对外直接投资议题。

首先，要不断完善国家战略经济对话机制。目前，中国与美国、英国、印度等国家已建立起战略经济对话机制。随着战略经济对话的推进，中方除了关注对话内容和对话方式外，还应关注议题本身，提出更符合自身需要且双方都关注的议题。对于尚未建立战略经济对话机制的"走出去"重要目标国，我国应尽早建立相应的战略经济对话机制。

其次，要增设企业对外直接投资议题，增强企业参与的主动性。随着经济全球化和跨国公司实力的不断发展，企业成为国际交流的重要角色和推动力量。根据形势变化和中国企业"走出去"的需要，在中国与其他国家的战略经济对话中，中方应提议适当增加有关企业对外投资的议题，突出中国企业对外投资和海外经营取得的成绩与面临的问题，增加企业诉求。在对话中，应积极吸收更多企业参加，强调企业的参与性，不断探索中国企业参与国际交流的创新机制。

（4）建立更广泛的部委协调机制，服务企业"走出去"。

一是建立更广泛的部委协调机制，优化"走出去"程序。在"引进来"的过程中，许多地方推出各种政策优惠和便捷措施，成立了专门的对口部门或"一站式"服务中心。而目前企业在"走出去"过程中，从投资立项到企业核准再到外汇使用，面临繁琐程序，这些程序都是事前的，分散在国内许多部门。过多的行政性审批制约了企业"走出去"的积极性，也使企业对外投资的市场和商业行为

被政府行为遮掩，使原本的商业行为染上过多政府色彩。

二是大力推进政府对企业"走出去"服务机制的转变。企业是"走出去"的商业决策主体，承担相应的市场风险；政府机构不应以风险为由代替企业进行商业决策，更不应制造各种不便。相反，政府机构应千方百计为企业提供服务，建立风险分担机制，应当尽最大可能减少坐在家里的各种审批，建立更广泛的部委协调机制，为企业"走出去"提供资源支持，协助企业在境外建立良好投资环境。

（5）要督促并激励企业履行社会责任，成为承担"大国责任"的有机组成部分。

中国应当承担与国力匹配的大国责任，但大国责任并不全是政府责任，企业履行社会责任，尤其是在对外投资中履行社会责任，树立良好企业公民形象，对东道国的经济社会和环境协调发展做出积极贡献，就是承担大国责任的一种具体表现。此外，企业通过其产品和服务以及在社会中的表现，无所不在地传递着母国价值观和文化影响力，促进了交流和理解，是展示大国风范、消除误解和摩擦的重要途径，这一点在我国的开放进程中得到了充分体现。应敦促"走出去"企业，无论是投资发达国家还是投资发展中国家，都要迅速融入当地社区，遵守当地法律和公序良俗，体现给当地带来的利益；应当与地方政府建立良好关系，尽量通过民间渠道进行"润物细无声"式的宣传和传播。

以上认识仅仅为个人观点，不对之处请各位批评指正！

在国际化程度较高的中国企业中，交通、基础设施建设是非常重要的一个部分。当然，与制造业等其他产业不同的是，在建设领域企业的国际化经营与合作的主要形式是工程承包。近年来，虽然受到了国际金融危机的巨大影响，但国际工程承包市场仍然保持了持续增长。中国交通建设股份有限公司是中国国际工程承包领域的龙头企业，多年稳居国际工程承包的第一位，并入围全球前十强。所以，对建筑企业国际化产业经营环境及中国交通建设股份有限公司的全球战略进行深入分析，不仅深化了我们对于特定行业国际化理论与实践的一般认识，同时有助于了解一个具体的企业是如何通过国际化发展成为具有全球竞争力的企业的。从这个意义上讲，本书不仅具有宏观上的价值，也具有微观上的价值。

是为序。

赵昌文[1]

2013 年 9 月 10 日

---

[1] 赵昌文，博士，国务院发展研究中心企业研究所所长、研究员，四川大学工商管理学院公司金融专业教授、博士研究生导师，四川大学金融研究所所长，国家社会科学基金重大招标项目首席专家等。

F weword 序二

For long forgotten and adjourned, Africa has recently raised a new and sharp interest in the main world powers. This sudden interest, which has intensified in the last couple of years, is driven by the vast energy and mineral resources of the African continent and by its potential for development. As more and more countries set foot in the region there is a new attention on China's role and engagement in that part of the world and there is no lack of recent literature on the subject. The approaches are very diverse and if some are more skeptical, others praise factors that particularly shape China's current move to Africa such as a focus on development cooperation and on establishing strategic partnerships. These would also add that China has had a very positive and influential role in Africa through aiding many countries to solve imminent problems and to assist with knowledge transfer.

For sure there is not a single motive to this relationship and to address the many angles through which it can be judged as a contribution to understanding not only the African continent but the nature of the many interests that interplay in the region. In fact, it is not only China that is interested in Africa. Beyond Europe and the United States of America, there is Japan and emerging countries such as Brazil and India, all of them with growing political and economic interests in the continent.

This book is therefore of great help to all those who seek enlightenment on the complexity of these issues. Approaching the subject through the perspective of the internationalization of Chinese enterprises, the book synthesizes the main related theories and describes how China Communications Construction Company (CCCC), a large-sized Chinese company, operationalizes such theories to enter the African continent and in particular Angola and Kenya. In a clear and engaging prose the author describes not only the process of formalizing these entry strategies as he also presents the problems that emerge when of their implementation and how these problems have been overcome. Entry modes are given a particular attention as well as the tools that CCCC uses in its SWOT analysis as it adjusts to China strategies of "bringing in" and "going out". This book is of special interest to all companies wishing to internationalize especially in what concerns the use of the analytical hierarchical process (AHP) that the author describes in great detail.

Further on, the book guides the reader through a theoretical and practical framework that explains the entry modes of CCCC in Angola and

Kenya. Entering African countries is not an easy task for Chinese companies since there are considerable cultural differences and China's experience in the business landscape of Africa is still recent. Nevertheless with the penchant for experimentalism that characterizes China's approach to solving problems, companies are willing to compromise in looking for the best solutions to serve the market. In the construction field, for example, although Chinese construction companies dominate in Angola, when realizing that their customers prefer European design, they do not hesitate to hire Portuguese interior designers for cultural proximity and to better suit the preferences of the market.

It is precisely this down-to-earth approach, which can be perceived throughout the book that is so helpful for sustainable entry strategies in the African continent. After centuries of strong links with Europe, African countries are now also in search of their own model of management. As one African leader recently said: "let us stop looking to the West where the sun sets and look instead to the East where the sun rises." This is also the feeling of a Tanzanian national we interviewed in Guangzhou: "before coming to China when I thought of a company, let's say a textile company for example, I visualized a large building with complex equipment and specialized staff and I thought it would be difficult, perhaps impossible, to have many of such companies in my country. But in China I saw, and I learned, that a textile company can also be on a fifth floor of a building, run by five or six members of the same family and then I thought it is possible, that this is a company too."

It is also a range of possibilities that this book offers the reader not only by analyzing the particular case of one company but then, in Chapters 6 and 7, by presenting and comparing the cases of several international companies thus providing us with ample material for thought.

For all the above, this is a book that will be of interest not only to companies seeking to enter international markets and the African market in particular but also, due to its sound theoretical background and research method, it will be of use to academia and policy makers.

Nelson Santos Ant nio[1]

Virginia Trigo[2]

Aug 10th 2013

---

[1] Nelson Santos Ant nio，里斯本大学管理学院企业战略管理专业系主任，教授，博士生导师；原澳门大学管理学院院长。

[2] Virginia Trigo，里斯本大学管理学院教授，博士生导师；原澳门大学管理学院教授；澳门旅游学院创办人。

序二（译文）

在长期的遗忘和延宕之后，非洲再次引起了世界各大国的浓厚兴趣。这突如其来的兴趣在过去几年里愈演愈烈，原因在于非洲大陆丰富的能源、矿产资源及其巨大的发展潜力。随着越来越多的国家涉足这一地区，中国在这里的角色和参与同样受到了新的关注，相关研究也逐渐增多。中国进入非洲的方式是多样化的，有些人对此持怀疑态度，另外一些人则盛赞中国当前参与非洲的发展，比如专注于发展合作和建立战略伙伴关系。这些进一步说明，通过帮助许多国家解决迫在眉睫的问题和知识转移，中国在非洲已经成为一个非常积极和有影响力的角色。

无疑，确立这种关系的动机并非单一，从不同的角度判断这种关系不仅有助于理解非洲大陆，还有助于理解这一地区互相交织的众多利益的性质。实际上，不仅中国对非洲感兴趣，除了欧洲和美国，

还有日本和新兴国家，如巴西和印度，它们在这片大陆上都有着日益增长的政治和经济利益。

因此本书对在这些问题上寻求启迪的人大有裨益。通过中国企业国际化这一主题，本书综合了主要的相关理论，阐述了一个大型的中国国有企业——中国交通建设股份有限公司（以下简称"中国交建"）运用这些理论进入非洲大陆，特别是安哥拉和肯尼亚的实践过程。在本书清晰且吸引人的叙述中，作者不仅描述了这些进入战略的形成过程，更提出了实施过程中出现的问题及解决之道。本书特别探讨了国际化进入模式和 SWOT 分析的详细过程，中国交建在响应国家"引进来"和"走出去"战略过程中所采取的措施。本书对于所有希望国际化的公司有特殊意义，尤其是作者在分析过程中详细地描述了层次分析法（AHP）的运用。

而且，本书通过理论和实践相结合的框架引导读者，该框架解释了中国交建在安哥拉和肯尼亚市场的国际化进入模式。中国企业进入非洲国家并非易事，因为既存在相当大的文化差异，而且中国在非洲的商业实践也是近期发生的事情。但是偏好经验主义的做法是中国（公司）解决问题的特点，中国公司愿意在寻求服务市场的最佳解决方案上妥协。例如在建筑领域，尽管中国建筑企业主导安哥拉市场，但当意识到它们的客户更喜欢欧洲设计时，便毫不犹豫地聘请文化相近的葡萄牙室内设计师，以更好地满足市场的偏好。

正是这种在全书中都能感受到的务实方法，非常有助于在非洲大陆实施可持续性的进入战略。经过与欧洲几个世纪的紧密联系，非洲国家现在也在寻找它们自己的管理模式。一位非洲领导人最近说："让我们停止遥望太阳落下去的西方，转而朝向太阳升起来的东方。"这也是我们在广州采访一个坦桑尼亚人的感受："来中国之前，我想象一家公司，比如纺织公司，应该是拥有复杂设备和专业人员的一栋大厦，在我们国家拥有多家这样的公司是很困难的，也许是不可能的。但是在中国，我看到一个纺织公司也可以是在某个大厦的五层，由五六个家庭成员经营，现在我认识到这是可能的，这也是一个公司。"

本书也为读者提供了一系列的可能性，不仅通过分析一个公司的具体案例，而且在第六、七章通过展示和比较几家国际公司的案例，进而为大家提供了充足的思想材料。

综上所述，本书不仅有益于寻求进入国际市场尤其是非洲市场的公司，而且，基于其坚实的理论背景和研究方法，本书对学术界和政策制定者亦有帮助。

Nelson Santos António

Virginia Trigo

2013 年 8 月 10 日

1

第一章

导 论

　　企业国际化市场进入模式的选择，已成为企业跨国经营成功与否的重要影响因素。本书将研究国有特大型建筑企业国际化市场进入模式选择的特点，并对影响进入国际市场的因素进行归纳和分析，利用调查问卷所获样本数据进行定量分析，在此基础上提出市场进入模式选择的理论框架，并辅以详细的案例研究。本章首先给出研究背景、研究内容与意义、研究方法设计以及全书结构。

—— 第 1 节 ——
研究背景

最近 30 多年是世界多极化和经济全球化日益深入的 30 多年，也是中国改革开放和经济高速发展的关键时期，中国和世界各国经济、政治联系大大加强，并迅速成为全球经济的重要组成部分。中国 GDP 年均增长达 9% 以上，人民生活水平不断提高，在产品出口和吸引外资方面成效显著，"中国式增长"一度成为学者研究的主题。

经济全球化主要体现为企业国际化。跨国公司已成为企业国际化的主体，它们对外进行投资和跨国经营，在全球范围内配置资源，美国研发、中国制造、出口进入欧洲市场已被视为平常。跨国企业规模和影响空前膨胀，深刻改变了世界范围内的增长模式和经济格局。许多国家和地区在这个经济全球化日益深化的过程中，利用自身的比较优势实现了迅速崛起。20 世纪 70 年代，亚洲"四小龙"经济快速增长，步入了发达经济体的行列，并产生了三星、现代等一批有代表性的跨国企业。20 世纪 80 年代，中国作为亚洲乃至全球新的经济增长点异军突起。现在，在经济规模快速扩张的同时，中国迫切需要进行结构调整和产业升级，而这些都必须有赖于一批国际化经营水平很高的企业诞生，这是开放经济发展到一定阶段的必然产物。

企业的国际化一般分为内向国际化和外向国际化两种方式，即所谓的"引进来"和"走出去"战略。

在内向国际化方面，中国主要采用产品出口和吸引外资等方式来参与全球经济，通过签署一系列的政府间协议来消除国际间的贸易壁垒，为跨境自由贸易提供政策保障。到 2011 年，中国政府已与130 个国家和地区签署了双边投资保护协定，与 96 个国家签订了避免双重征税协定，签署了 10 个自由贸易区协定，建立了经贸联委会机制、投资合作促进机制。同时，积极营造良好的国内投资环境，以中国广大的市场和丰富的劳动力资源为依托，大力吸引外资，发展外向型经济。在加入世界贸易组织（WTO）10 年以来，中国国民生产总值增长了 2 倍多，进出口规模增长将近 5 倍，吸引外资在2012 年突破 1117 亿美元，连续 21 年位居发展中国家第一位。

在外向国际化方面，从发达国家的发展经验来看，企业的外向国际化是开放型经济体发展的必经阶段，是将本国经济融入全球经济的过程。按照 John Dunning（1977）的直接投资发展路径理论，如果人均国内生产总值超过 3000 美元，国家就将进入净对外投资为正的阶段。目前，日本、德国、韩国、台湾等国家和地区处于对外投资大于吸引外资的发展阶段，美国、英国等已进入国际双向投资大体平衡的发展阶段。

中国自改革开放以来，成功地进行了经济转型，从计划经济过渡到了市场经济，并确立了企业的市场经济主体地位。随后在 20 世纪 90 年代初进行了国有企业改革，对关系国家经济命脉的特大型企业进行了兼并重组和强强联合，形成了一批隶属于国务院国有资产监督管理委员会的特大型中央企业集团。这些企业集团在经营管理体制和组织架构方面进行变革，并通过上市规范企业内部治理，强

化外部监督，充实企业资本，通过一系列改革使得国有企业的竞争力大幅提升，为企业外向国际化打下了坚实的基础。

历经 30 余年的发展，中国的国际经济地位和影响力显著提升，2012 年人均国内生产总值超过 6000 美元，已进入了投资发展路径理论所说的对外投资快速增长阶段。国有企业以其特有的国家背景，担负起实现国家战略和企业战略的双重任务，成为中国对外投资的主体。

截至 2011 年末，中国国有企业在对外投资方面发展迅速并做出了一些有益的尝试。例如，中石化集团投资 71.39 亿美元收购了西班牙雷普索尔公司巴西公司 40% 的股权，国家电网公司投资 9.89 亿美元收购了巴西 7 家国家输电特许权公司等。中海油收购优尼科虽然以失败告终，但整个收购过程操作规范，不仅公司股价及市值大幅增长，公司国际形象和知名度、认可度也大幅提升。

尽管中国对外投资合作发展迅速，但仍处于起步阶段。相对于对外贸易、吸引外资而言，企业国际化水平仍有待提高，国际市场占有率低下。2011 年中国对外直接投资分别占全球当年流量、存量的 4.4% 和 2%，这就要求国有企业进一步强化自身的国际竞争力，加快"走出去"的步伐。

另外，企业国际化整体环境的变化也使得外向国际化成为中国转变经济增长方式、摆脱"中等收入陷阱"的有效途径。

从外部环境看，2007 年金融危机以来，世界经济持续低迷，欧美等发达国家经济受到沉重打击，消费疲软，国内失业率持续上升，经济复苏的基础仍很薄弱。欧洲债务危机持续蔓延，贸易保护主义重新抬头，政府对经济的干预加强，为了扩大产品出口，恢复经济增长，许多国家对进口设置诸多限制条件，贸易自由化的步伐开始减慢甚至倒退，中国产品出口受到很大影响。

从内部环境看，经过改革开放 30 余年的快速发展，中国对外开放的基础和发展条件已经发生重大变化。传统的劳动密集型、资源消耗型和出口导向型产业国际竞争力下降，生产能力过剩。各种要素成本上升，企业经营压力加大，利润空间缩小，成为中国对外贸易和吸收外资发展的主要障碍。同时国内企业实力的不断发展壮大，为企业国际化发展奠定了微观基础。

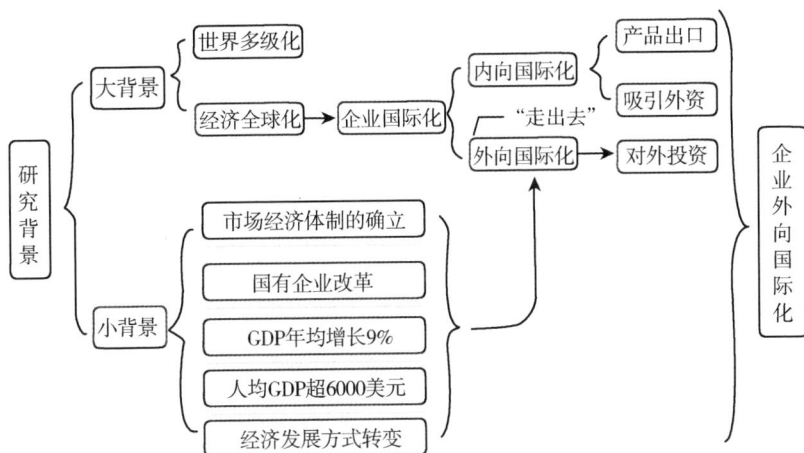

图1 研究背景描述

综上所述，企业的外向国际化是中国经济持续发展的必然选择。但在企业国际化的过程中，仍有许多问题有待解决，例如企业国际化的区位选择、产业选择和市场进入模式选择问题，这些问题的解决成为企业国际化成功与否的关键。其中的海外市场进入模式选择问题，一直是近年来跨国经营理论和实践的主要关注点。市场进入模式的选

择，不仅关系到企业是否能够成功进入海外市场及拓展其业务，还关系到企业在全球市场的竞争地位和其国际化发展的步伐，因而对企业国际化经营市场进入模式选择的研究有很强的理论和现实意义。

—— 第 2 节 ——
研究内容与意义

本书以中国国有特大型建筑企业为研究对象，分析其国际化经营市场进入模式选择问题。建筑企业由于所处行业的特殊性，其市场进入模式选择不同于其他行业企业。中国国有特大型建筑企业很早已进入了海外市场，特别是非洲和亚洲市场，并且业务规模发展迅速。在 The Engineering News-Record（以下简称 ENR）全球最大国际承包商排名[1]中，中国企业由 1989 年的 3 家增加至 2013 年的 55 家，共完成海外工程营业额 671.75 亿美元，但是在运用 EPC（工程总承包）、BOT（建设—经营—转让）、PMC（项目管理总承包）、特许经营和项目融资等国际通行方式开展国际工程总承包方面却涉及不多，仍处于国际产业链的中下游。如何实现由简单的工程承包

[1] The Engineering News-Record, 简称 ENR，中文名为《工程新闻纪录》。ENR 每年固定发布世界承包商 225 强（ENR Global 225）、国际承包商 225 强（ENR International 225）两项排名。2013 年度入选 ENR 全球最大国际承包商排名的企业由 225 家增加到 250 家。（由于市场萎缩，ENR 曾于 1992 年将全球最大国际承包商排名由 250 家缩减为 225 家。）

向技术、资本、管理、标准、服务输出的综合性工程承包方式转变，是摆在中国国有特大型建筑企业面前的大问题。

国有特大型建筑企业由于政策扶持，和其他跨国企业相比在资金筹集和风险承担方面具有比较优势。但由于其国有背景也引发了独特的政治风险。西方国家对中国国有企业对外投资战略动机存在很大的疑虑，对中国"体制外崛起"存在各种各样的担忧、偏见，使经贸问题政治化，这些是国有特大型建筑企业进行海外市场进入模式选择时需要考虑的问题。因而在国际化经营市场进入模式选择方面，国有特大型建筑企业有其自身的特点，并不能用传统的基于完全市场竞争假设的国际贸易和市场进入模式理论来解释。

基于以上认识，本书提出了中国国有特大型建筑企业国际化经营市场进入模式选择的理论假设并以此理论假设依据，构建了市场进入模式选择的分析框架，以中国大型建筑企业集团进入国际市场为案例进行实证研究，弥补了这方面研究的不足。

本书的研究内容是对影响中国国有特大型建筑企业国际化策略市场进入模式选择的因素进行归纳和分析，利用调查问卷所获样本数据进行定量分析，在此基础上提出市场进入模式选择的理论前提，并构建理论分析框架，然后辅以案例研究。本书的目的是希望从理论和实践两个方面对市场进入模式选择理论和实践提供补充和借鉴。本书的主要研究内容为以下四部分：

①对企业国际化及其市场进入模式选择相关理论和影响因素进行总结和分析，并介绍了本书的研究哲学和策略、数据收集方法以及后续将用到的定性和定量分析方法。

②通过利用 PEST 和 SWOT 等定性分析工具对中国建筑行业企

业国际化经营的内外部环境进行分析，并以中国国有特大型企业集团——中国交通建设股份有限公司（以下简称"中国交建"）为例，通过调查问卷和专家访谈，获得样本数据和意见。利用样本数据，结合层次分析法对中国交建国际化经营进行战略定位，为后续的市场进入模式分析奠定基础。

③通过文献回顾和探索性研究，提出了中国国有特大型建筑企业国际化经营市场进入模式选择的三大理论前提，并在此基础上构建了理论分析框架。

④以本书构建的理论分析框架为出发点，选取中国交建进入肯尼亚和安哥拉市场的模式选择为案例进行研究，验证本书理论模型的有效性。这些案例基本上代表了中国国有特大型建筑企业海外市场进入模式选择的基本形式和内容，通过对它们的分析，可以具体了解类似项目实施，为企业进入实践提供借鉴作用。

—— 第 3 节 ——
研究方法

本书采取了定性与定量相结合的研究方法。长期以来，在管理学的研究中一直有实证范式和解释范式之分。实证范式认为社会科学问题能够客观测量，可以用自然科学的研究方法来研究社会科学问题。解释范式则认为人们的测量结果不可能独立于自身的经验和价值判断之外。而从两大分析范式中也衍生出了不同的方法，如调查问卷、访谈、现场观察、案例分析等方法。在这个课题中，我们采取了多种研究方法，因为在现实研究中，采取单一的研究方法已经比较少见。本书在研究方法上采取规范分析和实证分析相结合，样本调研和专家访谈相结合，对影响中国国有特大型建筑企业国际化经营市场进入模式选择的因素和特殊性进行了研究，在此基础上进行探索性研究，提出了理论前提并形成了新的理论框架体系和判断。这不但回答了"为什么"的问题，还通过对调查问卷的分析和对案例的研究，回答了"怎么样"的问题。通过调查问卷和案例分析的结合，对本书建立的理论前提和国际市场进入框架模型进行了有效的验证和充实，从而力求实现本书的研究目的。

—— 第4节 ——
本书结构

本书的结构分为九章。第一章导论主要介绍全书的选题背景、研究内容、研究意义和研究方法。第二章企业国际化战略理论概述是对企业国际化的相关理论进行总结和回顾。第三章提出本书的研究哲学和研究策略。本书采用定性和定量相结合的研究方法，并对相关的定性和定量分析工具进行了介绍。第四章分析了建筑企业国际化经营的产业环境与中国交建的战略定位。首先，对中国建筑企

业国际化经营内外部环境及战略选择进行了分析。其次，利用调查问卷所获样本数据构建 SWOT 分析框架及权重体系，据此对中国交建国际化经营进行战略定位。第五章为案例研究。基于上述战略定位，考虑国有特大型建筑企业的国家背景（见图 2），提出了市场进入模式选择的三大假设及理论框架，以中国交建进入肯尼亚和安哥拉市场为例，验证了理论框架的有效性和适用性，弥补了企业国际化经营市场进入模式选择理论的不足，为企业市场进入实践提供了借鉴。第六、七章对国内外知名建筑企业的国际化经营与合作模式进行了评述。第八章以中国交建为例进行与全球知名国际工程承包商的对标分析。第九章对我国建筑企业未来发展应对之策进行前沿探讨，并总结了国有特大型建筑企业国际化经营市场进入模式选择的特点，提出后续的研究重点。

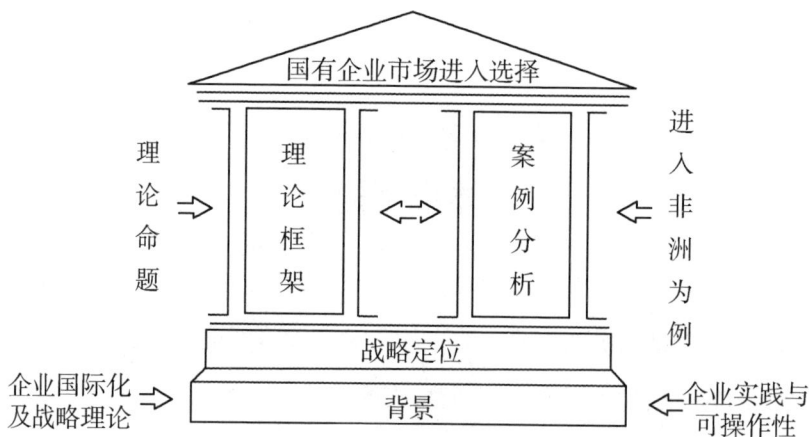

图 2 研究背景描述

2

第二章

企业国际化战略理论概述

本章对企业国际化和市场进入模式选择的相关理论进行了回顾和总结，通过对文献的回顾和总结，主要介绍了企业国际化及相关概念、企业国际化策略的理论分析、企业战略理论和多元发展的战略选择理论，为后面的探索性研究奠定了基础。

—— 第 1 节 ——
企业国际化及相关概念

一、企业国际化的定义

企业国际化是一个内涵十分丰富的概念，长期以来并没有一个统一的定义。一般认为国际化是企业深度参与全球经济一体化的过程，在此过程中企业在全球范围内进行资源配置和跨国经营，其产品由本国市场逐步进入他国市场。在企业国际化理论的发展过程中，产生了一批文献并形成了一些具有代表性的观点，主要有以下几个方面：

①认为国际化是企业由国内市场向国外市场持续渗透的演进过程（Melin，1992）。以企业国际化阶段理论为基础，提出国际化是企业对国外市场逐渐增加承诺的连续过程，随着企业对国外市场投入的不断增加，企业参与国际化经营的深度和广度也在不断地扩展（Johansen，1975）。

②通过内部化、所有权和区位优势等经济学视角来进行分析，认为国际化是一种对国外市场的投资模式（Williamson，1975）。

③认为企业的国际化包括内向国际化和外向国际化两种模式

（Welch & Luostarinen，1988 & 1993）。内向国际化有吸引外资、技术引进、商品进口等方式；外向国际化有代理商出口、对外直接出口、合资和兼并等方式。内向国际化是外向国际化的前提和条件，在本书中提到的国际化主要是指企业的外向国际化。

④认为企业的国际化包括跨国企业所涉及的一切对外经营活动。企业的国际化应是"企业进行跨国经营的所有方式"，例如进入哪个外国市场以及选择何种市场进入模式（Stephen Young，1989）。

从以上观点可以看出，虽然关于企业国际化有很多不同的定义，但其本质意义是相同的。企业的国际化同时包含了经济和行为因素，其是一个持续、动态、系统的演进过程，并且是分阶段进行的：先进行内部国际化，再进行外部国际化，且后者以前者为前提和条件。

二、企业国际化水平

在进行企业国际化理论研究之前，我们必须面对的一个重要问题是如何度量和比较不同企业之间国际化水平的高低。当企业处于国际化的不同阶段时，其所采用的国际化策略会有所不同。

可以从上述企业国际化的定义出发，给出企业国际化水平的一些基本测度，比如可以用企业出口商品占总生产商品的份额大小、企业对外投资占总投资的比例、跨国企业组织中国际员工数目占总员工数目的比、企业海外经营的净利润占总利润的比等简单的指标来度量企业国际化程度的高低。但是企业的国际化有着丰富的内涵，

存在多种形式和手段，并且有内向国际化和外向国际化之区分，因此提出一个科学、完善的指标体系来度量企业国际化水平十分必要。

到目前为止，学术界对指标体系的建立并没有达成一个统一的标准，但已有机构和学者提出了一些有代表性的方法和指标体系，具体如下：

（一）企业跨国经营指数

企业跨国经营指数简称 TNI（The Transnationality Index），该指数是由联合国贸易和发展会议（UNCTAD）提出的，比较简单易行，其具体的计算公式如下：

$$TNI=（FSTS+FFTE+FATA）/3（1）$$

$$FSTS（Foreign\ Share\ in\ Total\ Sales）=\frac{国际销售收入}{总销售收入}（2）$$

$$FETE（Foreign\ Employment\ in\ Total\ Employment）=\frac{国际员工数}{员工总数}（3）$$

$$FATA（Foreign\ Assets\ in\ Total\ Assets）=\frac{国际资产}{总资产}（4）$$

企业跨国经营指数具有数据容易收集、简单易行的特点，并且对三个单一指标赋予了相同的权重，综合考虑了企业国际化水平的三个不同维度，这些都是其优点。但是此指标也存在很多的缺陷。

首先，企业国际化的动机不同。K.Kojima（1987）把企业国际化的动机分为三类：自然资源诱发型、市场诱发型和生产要素诱发型；Dunning（1998）把企业国际化的动机分为四类：资源寻求型、市场寻求型、效率寻求型和战略资产寻求型。不同的国际化动机所代表的企业的国际化水平有着很大的差异，然而企业跨国经营指数并没有对企业国际化的不同动机给予关注。

其次，企业国际化包括内向国际化和外向国际化，即"引进来"和"走出去"，其是作为国际化的两个不同阶段而出现的。而企业跨国经营指数主要关注企业的外向国际化而忽略了企业的内向国际化，因而不能全面度量企业的国际化水平。

（二）国际化规模指数

国际化规模指数简称 DIS（Degree of Internationalization Scale），该指数由 Daniel Sullivan 于 1994 年提出，它通过对五种指标进行综合而形成了一个单一的指数，其具体的计算公式如下：

$$DIS=FSTS+FATA+OSTS+TMIE+PDIO \quad (5)$$

$$FSTS（Foreign\ Share\ in\ Total\ Sales）=\frac{国际销售额}{总销售额} \quad (6)$$

$$FATA（Foreign\ Assets\ to\ Total\ Assets）=\frac{国际资产}{总资产} \quad (7)$$

$$OSTS（Number\ of\ Overseas\ subsidiaries\ to\ Total\ Number\ of\ Subsidiaries）$$

$$=\frac{国外子公司数目}{全部子公司数目} \quad (8)$$

$$TMIE = \frac{高级管理人员的海外工作时间}{高级管理人员总的工作时间} \quad (9)$$

$$PDLO = 国际经营的心理发散程度 \quad (10)$$

该指数数据收集容易，操作简单，对五种指标赋予了相同的权重，考虑了企业国际化的不同维度，但是也存在很明显的缺点：

①该指数对五种指标赋予了相同的权重，但是对每一个企业来说，其所处的行业领域和经营范围有着很大的不同，国际化的具体形式存在着差别。

②企业国际化的动机不同。

③国际化规模指数所提到的五种指标从统计学意义上来说，存在多重共线性，具有放大效应。

（三）跨国扩展指数

跨国扩展指数简称 TSI（The Transnationality Spread Index），由 Letto–Gillies 于 1998 年提出，其具体计算公式为：

$$TSI = \frac{进入的海外国家的数量}{对外直接投资的国家的数量 -1} \quad (11)$$

（四）研发费用指数

研发费用指数简称 R&D（Research and Development Ratio），其计算公式为：

$$R\&D = \frac{企业的海外研发费用}{企业的总的研发费用} \quad (12)$$

—— 第 2 节 ——
企业国际化策略的理论分析

一、企业国际化策略选择的影响因素分析

企业国际化是一个动态演进的过程,要成功地进行国际化经营,必须对制约企业国际化的一些基本因素有清楚的了解。随着中国政府"走出去"战略的实施,中国企业在国际分工过程中的参与程度不断加深,但在走出去的过程中,企业的国际化在产业选择和区位选择等方面仍存在盲目性和随机性,对东道国的客观环境缺乏认识,造成了一些本可以避免的损失。本节对影响企业国际化的客观环境进行分析,以降低企业国际化所面临的风险。

(一)地理位置

目标国与其他国家之间的地缘关系就是所谓的地理位置。地理位置表示了本国企业国际化发展所能利用的周边国家的资源,以及和其他国家之间的政治、经济、文化的相互影响和趋同。企业的国际化一般都是以本国市场为基础向周边地区辐射和渗透,企业可以选择直接投资进入的方式,在当地设厂在当地销售,以充分利用环

境的趋同性和东道国的比较优势。

（二）地表环境

地表环境主要指东道国的地形和地貌，山川、河流的分布。这些地区表面的自然形态会把一个国家分割成为不同的市场，这些市场有不同的地理和文化特征，形成了不同的优势产业和投资环境。一般而言沿海地区交通便利，会形成有代表性的港口货运和海外贸易产业，而平原地区公路、铁路纵横交错，更适合设厂。

（三）气候条件

气候宜人的地方，自然灾害少，人口密度大，会形成一些大的城市和社区，市场规模和潜力比较大，更适合高风险、高控制程度的直接投资方式进入；而在一些气候比较恶劣、人口少而分散的地区，企业国际化一般采取风险相对较小、控制程度较低的代理商出口或直接出口等市场进入模式。

（四）自然资源

一个国家的自然资源在某种程度上决定了该国的要素禀赋和比较优势，资源寻求型是众多企业国际化的战略动因之一。例如近20年来东南亚地区逐渐成为了欧美发达国家的主要对外投资地，它们在这些地区采取合资或独资设厂的方式，利用当地丰富而廉价的原材料和劳动力以降低生产成本。

（五）社会文化环境

社会文化环境主要包括东道国的生活习俗、宗教信仰、价值观念、语言文化、社会结构等多个方面。以企业的外向国际化而言，面对东道国不同的社会文化环境，其所采用的国际化策略也会有所不同。

首先，东道国的教育体系越发达，整个社会的人力资本存量越高，越有助于跨国企业本地化生产效率的改进，企业更可能选择直接进入的模式。

其次，不同的宗教信仰会对企业的国际化产业选择产生不同的影响。例如基督教提倡努力工作、节俭、储蓄，佛教宣扬精神价值和节欲，伊斯兰教禁止吃猪肉和酗酒等，这些不同会影响所在国消费者的价值观、消费观。

再次，语言和文化背景越相似的国家，企业的进入壁垒和障碍越小，其和东道国的"心理距离"越近，越有可能采取直接进入的模式。

（六）经济发展环境

企业国际化就其本质来说是指企业与其他国家之间间接或直接的经济联系，涉及到对东道国经济因素的开发和利用，这些经济因素包括如下三类：

第一，生产性要素，如劳动力、原材料和土地的供应。

第二，需求性要素，如国民生产总值、人均收入、收入分配等。

第三，发展性要素，如产业结构、经济平稳性、对外开放度等。

这些因素可以进一步细化为如下六个方面：

（1）经济发展水平

经济发展水平体现了一个国家的发展程度及民众的社会福利水平，从而也决定了其市场容量和消费潜力。许多企业的国际化动因为市场寻求型，扩大自己的国际市场份额。不同的经济发展阶段存在着不同的市场机会和风险，企业需要制定不同的国际化市场经营策略。

（2）经济稳定程度

经济稳定程度是对一个国家经济可持续性发展的一种描述，包括金融环境是否稳定、政府的经济政策是否具有持续性和连贯性等。此种稳定性会影响企业国际化的预期收益和风险的对比，从而影响企业国际化策略的选择。

（3）基础设施状况

基础设施状况包括工业基础设施状况和城市公共服务基础设施状况。基础设施的好坏体现了该国基本的投资环境，基础设施越好相比而言企业更会选择以直接投资的方式进入该国市场，享用其带来的便利、高效和低成本。

（4）对外经济政策

对外经济政策体现了东道国政府对外来投资的规定和限制，也体现了其经济开放程度。如果该国制定针对外国企业投资在税收和其他方面的优惠政策，相当于对外资的一种隐性补贴，就会吸引外商投资的大量进入，企业进入该市场所面临的不确定性也会相应地降低。

（5）政治环境

政治环境的好坏关系到企业国际化投资的安全性。由于企业的直接投资一般都具有周期长、投入大、收效慢的特点，因而投资的安全性和保障性很受企业的重视。为了降低企业国际化的风险以及制定适宜的国际化策略，进行政治环境分析是相当必要的。

政治环境包括三个方面：

①政治稳定性：政治稳定性主要是指政府政策的稳定性和连续性。政府出台的政策具有很长的生命周期，不会由于政府更替或其他突发事件而改变。政策连续性越好说明该国政治稳定性越高，企业预期收益越确定。由于决策具有长期性，企业更倾向于选择控制程度更高的市场进入模式。

②政府的对外形象：政府的对外形象会向外国投资者传递一个信号，好的对外形象会对投资者产生一种正向的激励作用，坏的形象会降低投资者对该国的投资欲望。

③政治体制：政治体制是一个国家的选举制度、行政管理体制、政府组织结构等的总称，一般来说有集权和民主两种形式。在集权体制下，政府对宏观经济表现和微观主体行为过多干预，政府权力凌驾于公民权利之上，企业需要投入大量的资源来构建和维持与政府的关系网络，所以企业国际化更倾向于通过贸易等风险小、控制程度低的方式进入市场。在民主体制下，企业的产权受到严格的保护，由于外部性而产生的损失很小，更多的是依靠市场机制来调节经济发展，企业发展受限很小，进入市场的欲望强烈。

（6）法律环境

法律是调节社会各项活动的基本准则，每个国家都有很多法律法规，其是和本国的政治环境和社会文化环境相适应的，特别是一

些法律是直接针对外国企业和投资的。企业国际化更关注的是法律执行过程中的严格性和公允性，法律执行越公允，对企业的吸引越强烈。一般来讲，发达国家法律比较完善，执行比较严格，对企业很有吸引力，但是市场成熟度比较高，难以进入；发展中国家法律不是很完善，执行不是很严格，但是市场机会多，进入成本比较低。

二、企业国际化的市场进入模式分析

上述企业国际化的影响因素分析主要解决了企业在国际化过程中要考虑哪些因素的问题，对企业所面对的客观环境有一个综合的评估。企业国际化要解决的另一个问题就是应该在哪种条件下选择什么样的市场进入模式。企业的市场进入模式就是企业运用自身的资源进入目标市场的方式，不同的市场进入方式有不同的特点，以下进行具体分析。

（一）贸易型进入

贸易型进入模式主要是指产品在本国生产，在目标国销售的进入模式，形式上分为间接出口和直接出口两类。间接出口是指企业通过国际进出口贸易公司把自己的产品销往外国市场，企业并不参与具体的商品销售和外国市场渠道拓展。按照企业国际化的阶段理论，当企业规模较小、实力较弱、刚处于国际化的初级阶段时，该市场进入方式是风险比较小、资源投入比较少的一种适宜选择。直接出口是指企业直接参与海外市场销售渠道建立的市场进入模式，在这里的销售渠道主要包括以下几种类型：

1. 设立海外独家经销商

海外独家经销商主要是指目标国企业与本国企业签订商品的买卖合同，在合同有效期内，海外经销商从国内企业处购买商品，然后作为该商品在本区域内的唯一指定经销商承担此商品销售。

2. 设立海外独家代理商

海外独家代理商主要指国内企业和海外代理商签订代理合同，并且在合同授权下代表国内企业和海外市场的客户直接签订购买协议，其中代理商只是充当中介商的角色，根据销售量的大小收取一定的佣金。和海外独家经销商相比，海外独家代理商由于涉及到第三方，所以违约风险比较大。

3. 设立销售办事处

设立销售办事处是指在某些国家或地区直接设立管理这个区域商品销售的直属机构。本国企业通过这种方式直接进入外国市场，可以更好地了解目标国的市场环境和需求。

4. 设立海外销售子公司

设立海外销售子公司是指在海外设立独立的直属于母公司的法人机构，该机构拥有和海外贸易公司相同法人待遇，在海外市场直接销售本国企业的产品，是企业在海外拓展销售渠道的一种有效方式。

5. 组建联合出口组织

组建联合出口组织是指本国同产业内的多个企业联合起来组成一个出口组织，该组织有统一的组织规则和章程，以组织的名义开

拓海外市场，同时各企业之间存在相互独立性。

贸易进入模式是企业进入海外市场的一种比较保守的方式，安全、高效、低成本，特别适合企业国际化初期，此时企业规模小、资金少，缺乏国际化的实践和经验，对风险缺乏控制。同时贸易进入模式也有一定局限性。例如：由于信息的缺乏，企业对海外市场需求的变化不敏感；对产品销售的控制程度下降；进入目标国时面临关税壁垒和配额限制等，这些都增加了企业的经营成本。

贸易进入模式的各种类型的特征分析和比较如下表1所示：

表1 贸易进入模式各种类型的特征分析和比较

出口模式		特 征	优 势	劣 势
间接出口	出口商（Export Houses）	出口商有不同类型，最常见的出口商是从制造商处购买产品然后用自己的账户向国外销售产品	能够处理出口所有事项	无法控制海外市场和信息；销售量有限
	出口委托商行（Confirming Houses）	代表国外委托人向制造商订货，只收取佣金；同时，出口委托商承诺支付	能够处理有关出口的所有事项并担保支付	同上
	购买商行（Buying Houses）	代表客户入百货店直接向制造厂订货	能够处理有关产品出口的所有事项，但制造商仅在购买上接触，按照要求提供订货，不参与任何出口事宜	同上
	"挂拖车"出口（Piggybacking）	制造商通过综合商社的海外销售网络将其产品销往海外	与有实力的贸易公司合作，贸易公司也扩大了产品种类和销售量	要找到合适的伙伴；产品销售容易因现有的销售关系而受到影响

	出口模式	特 征	优 势	劣 势
直接出口	代理商（Agents）	代理商有不同类型：有的代理商只买一个公司的产品，有的代理商销售不同公司的产品；以佣金的方式收费	与间接出口相比，加大对海外市场的控制能力和信息的掌握；在同一市场有续存性；代理商的成本与产品销售挂钩	有可能同时代理不同公司的产品；如果终止与代理商的协议会比较困难，且代价高
	经销商（Distribution）	经销商将使用产品的名称，经销商的收入不以佣金的方式收费	比较了解当地市场，并能够提供售后服务；制造商也能够控制海外市场	与经销商终止合同的代价高
	直接销售（Direct Selling）	从本国直接派销售代表到国外	对公司和产品有深入的了解；对海外市场和信息的控制能力高	缺乏当地市场知识；语言文化障碍；交易成本相对高
	专卖店（LocalSales Offices）	专卖店职员既可以从本国派，也可雇佣当地人员	下决心发展海外市场；使国外公司更容易与制造商合作；灵活性和适应能力强	合适的销售人员不易找；当地的销售代表缺乏对母公司和产品的了解

资料来源：Stephen Young；James Hamill；Colin Wheeler；Richard Davies：International Market Entry and Development：Strategies and Management，pp.80-81，Harvester Wheatsheaf and Prentice Hall，1989. 转引自鲁桐主编：《中国企业跨国经营战略》，经济管理出版社，2003 年。

（二）契约型进入模式

契约型进入模式是一种在国际间逐渐流行的市场进入模式。作为一种非股权安排，其重要性在企业的国际化实践和理论研究中得到凸显，它又可以进一步细分为许可证方式、特许经营方式、交钥

匙合同经营模式等子模式。

1. 许可证方式

许可证方式是本国企业和外国企业达成转让协议，本国企业按协议向外国企业转让其自身无形资产使用权，例如专利、商标、企业名称等，并收取一定转让费用。作为众多市场进入模式中的一种，许可证方式有着自己的优势和劣势。

（1）许可证方式的优势

首先，许可证方式转让的是自己无形资产的使用权，可以看作是出口商品的一种替代模式，企业自身不用投入大量的资源，不用面对海外贸易壁垒和市场风险，有着预期的固定收益。其次，随着全球化竞争的加剧，产品的生命周期缩短，而技术创新是跨国企业提升其竞争优势的关键因素。但技术创新伴随着巨大的人力、物力投入和科技转化风险，通过许可证方式，企业之间可以相互授权，以低成本方式获取对方的技术，从而加速技术创新速度，快速进入国际市场。

（2）许可证方式的劣势

首先，许可证方式进入国际市场一般都面临着其产品的本土化问题，要满足当地消费者的消费习惯和文化传统，这个过程需要一定的转化成本。各国之间产品差异度很大，导致许可证方式的实现难度加大。其次，由于信息不对称和目标国市场环境的不确定性，技术转移双方对技术的内在价值存在不同的评估，并且与直接投资和出口等方式相比，许可证方式的收益水平比较低。最后，在该方式中授权方对受权方的经营策略的控制程度很低，直接影响了授权方根据企业经营绩效而能获得的预期收益，而且在长期的技术移转过程中容易出现技术外溢导致严重的外部性，为企业自身培养了潜在的竞争对手。

2. 特许经营方式

特许经营方式是契约进入模式中最常见的一种，IFA 给出的关于特许经营的定义为：特许经营是一种扩展产品和服务销售渠道的手段，其包括两个层面的内容：一是特许者向受许可方转让商标、技术、标准的商业运营模式；二是受许可方按照合同在支付使用费和加盟金的条件下从事特定的经营活动。[1]

（1）特许经营方式的优势

首先，特许经营方式具有投入少、见效快的特点。特许者只需要按照合同转让商标等无形资产给受许可者。受许可者是企业的出资者和拥有者，其在特许者帮助和指导下建立标准的商业运营模式，因而特许经营不受企业自有资金规模的限制，企业可以迅速扩展进入国际市场。因此，特许者在全球建立起来简单化、标准化、专业化的特许系统，易于扩展和学习，实现难度相比许可证模式而言比较小。此外，特许者需要对加盟企业进行生产和管理方面的指导和帮助，相比许可证模式其对受许可企业的控制程度更强。如果受许可方不按协议要求经营的话，企业有权终止双方之间的合同。而且，特许经营面临的经营风险比较小，可以绕过贸易壁垒和对外国企业的政策限制，更有利于其产品销售渠道在东道国的延伸和拓展。

---

[1] 详见国际特许经营协会网站 http://www.franchise.org

（2）特许经营方式的劣势

首先，由于特许经营有着标准统一的商业运营模式，如果一个加盟企业出现问题，会对特许者和其他加盟者的形象和声誉产生严重的影响。同时特许者要对受许可方进行资金融通、员工培训、流程设计等方面的帮助，在交流和沟通过程中会不可避免地产生技术外溢风险。其次，特许经营有着全球统一的特许系统，在进入不同的国家时会由于限制条件不同而产生本土化的问题，利益双方形成复杂的博弈关系，从而影响其经营绩效。

（三）交钥匙合同经营模式

交钥匙合同经营模式是指企业为目标国的工程项目进行设计、建造、运营，并且在试运营一段时间以后，把该项目的所有权和经营权整体转让给目标国的一种市场进入模式。交钥匙合同经营模式可以进一步细分为 BOT 和 EPC 两种方式：

BOT（Building，Operate，Transfer）是主要用于承建目标国公共基础设施建设的一种市场进入模式，主要涉及到项目投资方、目标国政府、项目融资银行和工程承包商四个利益相关方。目标国政府为项目提供特许经营协议以作为企业融资的基础，项目投资者进行融资、工程设计、建设，并在工程完成后进行一段时间的经营，然后把项目的所有权和使用权转让给目标国政府。

EPC（Engineering-Procurement-Construction）是 BOT 模式的延伸，不仅包括 BOT 模式的所有流程，而且还包括了整个项目前期的策划和管理。目标国政府只要大致说明自己的意图和要求，其余的一揽子工作都由企业完成（材料和设备采购也在内），雇主只需要给出承包项目的固总价。由于 EPC 几乎包括了项目的所有环节，所以标准的过程控制和专业的分包商对其相当重要。

交钥匙合同经营模式在每一个环节都体现了系统性、有效性的原则，专业分工明确、资源配置优化，并且组织结构灵活。一般都采用工作组模式，项目完成后组织即可解散，可以达到企业内部资源的优化配置。但是在众多的市场进入模式中，这种模式风险性也是最高的。交钥匙合同涉及到项目的每个环节，建设周期长，政治、市场环境的不确定性大，作为一个系统工程，交钥匙合同的利益相关者很多，协调起来难度很大。

（四）投资型进入模式

投资型进入模式是指企业通过直接投资方式在目标国对生产性实体拥有控制权的一种市场进入模式，它包括新建和并购两种形式。和其他市场进入模式相比，投资式是一种股权投资，企业能够直接参与目标国的产品生产和市场营销等过程，对企业的控制程度很高。但同时企业也需要投入大量的人力物力资源，面临着很大的市场风险，需要对经营后果承担责任。以下将对投资的两种形式——新建和并购分别进行分析。

1. 新建

新建是指企业在目标国直接投资建厂，是和目标国企业具有相同法人地位的经营实体。从组织架构、制度设计、人员配置、设备采购到组织生产，全由企业自身承担。企业以市场价格获得所需的投入，和并购相比具有比较精确的市场估值。新建公司的整体设计

可以完全按照企业本身的战略规划和市场需求来进行，灵活性比较高。但新建的时间周期比较长，投入成本比较大，不可控因素比较多。新建同时又可以细分为独资和合资两类。

企业是否选择新建方式取决于如下因素：

①企业拥有的技术优势。企业拥有的核心技术等专有资源越多，企业越倾向于选择新建方式进入，以避免技术外溢所造成的损失风险。

②跨国经营经验丰富的企业一般会选择并购方式，而国际化初始阶段，企业更倾向于新建方式以控制经营风险。

③跨国企业保持其竞争优势的一个关键因素是技术研发和产品创新的速度，作为企业国际化的后来者，要想在短期内赶超，最便捷的方式就是通过并购来获得其他企业的专有资源，从而增加自己的核心竞争力。

④无论是发达国家还是发展中国家往往都对新建方式持比较鼓励和欢迎的态度，因为它可以为东道国提供就业岗位，增加当地收入。但是对跨国并购则多会设立很多政策限制，企业要面对严格的调查和审批，很容易陷入法律纠纷。

2. 并购

并购是指企业通过付出一定的代价而获得目标国企业控制权的一种市场进入模式，是企业所有权和经营权的让渡过程，一般分为吸收合并和股权置换两类。吸收合并是指一家企业被另一家企业兼并，被兼并企业作为独立法人的地位已不存在，兼并后的企业以兼并者的法人身份继续经营。股权置换是指企业之间互换股份，建立一个新的法人主体，是新设合并的一种形式。从产业链的视角来看，并购可以分为横向并购、纵向并购和混合并购，横向并购是具有相似业务范围的企业之间的并购，纵向并购是位于产业链不同环节的企业之间的并购，混合并购是以多元化经营为目标的企业之间的跨行业并购。

企业发生并购行为一般是出于以下几种考虑：

①在某些行业存在规模经济，企业单位产品的成本会随着企业规模的扩大而下降，从而形成先进入者的垄断优势，特别在能源和电信行业，而并购是达到此目的最便捷、高效的手段。

②随着经济全球化和资本市场的发展，国内宏观经济波动性加大，在经济衰退的情况下，上市企业可能会出现资产估值过低，此时正是实现并购的最好时机。企业可以通过并购来巩固自己已有的市场垄断势力，提升自己的核心竞争力。

③并购是企业绕过目标国贸易壁垒的一种方式。在目标国政府对新建方式有诸多产业政策限制的情况下，并购成为有效进入市场的一种替代方式，企业可以在全球范围内整合自己的战略资源。

三、企业国际化发展的战略选择

（一）企业国际化的区位选择战略

企业国际化的区位选择战略是指企业利用和发掘目标国的区位优势，并和自身的要素结合，构建企业竞争优势的一种方式。企业的区位选择受限于目标国的区位优势因素和企业自身的国际化动机

两个方面。

1. 目标国的区位优势因素

随着时代的发展，企业国际化的区位优势因素也处于一个动态的演化过程之中，传统的区位优势理论侧重于对运输成本、劳动力成本等因素的分析，而最近的理论发展更多地关注目标国的制度、交易成本、信息成本等因素的制约。一般而言，区位优势因素包括成本、市场、产业集聚和政策等四个方面。

（1）成本因素

在古典的区位理论中，成本最小化是企业区位选择的唯一标准。J.H Von Thunen（1826）和 Alfred Weber（1909）分别研究了运输和人员工资等传统成本对农业和工业区位选择的影响。John H.Dunning（1973）进一步扩展了区位选择成本因素的范围。同时关于成本最小化的内涵也在不断深化。Caves（1982）提出了区位选择的绝对成本优势论；Webster（1995）提出了以目标国的潜在优势为前提的区位选择论，认为随着经济全球化、贸易自由化的发展，企业会选择机会成本最小的地区进行投资。当前除了对传统的成本因素的考虑外，理论和实证研究更多地关注交易成本和信息成本等因素。和本土化企业相比，外国企业进入目标国存在巨大的信息成本，这源于它们之间的信息不对称。本土企业掌握了关于经济、社会、文化、法律等方面的大量信息，外国企业获取这些信息的成本极大，因而企业在国际化的过程中会选择交易和信息获取成本比较低的区位进入。

（2）市场因素

市场因素主要包括市场规模、市场增长潜力、政府对市场的干预程度等因素。市场规模大意味着企业进入该市场可供选择的战略伙伴多，本土化成本低，而且市场潜在和有效需求大；市场增长潜力大意味着企业盈利的持续性强；政府对市场干预程度大意味着市场的扭曲程度大，企业面临的市场环境恶化，从而影响企业的预期成本和收益。Joseph Friedman（1992）和 Krugman（1991）分别分析了市场增长潜力和市场规模对企业区位选择的重要影响。

（3）产业集聚因素

国际化产业集聚是指同一类型的企业在同一地域进行集中，达到一定的规模，比如美国的硅谷、印度的班加罗尔等。产业集聚对外国直接投资区位选择的影响，源于产业集聚本身的特性。马歇尔曾经指出企业的集聚是由于外部规模经济所致，大量企业的集聚会导致配套企业和熟练的劳动力市场的产生，降低企业的搜寻成本，企业之间可以进行知识共享和扩散，从而加速技术创新。Krugman（1991）进一步把劳动市场共享、专业性配套行业的产生和技术外溢解释为马歇尔企业集群理论的三个关键因素。Dunning（1998）则分析了产业集聚对跨国企业区位选择的影响，指出在企业的跨国区位选择决策中产业集聚的作用越来越大，而不仅仅是传统上的要素禀赋。

（4）政策因素

政策因素主要是指东道国的国际政策和国内政策。国际政策主要是指对外国直接投资的态度、外资管理制度、对国际贸易争端解决机制的认可度等外向型的政策；国内政策是指国内的税收、产业、金融管理等政策。东道国的政策设置反映了该国经济的自由度和开放度，而这些指标是企业国际化区位选择的重要考虑因素。Fox（1986）

通过 1974~1989 年的数据，分析了美国各州的政策设置对外国直接投资的区位选择的影响，结果证实其影响是显著的。Mudambi（1995）和 Tatoglu（1998）分别通过实证研究论证了政府政策变量在跨国企业国际化区位选择中的重要性。总的来看，政策因素在企业国际化区位选择中不容忽视。

2. 企业国际化的战略动因与区位选择

企业的区位选择是由东道国的区位优势因素和企业自身的条件共同决定的，不同的企业性质和国际化动机对其区位选择的影响不同。企业按其性质一般分为生产型、贸易型和研发型三类。生产型企业海外投资的区位选择主要考虑政治环境、政府的国际国内政策、经济环境以及目标国的要素禀赋等；贸易型企业主要考虑东道国的市场规模和潜力、可资利用的销售网络、政府的贸易政策等；研发型企业主要考虑东道国的人力资本、高新产业的集聚度等。

学者关于企业国际化动机的分类主要有以下三种观点：① K.Kojima（1987）把企业的国际化动机分为三类：自然资源导向型、市场导向型和生产要素导向型。② Patrie（1994）把跨国直接投资动机分为：市场诱发型投资、生产诱发型投资和贸易诱发型投资。③ Dunning（1998）把企业对外投资动机分为四种：资源寻求型、市场寻求型、效率寻求型和战略资产寻求型[1]。一般而言资源寻求型的企业倾向于选择自然资源丰富的区位，例如大部分发达国家在中东

---

[1] John H.Dunning，Location and the Multinational Enterprise：A Neglected Factor ？ Journal of International Business Studies，vol.29，no.1（1998），p53.

的石油开采，在巴西和澳大利亚的铁矿石的开采等；生产要素导向型倾向于选择人力资本、土地、原材料廉价的地区为其进入区域；战略资产寻求型企业倾向于选择具有战略价值的区位进入以获取有价值的信息、技术来强化自身的战略优势，因而企业不同的战略动因会导致其不同的区位选择。

（二）企业国际化的产业选择战略

1. 国际产业发展趋势分析

随着经济全球化的发展，贸易的自由度和开放度大大加强，资源要素在全球范围内进行流动和配置，国际间产业发展的布局和模式也出现了一些新的趋势，主要表现为以下三个方面：

（1）产业结构的技术依存度提高

传统的产业多呈现出高投入、高消耗、低产出的特点，主要依靠要素的不断投入扩大生产规模，纺织、钢铁、冶金、化工等是这类传统产业的代表。随着全球新一轮的产业结构调整，以航空航天、生物医学、新材料、新能源等行业为主的新型产业在全球产业结构中所占的比重越来越大，同时高新技术对传统产业进行了渗透，带动了传统产业的改造和升级。

（2）产业转移梯度化

随着产业结构的变化，发达国家逐渐把一些劳动密集型和自然资源密集型的产业转移到发展中国家以降低自己的生产成本，而专注于技术研发、品牌营销、制度设计等高附加值领域。不同产业间的垂直分工日益显著，而且在很多产业内，同一产品的不同生产环节也出现了国际间的分工转移，产业外包成为一种比较常见的现象。

（3）产业发展集群化

在产业发展过程中，在一个特定的领域出现大量相关联的企业在地理位置上的集中称之为产业集群化。产业集群通过创造外部规模经济、技术外溢效果来降低企业成本，加速其技术创新，强化企业的竞争优势。

2. 中国企业国际化的产业选择标准

中国企业国际化起步比较晚，投资规模增长迅速，涉及的行业相当广泛，但是行业结构不够合理。从对外投资的行业分布来看，主要集中在商品零售、采矿等行业，而制造业所占比重比较小；在一些具有高附加值的高科技领域，投资仍然比较缺乏；从事初级产品进出口贸易的企业过于集中，而在服务业的投资明显不足；产业协同效应比较弱，对国内产业起不到明显的转型促进作用。

中国企业国际化的过程中，其对产业的选择要基于以下标准：

（1）产业要有自己的比较优势和竞争优势

和发达国家相比，中国在劳动力密集型产业方面具有比较优势，和非洲一些发展中国家相比，则在资本、技术密集型产业方面具有比较优势。中国企业应该积极发挥自身的优势，主动参与和发达国家、发展中国家之间的垂直和水平分工。例如中国在纺织、家电、轻工等方面有很丰富的经验，主要的出口对象是发达国家，可以在发达国家或者发达国家不设限的发展中国家设厂以规避贸易壁垒；对道路、桥梁、水利水电等接近世界先进水平的行业，可以在国际市场上积极竞争，首先选择非洲等国家进行市场拓展。

（2）产业关联度要强

中国企业国际化要选择和国内产业关联度强的部门，这样可以对国内的产业部门产生强大的波及效应，使得国内企业可以分享其外溢效应。

（3）要有助于国内产业结构的升级

目前中国的传统产业普遍存在产能过剩、竞争激烈的状况，通过对外直接投资，可以释放一部分产能。企业在国际化的产业选择方面，要以国内产业结构升级为出发点，从资源依赖性向技术密集型投资转移，逐步形成具有高附加值的产业链。

—— 第 3 节 ——
企业战略理论

一、企业战略的概念

企业战略是一个内涵很丰富的概念，目前理论界对其尚无统一的定义。一般认为，企业战略是处于动态发展环境中的企业对其未来总体目标和行动的一种规划，企业战略制定对于企业持续稳定发展有着非常重要的作用，西方众多研究战略管理的学者从不同角度阐释了企业战略的内涵。

K.Andrews（1972）指出企业战略是一种把企业的目标、政策、计划、业务范围有机结合起来的一种决策模式，通过这种决策模式企业形成了有别于其他企业的战略特性和竞争优势。

H.I.Ansoff（1965）认为企业战略是关于企业经营性质的决策，其作为一条主线贯穿于企业经营与产品和市场间，指导企业经营方向和内部管理。

Willian F.Glueck（1977）指出企业战略就是企业为了应对外部环境的变化，利用自身优势所制定的一揽子方案。

J.B.Quinn（1980）指出企业战略是一种把企业的目标、政策、手段按顺序紧密结合在一起的计划。通过这个计划的制定，企业可以基于自身的条件以及外部的环境而优化其资源配置。

H.Mintzberg（1990）认为企业战略是计划（Plan）、计策（Plot）、模式（Pattern）、定位（Position）和观念（Perspective）这五种规范定义的组合。

Michael E.Porter（1997）认为企业战略是企业的远景目标和达到该目标的途径和手段的统一体。

从上述学者关于企业战略的定义中我们可以看出，企业战略是一个复杂而多面的概念，任何试图对其进行准确定义的努力都只凸显了战略的某个方面而有所偏颇（H.Mintzberg，1980）。

二、企业战略理论的发展

一般认为企业战略理论的发展经历了早期战略思想、传统战略理论和竞争战略理论三个阶段，每一个阶段都产生了不同的观点和理论体系。

早期的战略思想虽没有产生完整的理论体系，但经过法约尔、巴纳德、安德鲁斯等学者的发展已经产生了一些精辟的观点。法约尔对企业内部的管理活动进行了分类并提出了管理的五项职能，着重强调了计划职能的重要地位；巴纳德从管理理论和战略理论中分离出了组织理论，明确了领导人的工作重点，首次提出了内部组织和外部环境相匹配的观点，成为现代战略分析的基础；安德鲁斯分析了战略的四个构成要素——市场机会、公司实力、个人价值观与渴望和社会责任，主张应该通过企业内部的资源优化配置来形成其独特的竞争优势。

此后战略理论的发展逐步从关注企业内部因素过渡到对企业组织与外部环境关系的研究，在这个阶段产生了大量的研究企业战略理论的文献，并形成了以下几种重要的学术流派。

（一）设计学派

该学派的观点始于 Selznick，经过 Chandler 和 Andrews 的发展而日趋成熟。Chandler 在《战略与结构》一书中提出了著名的"结构跟随战略"观点，认为组织结构、企业战略、外部环境应该相互适应；Andrews 认为企业战略的形成过程是企业内部因素和外部环境因素的匹配过程，并以此为基础提出了基于机会、威胁、优势和劣势四种分析要素的 SWOT 战略形成模型；设计学派强调了企业领导在战略设计中的核心作用，并认为战略设计应该以精心为要，遵从简明扼要、易于执行的原则。

（二）计划学派

该学派起始于 Ansoff（1965）的《企业战略》一书，Ansoff 认为企业战略应由产品与市场范围、增长向量、协同效应和竞争优势四个要素构成。计划学派追求战略决策的正规化、条理化，认为战略形成应该以受控、详尽、全面为原则，形成了一个严谨的战略分析框架。

（三）定位学派

该学派以 Michael E.Porter 为代表，强调了企业战略定位的重要作用。在企业战略的研究过程中引入了产业组织理论，实现了企业战略和产业组织理论的创新性兼容，认为企业在战略形成过程中应该聚焦于其和企业经营环境的联系，而行业就是企业经营最直接的环境；行业的结构会决定企业的经营、竞争范围和其潜在的盈利水平；企业在制定战略的过程中要考虑行业的结构和企业在行业中所处的相对竞争地位这两个重要因素，因此战略制定要首选潜在利润比较高以及企业拥有比较优势的行业。Micheal.Porter（1980）同时提出了五种力量模型、价值链分解等方法来分析企业的竞争环境和优势。Antónío（2006）也进一步提出由战略定位再到行动的逻辑思路，再次强调了战略定位的重要性.

（四）学习学派

学习学派认为由于组织外部环境的不可预测性、偶发性，企业按照规范流程提前设计的企业战略可能在企业的发展过程中并没有实现，反倒是一些自然形成的观点和思路在企业发展过程中得到了很好的体现。因而 20 世纪 70 年代的计划观点备受批评，学者更加关注组织的有限理性、权利和文化以及企业在不确定环境下的适应性。经过 Lindblom、Quinn、Bower 等学者的研究，逐步形成了自然选择、逻辑渐进、文化和政治等主要观点。

（五）核心能力学派

核心能力又称为核心竞争力，Prahalad&Hamel（1990）在《企业核心竞争力》一文中首次提出。他们认为核心能力是企业能够迅速适应外部环境的技术和生产技能，是企业的累积性知识，是企业运用自身资源的独特能力，是企业能力中的核心部分，具有外向辐射效应。一种能力要成为企业的核心能力必须具备价值性、不可模仿性、不可替代性、延展性等条件。该学派认为企业只有具备了核心能力才能够适应不断变化的市场环境和消费需求，从而形成自己独特的竞争优势。

（六）战略资源学派

该学派认为企业是一系列资源和能力的集合体，在同一行业中的企业有着不同的资源和能力，基于独特的资源和能力企业形成了有别于其他企业的竞争优势，企业的目标在于培育其战略资源和优化配置这些战略资源的能力。Cool &Schendel（1988）通过对许多制药企业的研究指出，企业的特殊能力是造成其业绩差异的主要因素。

三、企业发展的理论

企业发展理论又称为企业成长理论，企业成长的概念来源于生

物学，主要指生物体从小到大的一个过程。最先引入生物成长来描述企业发展的是古典经济学家马歇尔，其在著作《经济学原理》中用森林中的树木的成长来比拟企业的发展。自从亚当·斯密关于企业成长的古典经济学论述诞生以来，企业的成长理论不断演化和发展，逐渐形成了一些比较有代表性的观点，使得人们对企业成长的目标、动因、条件和路径有一个不断深化的认识。

（一）企业成长的资源论

最先提出企业成长资源基础论的是英国学者 Penrose，Penrose（1959）在《企业成长理论》中以单个企业为考察对象研究了企业成长的因素和机制，认为企业成长不是由市场均衡力量决定，而是取决于企业内部所拥有的资源和能力。企业多元化经营选择取决于企业所掌握的资源，成功率和企业专长领域相关，多元化经营进入的领域数目和行业跨度受企业内部资源和专长领域的约束。企业内部资源包括人力资源和管理资源，人力资源是企业扩张的引致性和限制性因素，企业管理资源不足影响了企业的持续成长，因而企业要成长必须大量培育其独特的资源和专长优势。Penrose 主要从企业内部资源角度来考察了企业成长问题，并没有考虑企业外部环境的变化对其成长的影响。20 世纪 80 年代以后，Wernerfelt、Barney 等学者对 Penrose 的理论进行了进一步扩展。

（二）企业成长的产业结构论

Micheal Porter 首次把产业组织中的 SCP 范式引入了企业的成长研究过程中，他指出产业结构是企业获得竞争优势和潜在利润的决定因素，企业成长的因素和条件主要取决于企业要进入的产业的结构和自身在该产业中所具有的竞争优势，当选择进入潜在利润率比较高的产业时，企业能够获得的投资回报率比较高。企业的成长表现为企业多元化规模的扩大，并且要以外部的市场环境和机会为依托。

（三）企业成长的核心能力论

Prahalad & Hamel 认为企业成长来自于企业的核心能力，而企业"积累性学识"是企业核心能力的主要来源。企业的核心能力包括了组织内部的学习、价值观的传递，对知识和技能的积累和共享。这两位学者强调了企业的内部要素，但忽视了企业外部环境的刚性以及内外部因素的适应匹配性。基于以上认识，Teece 等学者提出了动态能力说，指出企业成长路径就是企业内部组织能力和外部环境相适应的过程，通过这种动态的匹配来维持企业持续的竞争优势。

（四）企业成长的制度演化论

Chandler 认为企业成长的主体是现代的工商企业。随着企业层级管理制度的确立，企业出现了两权分离。两权分离是企业规模进一步扩大的基础，当企业规模扩大时，企业必须进行必要的组织和制度变革，这些内部因素的变革又会进一步促进企业的成长。从组织制度演化视角，Chandler 提出了企业成长的三个动力：组织结构、行政协调和组织能力。

（五）企业成长的生命周期论

在企业成长理论的发展过程中，有一些学者把企业比作生物

体，企业的成长就和生物一样要经历生命周期的不同阶段，每一个阶段都有不同的特征和条件，并且企业作为个体处于企业的生态群落中。

四、企业发展的多元战略理论

（一）企业发展的多元战略理论的演化

H.I.Ansoff（1957）在《多元化战略》中研究了美国 1909~1948 年间最大的 100 家企业的发展和变化，提出了企业成长的四个方向：现有市场内增长，开发新市场，开发新产品和多元化，并进一步指出只有用新产品去开发新市场才属于多元化战略的范畴，第一次对多元化给出了明确的界定。

Penrose（1959）在《企业成长理论》中讨论了企业多元化的问题，其中提到企业在成长过程中不断积累着内部资源，并且有把这些内部资源运用到其他领域中的冲动，因而多元化就成为企业发展到一定阶段的选择。她认为企业的多元化就是在保留原有生产能力的同时，扩展新的生产能力、开发新产品的过程，这包括了垂直一体化程度的增加和生产领域的扩大。

Chandler（1962）在其著作《战略与结构》中提出了著名的"结构跟随战略"，认为企业成长必须经历四个阶段，每个阶段都有与之相适应的组织结构形式。这四个阶段分别为数量扩大阶段、地区扩展阶段、垂直一体化阶段和多元化经营阶段。他进一步指出了和企业多元化发展阶段相适应的公司事业部分权管理结构，这种组织结构被很多美国公司采用。

M.Gort（1962）第一次以数量分析为基础来研究企业的多元化，并以《美国标准行业分类和代码》中的四位数行业分类为依据，测度了企业多元化程度的大小，并认为企业的多元化就是企业经营的行业数目的增加。

L.Wrigley（1970）在其博士论文中提出了多元化程度的测量方法和类型划分，把企业的某类产品占总销售额的比重定义为专业化率，并根据专业化率由低到高把企业分为单一产品型、主导产品型、相关产品型和无关产品型四类。

R.P.Rumelt（1974）进一步研究了企业多元化程度的测度，并在Wrigley 的基础上提出了相关率的概念。相关率是指企业最大一组关联业务的销售额占总销售额的比重。他以 1949~1969 年美国的大企业为样本对各种多元化形式的绩效进行了研究，结果是相比无关多元化而言，以企业自身的特有技术和能力为核心的主导集约型和相关集约型多元化的绩效最好。

Micheal Porter（1987）通过对 1950~1986 年间美国 33 家企业的多元化历程进行统计研究，指出通过混合兼并进行的无关多元化的失败率是最高的，企业进行多元化发展时必须通过行业吸引力、进入成本和互益性三项测验。

（二）企业多元发展的动因分析

1.市场势力说

市场势力说主要是以市场的竞争结构为出发点来考察企业多元化发展的动因，这种观点重点关注的是企业混业经营的反市场竞

争的效果。学者一般认为多元化发展的企业之所以能取得比较好的经营业绩，不是因为和单一经营的企业相比效率较高，而是因为混业经营所带来的市场势力，Hill（1985）进一步明确了这一看法。Edwards（1955）提出企业集团在某一个市场之所以拥有势力，不单取决于其本身在该行业中所处的地位，而且取决于其他行业活动的范围和特性。通过利用这种异于传统垄断思想的策略，企业可以进一步延伸和巩固其市场势力。随后的研究对 Edwards 的观点进行了扩展并强调了反市场竞争的三种方式：

①交叉补贴：企业通过在一个行业所赚取的超额利润来补贴其在另一个行业的掠夺性定价行为。

②协商共谋：当两个竞争者在多个市场的同一产品领域发生竞争时，他们发现通过协商等方式达成互动、妥协对双方都有利，这样可以形成企业共谋，从而进一步降低行业的竞争强度。

③互惠性购买：混业经营的厂商通过互相采购，不断加强他们之间的战略联盟关系，对一些小型竞争者造成了排斥，这样会导致竞争强度减弱，行业集中度提高。

2. 分散风险说

H.M.Markowitz（1952）提出了资产组合学说，并奠定了现代投资理论的基础。该学说的主要观点是：企业在市场经营过程中面临系统性和非系统性两类风险。系统性风险或者市场风险是不能够通过投资组合来规避的，而非系统性风险可以通过企业的多元化投资来消除。企业可以在给定投资回报率的情况下，通过多元化的资产组合来达到风险最小化；或者在给定风险水平的情况下，通过多元化的资产组合来达到收益最大化。企业投资项目的相关性越小，企业越能规避非系统性风险，获得较高的收益率。因为不同的产业有不同的产品，每个产品的特点和其所处的生命周期、经营状态不同，面对的市场需求弹性也不同，因而不同产业有不同的风险。这些为我们进行资产组合来降低风险提供了可能性，也就是我们常说的不要把鸡蛋放在同一个篮子里的原因。

企业的多元化发展也是同样的道理，企业希望通过进入不同的产业领域来达到风险规避。比如有的产业发展是顺经济周期的，有的产业发展是逆经济周期的，企业可以通过进入这两个互补的产业领域来获得稳定的现金流，从而增强其在不断变化的市场环境中的抗风险能力，创造持续的竞争优势。但另一方面，随着企业多元化经营的扩展，企业的内部管理成本和经营风险也会增加，这些是不能通过分散行业风险所能解决的。

3. 委托代理说

现代公司治理机制的核心是企业所有权和经营权的分离，这种两权分离模式产生了许多问题，学者争论的焦点主要集中在企业多元化发展的合理经营范围上，并从委托—代理的角度对其进行解释。如 Mock、Shleifer 等学者认为，当企业的股东分散而经营者仅持有少量的股份时，股东对经营者缺乏必要的监督，经营者很可能追求的是其自身利益而不是股东价值最大化。因此，企业的混业兼并多元化往往是企业经营者追求自身利益的便利途径之一，因而企业的多元化现象是所有权和经营权分离所造成的委托代理问题的主要表现之一。

从委托代理理论的角度来看，企业的多元化一般是出于以下两种考虑：一是通过企业的多元化经营来规避非系统风险，增加企业的收益和经营者的效用；二是股东是企业的剩余索取权拥有者，其可以通过投资决策来分散企业的经营风险，但却不能降低经营者的职业风险，因而经营者多有通过多元化来降低自身风险的倾向。通过多元化可以扩大企业的规模和市场影响力，提升经营者在职业经理人市场的声誉。同时，经营者可以向自己比较熟悉的专业领域发展，这样有利于发挥其自身的专业优势，使得企业的发展更多的依赖于经营者本人，而凸显其不可或缺的作用，提高和股东之间的议价能力。

4. 范围经济说

范围经济说认为企业从事多个产品的生产活动的成本会比单独的企业从事单一产品的生产所产生的总成本要低，因为在这个过程中会产生资源共享和协同效应。由于企业生产中的大部分投入资源具有最小规模和不可再分性，因而在企业生产过程中会产生资源剩余，造成一定的浪费；而把剩余资源用于其他产品的生产会提高企业的资源利用率，形成企业的成本分摊和单位产品成本的下降，从而产生范围经济。范围经济会产生于技术研发、生产、销售、售后服务等不同的价值增值环节。

范围经济的产生一般基于有形资源和无形资源两类。企业的有形资源一般包括企业的技术研发系统、生产能力、营销网络等。通过有形资源在不同业务之间的共享可以产生协同效应，降低单位产品的成本。但是这种共享的前提是资源必须具有一定的通用性，资源的专有性越强，在产品之间的转移和共享能力越差，范围经济的优势越不明显。企业的无形资源一般包括企业的商标、声誉、管理技能等，其可以以较低的成本在企业的不同业务之间转移，其中经理人的管理经验和知识可以用于不同的产业领域，只需要比较小的边际改变成本，其从某种意义上来说具有公共物品的特征。

从本质上来说，范围经济更多的体现的是一种协同效应而不是规模经济，是以资源的通用性为基础的，所要转移的业务之间必须有一定的关联性。关联性越高，单位产品的生产成本越低。但是范围经济也只是企业进行多元化发展的一种考虑，至于其在多元化决策中所发挥的作用有多大，仍是一个需要实证的问题。

—— 第4节 ——
企业多元发展的战略选择理论

一、基于产业组织理论的选择理论

产业组织理论是从微观经济学分离出来的一门独立的学科，也是近年来最活跃、成果最丰富的领域之一。从 A.Marshall 的新古典经济学到 Chamberlin、J.Robinson 的垄断竞争理论，从 Mason、J.Bain

的 SCP 理论范式到 Coase、J.Stigler 的交易费用理论，产业组织理论不断发展充实，逐渐形成了独立的理论和方法，并逐步渗透到企业组织和企业战略管理理论的发展过程中，产生了一些有价值的分析视角。

20 世纪 80 年代 Micheal Porter 第一次将基于结构—行为—绩效范式（SCP）的产业组织理论引入到企业的战略管理领域，提出产业结构由竞争者的数量、产品的异质性及进入和退出成本等因素决定和测量；企业行为是指企业在产业中的经营行为；经济绩效则包括两方面：企业层面的经济绩效和社会层面的经济绩效。

该范式认为产业结构决定了产业内的平均利润率以及影响企业的战略选择行为，从而最终影响企业的经营绩效。Micheal Porter 在《竞争战略》一书中提出企业进入新业务领域的多元化选择有两种方式：内部发展和兼并进入。内部发展面临着产业进入的结构性壁垒和已有竞争者的威胁和报复，两者都会对企业产生相应的成本。前者主要包括了企业的前期投入和进入损失，后者主要是指已有企业的降价等竞争行为所产生的成本。相对而言，企业选择并购这种多元化方式可能是基于如下几种考虑：首先，卖方选择保留该业务的心理价位比较低，从而在出卖协商中的议价能力比较弱。其次，卖方所在的市场不完善，并且整个收购过程没有通过竞标等市场手段进行，通过收购企业仍然可以在新业务领域保持原有的垄断优势，获得超额利润。最后，企业要有能够运营收购业务的独特资源和能力。

在《竞争优势》一书中，Micheal Porter 对企业多元化战略进行了论述，并集中于相关多元化方面。他认为企业应该尽可能地利用相关多元化来维持自己的产业优势和竞争力，无形和有形关联都是企业多元化战略需要考虑的因素。无形关联对竞争优势的影响很不确定，企业的多元化战略要更多的以有形战略为基础和出发点。当有形关联的机会很少时，无形关联才逐步进入企业家视野。

总而言之，Micheal Porter 竞争战略中关于多元化战略的观点主要体现在三个方面：

①在多元化战略分析中强调了产业结构的重要影响，认为企业要选择既有产业吸引力又能发挥自身竞争优势的领域进入。

②企业的多元化要以相关多元化为主，这样企业的各个业务单元之间的价值链可以实现共享，从而形成产品的低成本和差异化优势。

③企业进入新的业务领域有内部发展和外部并购两种方式，企业的内部和外部因素决定了两种方式的有效性。

二、基于资源能力的选择理论

Penrose、Prahalad 等学者分别提出了资源基础理论和核心能力理论，使得对企业战略的研究重点第一次从企业外部环境转移到企业内部因素。Wenerfelt（1984）认为资源是企业有形和无形资产的集合。Penrose（1959）认为企业的资源可划分为人力资源和物力资源两类。对于企业的核心能力可以从其构成要素和知识特性两方面来理解。从构成要素方面来说，企业的核心能力是指其研究开发、生产制造和市场营销等能力；从知识特性方面来说，企业的核心能力是指具有企业特性的、异质性的、不易被模仿和

获得的知识体系。

资源基础理论认为企业是一系列资源和能力的集合体，企业之所以能够维持竞争优势是因为企业拥有大量不可替代、不可复制、不可交易的特殊资源和战略性资产。企业核心能力理论认为企业的能力不等同于企业的资源，它包括了企业的知识、经验和技能等软实力，是企业配置、使用和整合资源的主体能力。Hamel 进一步指出决定企业竞争优势的是企业资源、技术等的有机组合，而不单是企业资源。

资源能力观点认为企业要进行多元化就必须拥有必要的资源，如果企业存在大量的闲置资源和能力，企业就有扩大其生产规模的倾向，而追求范围经济和共享战略能力所产生的经济租金则会产生持续的竞争优势和更高的经济绩效（Barney，1988）。Bettis（1981）的研究发现，对核心技术的开发和利用与实施相关多元化战略的企业的经营绩效有着密不可分的联系。Wernerfelt 和 Montgomery（1988）研究认为，每个企业都拥有不同的资源，资源的异质性越高，其所能应用的生产范围越小，产生的边际报酬越高；资源的异质性越低，对这种资源的替代性、模仿性较强，资源供应多，适用范围广，能够为采用相关多元化战略的企业提供基础，但由于供应广泛只能收取较低的经济租金。基于以上认识，对不同性质的企业而言，有着不同的最优化的多元战略水平，对资源异质性较高的企业来说，其所选择的最优的多元战略水平比较低，可以获取更高的绝对利润；对资源异质性比较低的企业来说，选择比较高的多元化战略水平有助于达到利润最大化。Chatterjee 和 Wernerfelt（1991）研究发现，和基于财务资源的不相关多元化相比，采用基于企业无形资源的相关多元化战略的企业具有更高的经营绩效。当企业的多元化发展水平在企业的战略资源和能力的范围之内时，企业的多元化才会增加企业的绩效，当超过该范围时这些资源并不会产生额外的租金。如果企业的能力嵌入企业结构之中的话，企业可以通过多元化战略来使得国际市场内部化，以更有效地保护和利用这些能力（Buckley）。Prahalad 和 Hamel（1990）指出当企业实施多元化发展战略时，如果进入能够利用现有业务的组织惯例或者产生租金的战略性资源的市场领域，就可以增加租金流而企业的成本却不会相应地上升，相反如果企业在不能够利用现有能力的市场进行多元化战略时，企业的经济绩效就不会提高。因而企业的多元化多应采取以资源能力为核心向外扩展渗透的相关多元化方式进行。Montgomery 和 Hariharan（1991）的研究表明，企业在进行多元化战略扩张的时候，通常会选择与自己资源能力比较相近的行业进入。

三、基于价值链的选择理论

企业价值链理论是由 Micheal Porter 于 1985 年首次提出的，并逐步成为分析企业活动相关性的基础。Micheal Porter 在价值链理论中指出，每一个企业都是设计、生产、销售、服务等一系列活动的集合体，企业的各种生产经营活动根据其在生产中的不同位置被划分到不同的生产环节，这些不同的生产环节构成了企业内部的价值创造活动的整体。企业的价值链由一个个相互独立又有联系的环节组成，这些环节成为企业的价值增值活动，正是由于企业价值链的差异性导致了企业独特的竞争优势。Micheal Porter 的价值链理论把

企业的价值增值活动分为基本活动和辅助活动两部分，如下图所示：

企业基本活动主要包括了企业的内部后勤、生产经营、市场营销，售后服务等活动，这些活动构成了企业内部活动的主体。辅助活动主要包括了技术研发、人力资源管理，原料采购等活动，其对基本活动起辅助作用。基础活动和辅助活动一起来支撑起企业整个的价值创造活动。价值链的各个环节相互联系、相互影响，每个环节在价值链中的位置不同，其所产生的影响也是不同的。例如，如果严格控制原材料的采购和初加工，就会增加企业的期初投入成本，但是会减少生产环节的次品数量和加工时间，从而增加企业的潜在效益。根据产品在企业价值链的各个环节的流转程序，企业的价值活动被分为上游环节和下游环节两大类。上游环节主要和产品的生产技术特性相关，包括了原材料的供应、技术研发、产品生产等环节；下游环节主要和产品服务、顾客相关，包括了成品储运、市场营销、售后服务等环节。

辅助活动	企业基础设施					利润
	人力资源管理					
	技术开发					
	采购					
基本活动	内部后勤	生产经营	外部后勤	市场营销	服务	

图 3　企业的价值链及其构成

摘自：Porter, M.E.（1988）.On Competition.Boston：Harvard Business School Press

Micheal Porter 的价值链理论主要分析了产业内部的企业价值链构成，而 Kaplinsky（2000）在其基础上进行了扩展，分析了不同产业间的价值链的联系，不同产业间的价值链的构成以及价值链中创造价值的环节是不同的。比如说，对居民消费品行业来说，市场营销和公共关系是企业主要的价值创造环节；对设备制造企业来说，产品设计和生产工艺是其主要的价值创造环节；而对制药行业来说，产品研发和临床药物试验是其最重要的价值创造环节。这些不同的价值创造环节组构成了企业的核心活动。

进行专业化经营的企业可以把所有的资源集中于企业的单一价值链中，从而容易形成企业的核心竞争力，但是面对迅速变化的市场环境和消费者需求容易反应迟缓。进行多元化经营的企业，在企业内部存在多条价值链，根据这些单一价值链之间的相互关系可以分为纵向一体化、横向一体化和不相关多元化。

①纵向一体化是指企业内部存在多条价值链，这些价值链构成了同一行业价值链的不同阶段，其在行业价值链内属于上下游的关系。比如一个企业同时从事纺纱和纺织业务，纺纱业务的最终产品是纺织业务的初始投入。这样在企业价值链的各个环节容易形成内部交易市场，降低企业的交易成本，从而提高其价值增值过程所产生的净效益。

②横向一体化是指企业内部的多条价值链之间是一种互相交叉、渗透的关系，它们都属于行业价值链的组成部分，这些价值链之间的交叉部分可以相互利用，形成协同效应。比如一个企业可以同时生产冰箱、电视、洗衣机等家电行业的产品，在产品设计、技术研发、营销网络等价值增值环节可以出现价值链的交叉，从而产生协同效

应，使企业既能拥有专业化经营的优势，又能规避其不利的因素。

　　③不相关多元化是指企业的多条价值链之间不存在任何相关性，分属于不同的行业价值链。企业采用这种多元化策略时，资源需要分散投入，导致每一个行业的资源投入不足，价值链的增值过程没有产生任何协同效应，因而不利于企业的长期发展。许多学者的研究指出实行不相关多元化的企业失败率比较高。所以企业在进行多元化发展的过程中，应立足于本身的资源禀赋，分析企业内部价值链在行业价值链中所处的位置，以及各个单一价值链之间的相互关系，以此为基础来制定企业多元化发展的策略。

3

第三章

国际化战略选择研究设计及方法

本章对本书中用到的研究方法和工具进行了介绍，为后续研究提供了技术支持。首先阐述了书中采用的研究方法，其次介绍了企业环境分析方法，最后提出采用 AHP 作为定量分析工具，并解释了其原因。

—— 第 1 节 ——
研究方法

一、研究哲学

在进行研究之前强调哲学基础的重要性是非常必要的。Easterby-Smith et al（1997）提出了三类基本的事实来强调哲学观念在科学研究中的重要性：第一，哲学观念为研究者在设计研究方法和策略时提供了一个清晰的思路和框架。其次，在进行研究之前我们必须在不同的方法和策略之间进行比较和评价，然后挑选出一种最适用的方法和策略，依照这种选择流程可以大大简化我们的研究进程。最后，哲学观念为研究者在研究过程中采用新的方法提供了极大的帮助。

在科学研究中所采用的分析哲学一般分为实证主义和解释主义两类。其中实证主义是在调查中经常采用的一种定量分析模式，而解释主义是在研究中经常采用的一种定性分析模式（Hirschheim，1985）。前者又称为经验主义，认为人们能够从客观的观点中获取有规律和可以观察到的事实。后者又称为后实证主义，认为人们只能够从主观的解释中来认识现象所隐含的规律。

Frank Crossan 曾经指出实证主义和解释主义之间的辩论被过分地夸大了，人们应该更清楚每种分析模式的优缺点。在本书中我们主要采用定性的分析哲学来阐述我们主要的研究内容。

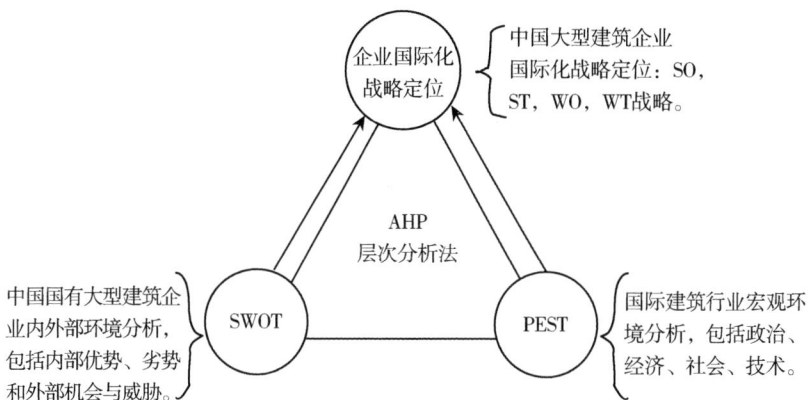

图 4　研究方法框架

二、案例研究

在 Galliers（1991）所定义的 14 种研究方法中，案例研究是一种最为广泛应用的方法，一般是对单一目标的深度调查，这个调查对象可能是个人、事件或者组织。案例分析可以根据研究者的分析哲学而采用实证主义或解释主义模式。通过收集数据以及采用一定的研究方法，研究者可以对事实进行全面深入的研究，并通过建构效度、内在效度、外在效度和信度四个指标来对案例研究设计质量进行评估。案例研究法的主要流程如下图 5 所示：

```
┌─────────────┐
│  案例研究设计  │
└─────────────┘
       │
       ▼
┌─────────────┐
│   选择案例    │
└─────────────┘
       │
       ▼
┌─────────────┐
│   收集数据    │
└─────────────┘
       │
       ▼
┌─────────────┐
│   分析资料    │
└─────────────┘
       │
       ▼
┌─────────────┐
│   撰写报告    │
└─────────────┘
```

图 5　案例研究法流程图

　　案例研究能够给研究者提供系统的观点。通过对研究对象的深入考察与了解，研究者可以建立起对事件因果关系的清晰理解，从而得到有规律性、指导性的认识。但同时案例研究具有分析性、技术局限性、主观偏好性以及时间和劳动力密集性等不足，故影响了其作用的有效发挥。

三、其他的研究策略

　　在学术研究中已经采用了一系列的研究方法，根据 Galliers 的定义，这些研究方法如下表 2 所示：

表 2　研究方法分类

实证主义	解释主义
实验室试验	立论 / 驳论
现场试验	评论
调查	研究
案例分析	描述性 / 解释性
定理证明	未来研究
预测	角色扮演
模拟	

Scources：Galliers，R.D.（1991）Choosing appropriate information systems research approaches：a revised taxonomy.

　　由上可知，我们在科学研究中所采用的方法主要分为实证主义和解释主义两类，并且每个大类下又细分为许多小的类别，在这里我们不详细讨论这些研究方法的细节。基于以上对案例研究法优缺点的分析以及各个研究方法之间的比较并考虑到本书所用资料的可得性，我们后面的分析中主要侧重于案例研究。

—— 第 2 节 ——
数据收集方法

一、调查问卷

我们平常所采用的数据收集方法有多种，例如调查问卷、人员访谈、调查等。在本书中我们采用调查问卷来收集相关的数据。通过利用调查问卷所得数据来构造 AHP 判断矩阵和 SWOT 模型中要素的权重值。这些调查问卷主要来自于研究人员、专家以及公司管理者。

通过设计两份调查问卷来分别获得 AHP 判断矩阵和 SWOT 模型中要素的权重值。

二、调查问卷的优点和缺点

调查问卷的优点主要包括以下几点。首先，它是以一种经过精心设计的标准化方式进行的，这样就能比访谈等其他数据收集方法更客观地反映现实世界。其次，调查问卷可以低成本、高效率地收集到所需的数据，研究者所要做的事情就是对调查问卷进行精心的设计以及预先考虑到调查者的耐心程度。最后，如果调查问卷能够在合适的时间和地点发放给合适的人，那么问卷的回收率和合格率会大幅度提高。

尽管如此，我们仍然要考虑到调查问卷的一些固有特征和潜在缺点。一般而言，调查问卷存在如下缺点。首先，设计和分发调查问卷需要耗费大量的人力和时间。其次，由于调查问卷的标准化，受访者没有更多的机会清楚表达自己的思考过程和疑惑。第三，数据的处理过程是一份艰苦的工作。最后，由于事先并不能保证所要求的回收率和合格率，所以必须发放大量的调查问卷。

尽管优点和缺点同时存在，但是我们仍然有大量的理由支持使用调查问卷作为本书数据收集的最合适的方法。

三、问卷设计

本研究的数据收集采用了问卷调查的方式。根据王重鸣（1990）《心理学研究方法》，本书中问卷设计的依据是在设计目标既定的前提下，首先，参考国内外大量的相关文献与理论研究成果，在此基础上进行问卷初始量表设计；其次，通过专家访谈对问卷预调查，对初始量表进行修改，分析问卷的信度和效度，最终编制了本研究的正式调查问卷（见附录）。

正式调查问卷包括两份，第一份调查问卷采用李克特 Likert — 7 进行测量，按照 1~7 依次表示从不重要到很重要过渡，1 表示非常不重要，7 表示非常重要，受访者在 SWOT 框架下对每一个要素的相对重要性进行打分，通过计算平均分和累积分得到最终的判断矩阵，即 SWOT 权重值系统，这个是 AHP 定量分析的核心；第二份

调查问卷同样采用李克特 Likert—5 进行测量，按照 1~5 依次表示对 SWOT 相关问题的现状评估，从 1 非常不重要过渡至 5 非常重要。通过利用这两类数据，可以对中国建筑类企业内外环境进行一个定量的分析。

本问卷第 1 部分是对内部优势的测度，第 2 部分是对企业内部劣势的测度，第 3 部分是对企业外部机会的评价，第 4 部分是对企业外部威胁的评价。从问卷的反馈率方面来考虑，问卷越长，回收率越低（Hinkin，1995），但是从问卷的准确度方面来考虑，指标数也不能过少，必须大于 3（Cronbach，1995）。本问卷满足该要求，指标数均大于等于 3。

四、减少答题偏差措施

本问卷的主要题项需要受测者对题项做出主观判断，因此可能会导致问卷结果出现偏差（Bias）。根据 Fowler（1988）的观点，主要有四个导致问卷应答者对题项做出非正确性回答的可能原因：第一，答题者不知道所提问问题答案的信息；第二，答题者不能回忆所提问问题答案的信息；第三，虽然知道这些问题答案的信息，但是答题者不想回答这些问题；第四，答题者不能理解所问的问题。目前，还没有方法可以完全消除以上因素可能带来的偏差，但是采取一些措施也可以有效地减少其影响。

为了减少第一种问题，本次调查主要调查熟悉企业整体情况的中高层管理者、基础建设领域的国际化经营领域的专家学者、高级管理咨询师，这一点在发放问卷时便进行了详细说明；在收回问卷时，剔除了一些资历太浅的受测者的问卷，并且为了保证调查结果的有效性，尽可能减少基层员工受测者——除非其对本企业非常熟悉；并要求受测者如实填写，遇到本人不能回答的问题尽量求助于本企业中熟悉情况的人员填写，以保证答卷的真实性。

为了减少第二种问题，本问卷的题项涉及时间基本上是近期的，只有极少部分需要受测者回忆近三年的情况，尽量避免因为受测者记忆模糊而无法作答。

第三种问题是受测者在很多调查时都可能出现的心理顾虑，为了尽量消除这种影响，本问卷采取无记名方式，并作出声明："本调查仅仅用于学术用途，并保证不泄漏任何信息。"在发放问卷时明确说明本次调查的目的以及调查者的身份，尽可能消除受测者的顾虑。

为避免出现第四种问题，本问卷多次收集企业界人士、管理学科专家、管理类教师的建议，反复进行了修改，尽可能使题项语义明确，保证不会出现模棱两可的情况，并在问卷上留下联系方式，以备咨询。本次受测者的学历水平绝大部分在大专或大专以上，不存在因为文化水平的不足而造成不理解语义。同时，受测者大多数接受过管理学科教育，还有部分是 MBA 学员、管理类研究生，更能理解本问卷的涵义。

为了避免受测者一致性动机问题，正式问卷在题项的顺序方面，进行了调整，使得受测者不能明确得知各题项所测量的变量，这样可以有效地防止受测者在答题时形成自己的逻辑，根据自己的逻辑判断去答题，而不是根据客观事实来答题。

同时，为了判断受测者是否认真、如实答题，在现场回收的答

卷中，随机抽取部分来对受测者进行简短的访谈，问题包括询问公司所处行业、规模、员工待遇、工作环境、近期业绩等，对照其答卷，从而判断真实性。对于一些 Email 收回的答卷，如果知道其公司真实名称，则可以在互联网上进行搜索，以核实其信息。

五、研究样本选择

为保证研究数据的真实性和有效性，作者对中国建筑行业发展情况进行了深入研究，并选择中国交通建设集团为本书的研究对象。因为中国交建拥有 50 家全资、控股子公司，17 家参股公司，业务足迹遍及中国所有省、市、自治区及港澳特区和世界 124 个国家和地区。公司主营业务涵盖以港口、公路、桥梁、铁路、隧道、市政工程为主的基础设施设计和建设业，以基建疏浚和环保疏浚为主的疏浚业务，以港口机械、筑路机械、大型钢结构为主的装备制造业，以及以国际工程承包、进出口贸易为主的外经外贸业。因此，为尽可能深入、全面、真实地发现建筑类行业的 SWOT 环境，本研究将样本选择对象确定为中国交通建设集团，将有代表性的数据用于中国国有大型建筑类企业国际化市场进入的战略定位分析。

—— 第 3 节 ——
定性分析工具

SWOT 分析法、"五力模型"以及 PEST 分析法是本书所采用的三种定性分析工具，以下我们将分别对其进行详细的介绍。SWOT 分析法是一种分析企业内外部环境的工具。这里的外部环境可以分为机会和威胁，内部环境分为优势和劣势。Micheal Porter "五力模型"则专长于企业所处的产业环境分析。PEST 分析法主要专注于对政治、经济、社会、技术等企业外部宏观环境的分析。通过这三种主要分析工具的相互结合和应用，我们能够对企业所面临的内外部环境有一个全面清楚的了解，为企业战略制定打下一个坚实的基础。

一、SWOT 分析法

SWOT 分析方法是一种企业内部分析方法，即根据企业自身的既定内在条件进行分析，找出企业的优势、劣势及核心竞争力之所在，同时积极关注企业外部环境的变化，充分利用外部环境所提供的机会并规避威胁。其中，S 代表 strength（优势），W 代表 weakness（弱势），O 代表 opportunity（机会），T 代表 threat（威

胁），其中，S、W 是内部因素，O、T 是外部因素。按照企业竞争战略的完整概念，战略应是一个企业"能够做的"（即组织的强项和弱项）和"可能做的"（即环境的机会和威胁）之间的有机组合，如下表 3 所示。

表 3　SWOT 分析

	有利于目标实现	不利于目标实现
组织的内部属性	优势	劣势
组织的外部属性	机会	威胁

摘自：Andrews Kenneth R.（1971）.Concept of Corporate Strategy，1971，Richard D Irwin Press.

从上表可以看出，SWOT 分析通常是在某一时点对企业内外进行扫描，然后进行优势、劣势、威胁和机会的分析，从而形成四种内外匹配的战略，即 SO 战略：依靠内部优势，利用外部机会；ST 战略：利用内部优势，回避外部威胁；WO 战略：利用外部机会，克服内部弱点；WT 战略：减少内部弱点，回避外部威胁。

SWOT 分析基本步骤为：

①分析企业的内部优势、弱点，既可是相对企业目标而言，也可是相对竞争对手而言。

②分析企业所面临的外部机会与威胁，可能来自于与竞争无关的外部环境因素的变化，也可能来自于竞争对手力量与因素变化，或二者兼有，但关键性的外部机会与威胁应予以确认。

③将外部机会和威胁与企业内部优势和弱点进行匹配，形成可行的战略。

Ansoff（1965）指出企业制定有效竞争战略的能力体现在能够对其内部优势和外部环境进行持续的融合。

Micheal Porter 从对企业的产业结构分析入手，对企业所处的外部产业环境进行了解构，提出了著名的"五力模型"，对企业"可能做的"给出了说明。能力资源学派则从企业价值链的分解出发，分析了企业在各个环节的价值创造活动，强调了企业资源和能力在形成竞争优势中的重要性。而 SWOT 分析对以上两种观点进行了综合，将企业的产业环境分析和内部资源与条件结合起来，形成了一种平衡的、结构性的分析体系，强调了从结构分析出发对企业的外部环境和内部资源进行综合的考虑。

二、"五力模型"

"五力模型"是 Micheal Porter 于 20 世纪 80 年代初提出的，其对企业的战略制定产生了全球性的深远影响。该模型用于竞争战略的分析，可以有效地分析企业的竞争环境。"五力"分别是供应商的讨价还价能力、购买者的讨价还价能力、潜在竞争者进入的能力、替代品的替代能力和行业内竞争者现在的竞争能力。具体见下图 6。

图 6 通过对企业所处产业这五种力量的分析，使决策者能够清楚了解该行业的竞争激烈程度和利润成长空间大小，为企业是否进入该行业提供了一定的决策依据。

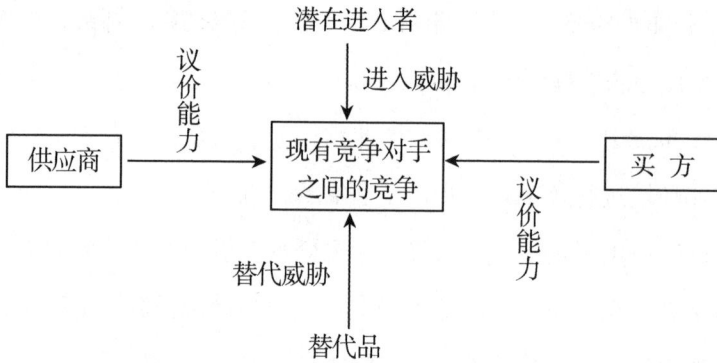

图 6 "五力模型"结构图

摘自：Porter, M.E.（2008）.The five competitive forces the shape strategy, Special Issue on HBS Centennial.Harvard Business Review 86，no.1

三、PEST 分析法

PEST 分析是指宏观环境的分析，P 是政治（Political System），E 是经济（Economic），S 是社会（Social），T 是技术（Technological）。在分析一个企业集团所处的背景的时候，通常是通过这四个因素来分析企业集团所面临的状况，如图 7 所示。

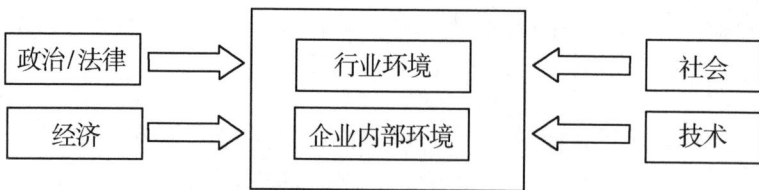

图 7 PEST 分析结构图

Source：Aguilar Francis J.（1967）.Scanning the business environment. Macmillan press in New York.

①政治 / 法律要素（P 即 Politics），是指对组织经营活动具有实际与潜在影响的政治力量和有关的法律、法规等因素。当政治制度与体制、政府对组织所经营业务的态度发生变化时，当政府发布了对企业经营具有约束力的法律、法规时，企业的经营战略必须随之做出调整。

②经济要素（E 即 Economic），是指一个国家的经济制度、经济结构、产业布局、资源状况、经济发展水平以及未来的经济走势等。构成经济环境的关键要素包括 GDP 的变化发展趋势、利率水平、通货膨胀程度及趋势、失业率、居民可支配收入水平、汇率水平、能源供给成本、市场机制的完善程度、市场需求状况等等。

③社会要素（S 即 Society），是指组织所在社会中成员的民族特征、文化传统、价值观念、宗教信仰、教育水平以及风俗习惯等因素。构成社会环境的要素包括人口规模、年龄结构、种族结构、收入分布、消费结构和水平、人口流动性等。

④技术要素（T 即 Technology），不仅仅包括那些引起革命性变化的发明，还包括与企业生产有关的新技术、新工艺、新材料的出现和发展趋势以及应用前景。

任何一个公司在制定其市场战略和商业计划之前都必须重新审视其所处的外部环境。PEST 分析的最终目的就是为企业的决策过程提供一些支持和帮助。许多研究者在研究过程中都采用了这种分析工具，例如 Bharat Book Bureau（2007）基于 PEST 分析对印度的零售银行业进行的评价。

—— 第 4 节 ——

定量分析工具

以上介绍了在本书中所用到的定性分析工具，通过这些工具的运用，对企业所处的外部环境有了一个清楚的了解，明确了企业自身的资源和条件。为了进一步获取更加准确、清晰的信息，实现定性和定量分析的结合，下面对定量分析中常用的层次分析法和模糊网络分析法分别进行介绍，并给出每种方法的概念、框架、流程以及特点。

通过对方法的复杂性、可操作性、完备性等评价指标的比较，最终选用层次分析法作为本书的定量分析方法，充分利用层次分析法结构清晰、操作方便、定量分析和定性分析相结合的特点。

本书在 SWOT 结构中引入了层次分析法，通过对机会、威胁、优势、劣势四个层次以及每个层次中两两要素之间对目标层次的相对重要性进行排序，增强了 SWOT 分析在战略决策应用中的作用。通过这些比较和排序，企业掌握了关于企业决策的准确环境信息，从而为企业进行战略选择提供了重要决策依据。

一、层次分析法

层次分析法（Aralytic Hierarchy Process，简称 AHP）是由美国运筹学家 T.L.Saaty（1980）首先提出的，它是一种处理复杂决策问题的结构方法，是定性分析和定量分析相结合的典范。

AHP 方法首先对问题所涉及到的要素按照隶属、关联关系进行层次划分，建立层次结构模型（如下图 8 所示）；然后对各层次中的要素进行两两比较，确定每一个要素的相对重要性；最后进行综合判断，对评价对象的相对重要性给出总体排序。

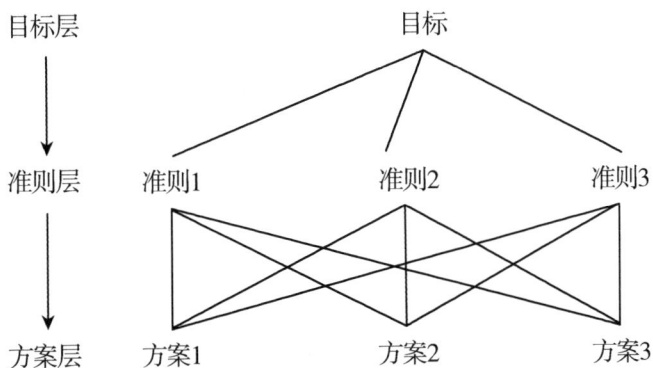

图 8　最简单的多级层次结构图

摘自：Saaty，T.L.（1980），The Analytic Hierarchy Process：Planning，Priority Setting，Resource Allocation，McGraw-Hill：London

Saaty 认为，AHP 方法适合对以下 12 类研究问题进行分析：①规划。②产生多种替代方案。③设定优先顺序。④选择最佳方案。⑤资源分配。⑥确定需求。⑦预测输出或风险评估。⑧系统设计。⑨绩效测量。⑩确认系统稳定。⑪最佳化。⑫解决冲突。

AHP 方法处理系统问题的步骤如下：

首先，分析评价系统的每一个统计指标并发展出相应的层次结构，在这种层次模型的基础上，目标问题根据其隶属、关联关系被分解成为不同层次的要素。一般而言分为三个层次：目标层、准则层以及策略层。目标层通常是系统所要评估的问题，只包括了一个指标，作为模型的评价目标和结果。准则层包括了一些对目标层进行阐释说明的评价指标。策略层由为了达到目标所提供的一些备选方案组成。

其次，对同一层次要素的相对重要性进行两两对比，假设现在有影响要素 Z 的 n 个指标 X={$x_1, x_2, \cdots, x_n$}，AHP 方法建议将 X 向量所包含的元素两两进行对比，并形成一个判断矩阵。也就是说，每次在向量 X 中选取两个要素 x_i 和 x_j，并对它们影响目标 Z 的重要性进行比较，结果表示为 a_{ij}，所有的比较结果形成一个 $n \times n$ 的矩阵 A，这里 i 和 j 的变化范围都是从 1 到 n。

$$A=\left(a_{ij} \right) = \begin{bmatrix} 1 & w_1/w_2 & K & w_1/w_n \\ w_2/w_1 & 1 & K & w_2/w_n \\ M & M & K & M \\ w_n/w_1 & w_n/w_2 & L & 1 \end{bmatrix}$$

最后，根据每一个统计项目的相对重要性对其进行排序，并计算

$$w_i^* = \sqrt[n]{\prod_{j=1}^n a_{ij}} \ (i=1, 2, K, n), \quad w_i = w_i^* \Big/ \sum_{i=1}^n w_i^*, \quad S_j = \sum_{i=1}^n a_{ij} \text{ 以及矩}$$

阵 A 的最大特征值 $\lambda_{\max}$。为了保证比较判断的一致性，我们需要设计一个指标 CI 来进行检验，其中 $CI = \dfrac{\lambda_{\max} - n}{n-1}$。当判断矩阵具有完

全一致性时 $CI=0$；（$\lambda_{max}-n$）越大，判断矩阵的一致性越差。为了度量不同阶矩阵的一致性，可以计算判断矩阵的平均随机一致性指标 RI，如下表 4 所示。

表 4　十阶矩阵的 RI 取值表

矩阵阶数 n	1	2	3	4	5	6	7	8	9	10
RI	0	0	0.58	0.90	1.12	1.24	1.32	1.41	1.45	1.49

判断矩阵的一致性指标 CI 与同阶平均随机一致性指标 RI 之比成为随机一致性比率 $CR = \dfrac{CI}{RI}$。

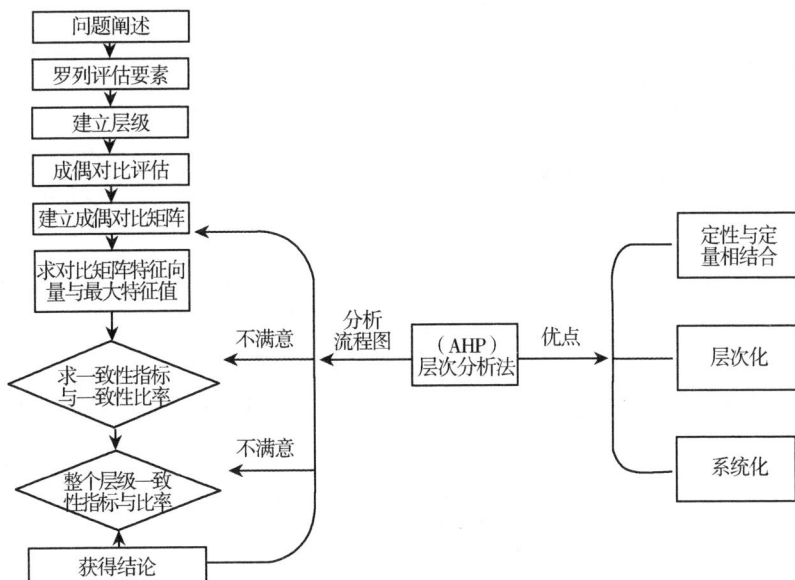

图 9　AHP 分析流程图

当 *CR* 的值小于 10% 时，认为判断矩阵具有满意的一致性，从侧面反映了决策者层次思维的一致性，从而认为我们用 AHP 方法所得出的结论合理。如果不一致，我们必须对调查问卷进行重新设计或者调整要素重要性两两比较所得到的判断矩阵。

以上应用 AHP 方法来处理系统问题的步骤可简化为如图 9 分析流程。

二、模糊网络分析法

模糊网络分析法（The Analysis Network Process，ANP）是 20 世纪 90 年代美国学者 T.L.Satty 在 AHP 方法的基础上提出来的。AHP 方法将复杂问题简化为因素互不相关的层次递阶结构，层次内部的元素不存在相互影响或支配作用，而事实上，评价系统内每一层的各个评价指标间存在复杂的依赖关系。

基于此，ANP 方法应运而生，以网络结构的方式表示评价指标之间的相互依赖关系和反馈关系，通过构建网络分析模型来描述评价指标之间的相互依存、相互支配关系，如图 10 所示。其中（a）表示 A 影响 B 或 B 受制于 A，（b）表示 C 内的评价指标之间是相互依存或是非独立的。

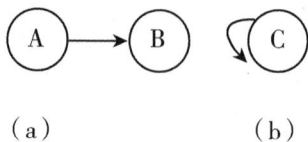

（a）　　　　　　　　（b）

图 10　ANP 模型图形表示方法

ANP方法可以弥补层次分析法的缺陷，同时考虑到人们对相对重要性的评估是主观和不明确的，而标准的9点离散刻度无法对此描述，故采用三角模糊数表示语言变量，以描述两两比较过程中的含糊性和主观性，不同的三角模糊数对应不同的相对重要性，具体如下表5所示。

表5 三角模糊数对应的相对重要性的语言变量

三角模糊数	相对重要性的语言变量
（1/2，1，3/2）	同样重要
（5/2，3，7/2）	前者比后者稍重要
（9/2，5，11/2）	前者比后者明显重要
（13/2，7，15/2）	前者比后者强烈重要
（17/2，9，19/2）	前者比后者极端重要
（3/2，2，5/2），（7/2，4，9/2），（11/2，6，13/2），（15/2，8，17/2）	上述相邻判断的中间值
倒数	若元素（组）i与元素（组）j的重要性之比是（l，m，u），则元素（组）j与元素（组）i的重要性之比是（l，m，u）−1=（1/u，1/m，1/l）

综上所述，ANP方法的决策原理是基于网络分析法和模糊综合评价的决策原理，是将传统的网络分析法和模糊综合评判有机结合起来形成的一种新的系统分析方法。其基本思想是：①将专家给出的两两判断矩阵用三角模糊数的形式加以描述，形成模糊两两判断矩阵；②根据三角模糊数的性质以及运算方法，计算评价指标的重

要度，构造网络分析法的超矩阵，运算后最终确定出评价指标的权重向量。

从上述对 ANP 方法的介绍可以看出，ANP 方法是一种定性与定量相结合的评价方法。它的主要特点是：

①联系性。它克服了层次分析法中因素间的非独立问题，以网络结构的方式表示评价指标之间的相互依赖关系和反馈关系，使决策结果更符合实际。

②模糊性。采用模糊集理论中的三角模糊数技术，描述了相对重要性比较过程中的主观性和含糊性，更符合评价决策的实际情况。

通过对方法的复杂性、可操作性、完备性等评价指标的比较，最终我们选用 AHP 方法作为本书的定量分析方法，充分利用 AHP 方法结构清晰、操作方便、定量分析和定性分析相结合的特点。

4

第四章

建筑企业国际化经营的模式与战略

在完成企业国际化相关理论及研究方法分析的基础上，需要进一步明确企业国际化经营的产业环境及战略定位，为企业市场进入模式选择提供基础。因此，本章首先介绍了国有特大型建筑企业国际化经营的产业环境。其次，以国有特大型建筑企业代表——中国交建为研究对象，对其国际化经营进行战略定位。

—— 第 1 节 ——
建筑企业国际化经营与合作模式分析

一、国际建筑市场分析

近几年 ENR 国际承包商 225 强总营业收入的波动，使得 2013 年 9 月发布的排名数据变化更为明显。根据 2013 年 ENR 发布的数据，2012 年度全球承包商 225 强的营业收入总和为 12711.02 亿美元，比上年（11384.00 亿美元）增长了 11.66%；其中国际工程收入总和为 4387.89 亿美元，比上年（3723.45 亿美元）增长 17.84%。新增合同额为 16498.78 亿美元，比上年（14761.56 亿美元）增长 11.77%。ENR 按照房屋建筑、制造业、电力、水利、排水 / 废弃物、石油化工 / 工业、交通基础设施建设、有害废物处理和电信九大领域对 2012 年度全球最大承包商 225 强的业务进行了统计，其分布情况见表 6。从表 6 可以看出，2012 年度全球最大承包商 225 强的业务领域主要分布在房屋建筑、交通基础设施建设和石油化工 / 工业这三个方面，分别占 2012 年营业收入的 29.57%、28.79% 和 17.35%，三者合计达到了 75.71%。

表6 2012年度国际承包商225强业务分布情况

业务领域	营业收入（亿美元）	比重（%）
房屋建筑	3759.00	29.57
交通基础设施	3659.52	28.79
石油化工／工业	2205.57	17.35
电力	1171.12	9.21
水利	305.70	2.41
制造业	305.61	2.40
电信	195.06	1.53
排水／废弃物	184.44	1.45
有害废物处理	52.84	0.42

数据来源：ENR，Aug.30，2013

2012年度全球最大承包商225强的区域分布情况见表7。从营业收入来看，2012年度全球最大承包商225强主要集中在亚洲、欧洲和北美洲，亚洲公司的营业收入占2012年度全球最大承包商225强总营业收入的51.26%，欧洲占29.85%，北美洲占13.53%，三者合计达到了94.64%。从公司数量来看，2012年度全球最大承包商225强主要分布在亚洲、北美洲和欧洲，各有94家、62家和55家，分别占2012年度全球最大承包商225强数量的41.78%、27.56%和24.44%，合计达到了93.78%。

表7 2012年度国际承包商225强区域分布情况

区域	国家（地区）	营业收入情况		上榜情况	
		营业收入（亿美元）	百分比（%）	数量（个）	百分比（%）
欧洲	法国	1136.13	8.94	4	1.78
	西班牙	938.39	7.38	12	5.33
	德国	500.17	3.93	4	1.78
	意大利	389.50	3.06	14	6.22
	英国	222.02	1.75	5	2.22
	瑞典	162.33	1.23	1	0.44
	荷兰	121.76	0.96	2	0.88
	希腊	84.50	0.66	3	1.33
	俄罗斯	117.09	0.92	3	1.33
	葡萄牙	11.15	0.09	1	0.44
	比利时	22.20	0.17	1	0.44
	卢森堡	27.32	0.21	1	0.44
	挪威	25.70	0.20	1	0.44
	丹麦	20.62	0.16	2	0.88
	爱尔兰	15.92	0.13	1	0.44
	总和	3794.80	29.85	55	24.44
北美	加拿大	114.89	0.90	5	2.22
	美国	1605.64	12.63	57	25.33
	总和	1720.53	13.53	62	27.56
南美	巴西	236.18	1.86	4	1.78
	智利	17.36	0.14	1	0.44
	总和	253.54	2.00	5	2.22

区域	国家（地区）	营业收入情况		上榜情况	
		营业收入（亿美元）	百分比（%）	数量（个）	百分比（%）
亚洲	中国	4383.04	34.48	41	18.22
	日本	1056.94	8.32	14	6.22
	韩国	668.69	5.26	15	6.67
	土耳其	133.46	1.05	12	5.33
	印度	154.67	1.27	4	1.78
	阿联酋	41.27	0.32	3	1.33
	沙特	13.60	0.11	1	0.44
	台湾	16.91	0.13	1	0.44
	黎巴嫩	14.34	0.11	1	0.44
	科威特	24.45	0.19	1	0.44
	以色列	8.49	0.07	1	0.44
	总和	6515.86	51.26	94	41.78
非洲	埃及	55.39	0.44	3	1.33
	总和	55.39	0.44	3	1.33
大洋洲	澳大利亚	370.91	2.92	6	2.67
	总和	370.91	2.92	6	2.67

数据来源：ENR，Aug.30，2009~2013排名

从2008至2012年度共有12家公司进入全球最大承包商10强行列，如表8所示。中国铁建股份有限公司连续两年排在榜首，中国中铁股份有限公司2012年度位于榜首，2009~2011年度连续3年位居第2，中国建筑工程总公司2011年和2012年度占据第3的位置；

上述 3 家公司和法国万喜公司、中国交通建设股份有限公司、西班牙 ACS 集团、德国豪赫蒂夫公司以及法国布依格公司连续 5 年进入到 10 强的行列；中国冶金科工集团公司和美国柏克德集团公司连续 4 年进入到 10 强的行列；西班牙 FCC 集团和瑞典斯堪斯卡公司则与 10 强渐行渐远。

表 8　2008~2012 年全球最大承包商 10 强排名

企业名称	上榜年度				
	2012	2011	2010	2009	2008
中国中铁股份有限公司	1	2	2	2	3
中国铁建股份有限公司	2	1	1	4	4
中国建筑工程总公司	3	3	6	6	7
法国万喜公司	4	4	3	1	1
中国交通建设股份有限公司	5	5	5	7	8
西班牙 ACS 集团	6	9	10	8	6
德国豪赫蒂夫公司	7	8	7	5	5
法国布依格公司	8	6	4	3	2
中国冶金科工集团公司	9	7	8	9	12
美国柏克德集团公司	10	10	9	10	11
西班牙 FCC 集团	17	14	13	11	9
瑞典斯堪斯卡公司	18	16	15	12	10

数据来源：ENR，Aug.30，2012

2012 年度全球最大承包商 10 强营业收入构成如表 9 所示。主营业务在交通基础设施建设领域的有：中国中铁股份有限公司、中国铁建股份有限公司、法国万喜公司、中国交通建设股份有限公司、法国布依格公司和西班牙 ACS 集团；主营业务在房屋建筑领域的有：中国建筑工程总公司和德国豪赫蒂夫公司；主营业务在石油化工 / 工业领域的有：中国冶金科工集团公司和美国柏克德集团公司。

从业务领域来看，德国豪赫蒂夫公司涉及了 9 大领域中的 8 个；法国万喜公司和法国布依格公司和西班牙 ACS 集团涉及了 7 个；中国建筑工程总公司、中国铁建股份有限公司、中国冶金科工集团公司和美国柏克德集团公司涉及了 5 个；中国交通建设股份有限公司涉及了 4 个；中国中铁股份有限公司涉及了 3 个。

从国际营业收入占比来看，最多的为德国豪赫蒂夫公司，占到其营业总收入的 94.36%，最少的为中国中铁股份有限公司，仅占到其营业收入的 3.54%。

表9 2012年度全球最大承包商10强营业收入构成

企业名称	国际营业收入（亿美元）	业务领域营业收入（%）								
		房屋建筑	制造业	电力	水利	排水/废弃物	石油化工/工业	交通	有害废物处理	电信
中国中铁股份有限公司	28.27	15	3	0	0	0	0	63	0	0
中国铁建股份有限公司	37.82	14	8	0	2	0	0	66	0	3
中国建筑工程总公司	45.10	78	4	1	0	0	3	12	0	0
法国万喜公司	186.74	16	0	12	2	0	4	39	1	5
中国交通建设股份有限公司	95.47	2	0	2	0	0	1	95	0	0
西班牙ACS集团	311.48	22	1	14	6	6	6	29	0	3
德国豪赫蒂夫公司	318.71	32	1	2	7	3	5	24	0	5
法国布依格公司	126.08	38	0	5	1	1	3	49	0	1
中国冶金科工集团公司	26.23	27	6	2	0	0	47	10	0	0
美国柏克德集团公司	167.00	0	0	17	0	0	54	22	5	2

数据来源：ENR, Aug. 30, 2009~2013

二、中国承包商国际市场分析

（一）中国承包商国际市场概览

根据 2013 年 ENR 排名数据，2012 年度进入全球最大承包商 225 强的中国内地公司为 45 家，如表 10 所示。入榜企业数量比上一年增加了 4 家。与上年度相比，有 18 家公司的位次有所上升，占上榜公司总数的 40%，其中，上升幅度最大的是中国石化工程公司，比上年度提升了 73 位；4 家公司排名未发生变化，占上榜公司总数的 8.9%；有 14 家公司的位次有所下降，占上榜公司总数的 31.1%，其中，下降幅度最大的是中国石油工程建设公司，比上年度下降了 47 位。特别值得一提的是，上年度进入前 10 的 5 家中国内地企业，2012 年度仍名列前 10 强，并且占据了前 3 名的位置。

表 10　2013 年度全球最大 250 家工程承包商中的中国内地企业

序号	公司名称	2013 年度排名	2012 年度排名	营业收入（百万美元）
1	中国铁建股份有限公司	1	2	84642.0
2	中国中铁股份有限公司	2	1	81805.7
3	中国建筑工程总公司	3	3	81366.8
4	中国交通建设集团有限公司	6	5	47327.3
5	中国冶金科工集团公司	9	9	31522.6
6	上海建工集团股份有限公司	13	16	20822.4
7	中国水利水电建设集团公司	14	14	20120.1
8	中国化学工程集团公司	36	38	8725.8
9	中石化胜利石油管理局	41	★★	7537.6

从竞争力到核心竞争力

中国企业集团国际化的理论与实践

序号	公司名称	2013 年度排名	2012 年度排名	营业收入（百万美元）
10	中国葛洲坝集团股份有限公司	42	42	7507.3
11	东方电气集团股份有限公司	45	35	6836.8
12	浙江省建设投资集团有限公司	48	45	6682.9
13	北京建工集团有限责任公司	49	50	6837.5
14	云南建工集团有限公司	51	70	5778.5
15	青建集团股份公司	52	56	5754.0
16	安徽建工集团有限公司	54	65	5665.1
17	中国机械工业集团有限公司	55	53	5533.2
18	江苏南通三建集团有限公司	57	79	5402.8
19	中国石化工程公司	61	134	5122.2
20	中国通用技术（集团）控股有限责任公司	67	81	4268.0
21	中国石油天然气管道局	75	72	4035.9
22	山东电力基本建设总公司	91	61	3056.0
23	中国寰球工程公司	95	91	3024.6
24	大庆油田建设集团	99	★★	2997.0
25	中信建设有限责任公司	100	97	2964.0
26	新疆生产建设兵团	105	★★	2734.5
27	江苏南通六建建设集团有限公司	108	120	2595.7
28	中原石油工程有限公司	109	★★	2482.2
29	中国石油工程建设（集团）公司	115	68	2335.6
30	山东电力建设第三工程公司	121	115	2282.7
31	中铝国际工程有限责任公司	124	★★	2202.2

序号	公司名称	2013年度排名	2012年度排名	营业收入（百万美元）
32	中国石油集团工程设计有限责任公司	125	★★	2200.2
33	上海电气集团股份有限公司	136	117	1935.0
34	南通建工集团股份有限公司	141	136	1748.9
35	泛华建设集团有限公司	143	180	1744.7
36	中国土木工程集团公司	149	185	1548.2
37	中国江苏国际经济技术合作公司	155	157	1491.9
38	中国电力工程顾问集团公司	159	167	1474.7
39	中国武夷实业股份有限公司	169	188	1314.3
40	江苏中兴建设有限公司	171	★★	1303.9
41	中国水利电力对外公司	184	194	1116.4
42	中钢设备有限公司	188	179	1089.8
43	烟建集团有限公司	191	★★	1075.1
44	中地海外建设集团有限公司	195	192	1044.3
45	中国地质工程集团公司	206	217	910.6
46	重庆对外建设总公司	240	★★	735.7

注：★★表示未进入2012年度225强排行榜；

数据来源：ENR，Aug.30，2013

（二）上榜中国内地公司的营业收入、业务范围

进入2012年度全球承包商225强中国内地公司共实现营业收入4383.04亿美元，比上一年度（3801.63亿美元）增加15.29%；占全球承包商225强营业收入的34.48%，比上一年度（33.39%）提高

1.09 个百分点。中国内地上榜公司的国际营业收入为 591.25 亿美元，比上一年度（525.34 亿美元）增加 12.55%，占全球承包商 225 强国际营业收入的 13.47%；新增合同额为 6469.17 亿美元，比上一年度（6167.53 亿美元）增加了 4.9%，占全球承包商 225 强新增合同额的 39.21%。

2012 年度上榜全球最大承包商 225 强的中国内地公司的业务领域分布情况，从营业收入来看，其业务领域主要分布在交通基础设施建设、房屋建筑和石油化工 / 工业这 3 个领域，分别占国内上榜公司营业收入的 38.83%、29.78% 和 9.57%；从占 225 强相应业务分布比重来看，制造业、交通基础设施和房屋建筑分别占到 225 强相应营业收入的 50.35%、46.51% 和 34.72%；有害废物处理、排水 / 废弃物则仅占 225 强相应业务比重的 2.63% 和 7.32%。

从主营业务来看，中国内地上榜公司有 18 家以房屋建筑为主营业务，有 9 家以电力为主营业务，有 8 家以石油化工 / 工业为主营业务，有 5 家以交通基础设施建设为主营业务。

（三）入榜中国内地公司变化情况

近 5 年中共有 45 家中国内地公司进入全球承包商 225 强。其中，连续 5 年榜上有名的公司有 22 家，4 次入榜的公司有 8 家，3 次入榜的公司有 5 家，2 次入榜的公司有 6 家，仅入榜 1 次的公司有 4 家（包括 2012 年新入榜的 2 家公司）。连续 5 年入榜的 22 家公司里，有 12 家公司的排名呈上升趋势，有 6 家公司排名出现了下降，4 家公司的排名未发生变化。

我国 55 家内地企业入选 2013 年全球承包商 250 强，共完成海外工程营业额 671.75 亿美元，平均营业额为 12.21 亿美元，入选的中国企业最低海外营业额为 1.54 亿美元，排名第 235 位。其中共有 52 家企业排名列在前 225 名，共完成海外工程营业额 666.9 亿美元，比去年的 627.08 亿美元增加了 6.35%，前 52 家企业平均营业额达到 12.83 亿美元，相比上年平均营业额的 12.06 亿美元增长了 6.38%。我国企业整体排名有所提高，部分企业业务增长迅速。其中有 26 家企业排名相比上届有所提升，1 家企业排名与去年持平，18 家企业排名下降，10 家企业首次入选或重回榜单。中国交通建设股份有限公司连续 6 年排名中国企业首位，2012 年和 2013 年都名列榜单第 10 位；云南建工集团有限公司 2013 年排名第 169 位，名次提升最快，比 2012 年（208 位）提高了 39 位；中钢设备有限公司（第 185 位）、中国石油天然气管道局（第 98 位）名次分别提升了 34 位和 25 位。

2008 年度有 4 家中国内地公司进入全球最大承包商 10 强，2009~2012 年度有 5 家中国内地公司进入 10 强的行列。进入 10 强的中国内地公司发展比较稳健，排名逐渐上升，2011 年度和 2012 年度全球 225 强前三名均为中国内地公司，同时进入 10 强的中国内地公司的营业收入占到 10 强的 62.15%，其中中国铁建股份有限公司和中国中铁股份有限公司连续两年位于第 1 和第 2 的位置。但是，进入 10 强的中国内地公司的国际营业收入与其排名并不相称，一直远低于 10 强中其他国家的公司。即便是国际收入最多的中国交通建设集团有限公司，国际营业收入也仅占其总收入的 20.75%，远远少于 10 强中其他国家公司的国际收入比重，比 10 强中其他国家国际营业收入比重最少的公司（法国布依格公司，国际收入占 39.82%）尚差近 1 倍。

表 11　2008~2012 年度进入全球承包商 225 强的中国内地公司的情况

年　度	企业数量	前 10 强企业数量	营业收入（亿美元）	比重（%）
2012	41	5	4383.04	34.48
2011	39	5	3801.63	33.39
2010	37	5	2915.50	27.12
2009	33	5	2231.67	21.30
2008	27	4	1518.82	16.90

数据来源：ENR，Aug.30，2009~2013

三、建筑企业国际化经营的 SWOT 分析

中国建筑企业在国际化的过程中面临一系列的外部因素和内部因素，对这些因素进行分析是建筑企业进行国际化战略选择的重要前提和基础。SWOT 分析工具是由美国旧金山大学的管理学教授安德鲁斯最早提出来的，是一种较客观准确的研究企业现实情况的方法。SWOT 是优势（Strength）、弱点（Weakness）、机会（Opportunity）、威胁（Treat）的英文缩写，优势和弱点是企业的内部因素，机会和威胁是企业的外部环境，通过对企业上述四个条件的分析和组合，可以产生不同的国际化策略备选方案。

（一）中国建筑行业企业国际化经营的优势

1. 成本优势

建筑企业属于劳动密集型行业，在建筑的施工环节需求大量的劳动力，而中国企业在国际化的初始阶段常以施工分包的方式参与国际工程投标。和英美等发达国家相比，中国拥有大量的廉价劳动力，不论技术工种还是普通工种的价格都具有竞争优势。在中国城市化的过程中，大量的农村劳动力源源不断的流入城市，为中国建筑企业的国际化提供了丰富而廉价的人力资源。

2. 装备和原材料优势

在建筑企业参与国际工程总承包的竞标过程中，设备和原材料等采购环节的造价直接关系到企业的成本比较优势的大小。中国正日益成为世界的制造中心，以上海振华、徐工和三一重工为代表的工程机械制造企业正日益形成自身在该行业的技术和成本领先优势，建筑企业可以通过对价值链的采购等环节的整合来强化自己国际化的竞争优势。同时对外工程承包能够带动我国建筑原材料的出口，而中国品种齐全、质优价廉的原材料供应为中国建筑企业的国际工程承包提供了良好的物质基础，可以进一步达到企业在全球的资源优化配置。

3. 在亚洲和非洲等发展地区有广阔的市场

从经济发展程度来讲，亚洲和非洲都属于发展中地区，亚洲其他国家和我国的地理位置比较邻近，在文化习俗和生活方式方面有着很多的相似性，心理距离相对较小，这些条件有利于我国建筑企业开拓亚洲市场。长期以来，由于历史和现实原因，我国和非洲国家有很多的经济合作，中国建筑企业很早就进入了非洲市场，并且由于尊重当地文化以及可靠的工程质量，逐渐赢得了所在国的认可和良好的声誉，这些都为建筑企业进一步扩展其在非洲市场的优势打下了良好的基础。

4. 一定的工程经验和政府的大力支持

中国企业从 20 世纪 70 年代开始就逐步参与国际工程建设，尤其在改革开放以来，中国企业加快了走出去的步伐，并且在国际建筑市场上积累了一定的工程经验，成为国际建筑市场上一支很重要的力量，这些成为了建筑企业国际化的重要基础。同时中国政府开始实施"走出去"战略，指出对外投资、工程承包和劳务合作是"走出去"战略的良好形式，积极鼓励和培育建筑企业进行国际化经营，并且出台了一系列的政策来支持建筑企业参与国际市场竞争。

（二）建筑行业企业国际化经营的弱点

1. 企业的管理水平较低

中国的企业由于体制等问题的约束，和欧美发达国家相比具有一定劣势：管理成本较高，管理水平较低；企业组织架构设计比较复杂；企业内部信息传递缓慢，容易出现信息缺失；经营体制僵化；企业内部资源不能优化配置等。而在新的竞争趋势下，国际建筑行业所要求的管理跨度和管理幅度都有所增加，这就给中国建筑企业进行工程总承包增加了很多的障碍，相对于大型的国际承包商存在很多的劣势。

2. 核心人才缺乏

建筑企业的竞争说到底是人才的竞争，这也是我国建筑企业和大型国际工程承包商相比最大的短板之一。一般而言，我国建筑企业缺乏如下几方面的人才：富有经验的国际工程项目经理、设计、采购、施工等环节的核心管理人员、国际工程财务人员、国际工程法律人员、项目风险评估人员、国际工程造价和报价人员、国际工程融资人员等。这些核心管理人员散布于工程的各个价值增值环节，支撑起了整个项目的价值系统，是提高项目附加值的重要人力保障，维持了企业参与国际竞争的优势。

3. 应对国际工程承包领域出现的新趋势的能力缺乏

随着经济全球化的发展，国际工程承包领域也出现了日新月异的变化，买方更多要求建筑商提供一站式、一体化的工程服务，新的承包方式不断涌现，例如 EPC、PMC（项目管理总承包）等一揽子交钥匙工程、BOT（建设—经营—转让）、PPP（公共部门和私人企业合作）等带资承包方式，成为国际大型工程项目主要采用的模式。中国建筑企业在多年的国际工程参与过程中积累了很多的经验，但主要是集中在工程施工分包领域，在项目设计、咨询、采购等高附加值的环节少有涉及，企业的项目利润由于激烈的竞争逐渐摊薄，在工程项目的总承包方面的经验明显不足，这些成为中国建筑企业应对新趋势并参与国际竞争的主要瓶颈。

4. 资产负债率高以及融资能力弱

中国大型国有企业的资产负债率一般来讲都比较高，企业国际化经营的风险比较大，特别是大型建筑企业的资产负债率一度高于75%，企业的偿债能力差，不利于长期发展和经营。同时由于企业的资产规模较小，资产负债率较高，限制了企业的融资能力。政府信用体系对建筑企业参与国际竞争的出口信贷和出口保险的支持力度不够。企业融资渠道单一，削弱了对国际大型工程总承包的竞争力。因为现在的国际工程大多是以带资承包的形式出现，而

我国企业参与国际竞争主要依靠出口买方信贷，这样会增加企业的资产负债率。项目还本付息和利率等风险由企业承担，提高了企业的经营风险。

（三）建筑行业企业国际化经营的机遇

1. 国际建筑市场份额逐渐扩大

随着经济全球化的发展，国际建筑市场的份额正在逐步扩大，特别是亚洲和非洲等一些发展中国家和地区，对公共基础设施有着大量的需求。旺盛的需求助推了中国建筑企业参与国际工程建设的进程，而且从地理位置和历史联系等方面来说，中国建筑企业都有着明显的优势。

2. 国际建筑市场的开放度提高

随着全球经济一体化进程的加快，各国工程建筑市场的开放度都有明显的提高，技术、资本、劳务等生产要素在全球范围内自由流动。特别是世贸组织《政府采购协议》的签署，使得各缔约方政府的工程承包市场更加开放。国际工程承包市场开放度的提高，为中国企业参与国际竞争提供了巨大的市场机遇。

3. 中国对外投资的规模不断扩大

随着中国"走出去"战略的实施，中国企业的海外投资规模不断扩大，特别是在石油、铁矿石等原材料领域。在这个过程中会产生大量的工程建筑需求。通过企业间的战略联盟，可以增加其国际工程项目的经验和在当地的影响力，为企业的进一步发展打下一个坚实的基础。

4. 国际合作的机会和多样性的增多

随着国外建筑企业进入我国和我国建筑企业走出国门，企业之间的交流和合作日益增多，通过组建联合的项目管理部门来共同投标国际工程的总承包商，然后在企业之间进一步的分包，这些不断创新的合作方式给中国建筑企业提供了学习大型国际工程承包商先进的管理、技术、融资等能力和经验的机会，强化了企业的内部优势。

（四）建筑行业企业国际化经营面对的威胁

1. 市场竞争激烈和非贸易壁垒增加

在国际建筑市场上外国大型工程承包商通过现代管理模式和技术手段来达到高效率和低成本，在全球范围内配置资源，具有很强的竞争优势，因而本国企业面临的市场竞争非常激烈。同时在国际市场的竞标过程中，中国企业之间经常出现恶性竞争，压低了自身的利润空间。虽然由于贸易自由化和 WTO 规则的影响，国际间的贸易壁垒已经大大降低，但是各国为了保护本国的制造业，不断设置一些非贸易壁垒，提高了企业的准入门槛，从而加大了企业国际化经营的难度。

2. 本国建筑企业面临新的挑战

现代建筑行业正在从劳动密集型产业向管理密集型、技术密集型和资本密集型产业转变，这是建筑行业发展的必然趋势，但中国企业在这方面和国际著名的建筑商相比仍然存在很大的差距。另外现在的业主倾向于要求工程承包商提供从设计到咨询、采购、施

工、管理、经营、售后等环节的全方位、一站式服务，EPC、PMC、BOT、PPP 等承包方式较为流行，因而要求企业不但具有良好的施工能力，而且具有强大的管理能力和融资能力，对企业的综合素质有非常高的要求，而这正是中国建筑企业有待提高的地方。

3. 优秀人才的流失

随着中国建筑企业参与国际工程项目实践经验的积累，企业也培养和锻炼了一批有着国际化视野和本土化优势的项目管理人才。这些人才在企业的国际化经营过程中发挥了不可替代的作用，但同时由于这类人才的稀缺性以及外国企业提供的优厚待遇和职业前景，人才的流动性加大。中国建筑企业出现了大量的人才流失，甚至影响到企业项目的正常运营，从而大大提高了企业国际化经营所面临的风险。

4. 中国建筑行业企业国际化经营的 SWOT 分析矩阵

以上介绍了中国建筑行业企业在国际化经营的过程中所面临的优势和弱点，机遇和威胁，这些因素都是建筑企业的一般性因素，这些因素组成了我们分析所采用的 SWOT 矩阵，如表 12 所示。

表 12　中国建筑业企业经营的 SWOT 矩阵

	优势（Strengths） （S1，S2，S3，S4，S5）	弱点（Weaknesses） （W1，W2，W3）
机会（Opportunities） （O1，O2，O3）	S/O 战略 Maxi-Maxi	O/W 战略 Maxi-Mini
威胁（Threats） （T1，T2，T3）	T/S 战略 Mini-Maxi	T/W 战略 Mini-Mini

作为一种分析工具，SWOT 矩阵只是提供了一个一般性的分析框架，而每个企业都有自己独特的优势和弱点。每个企业在建筑行业中所处的位置和所具有的市场势力也有所不同，这些都构成了企业之间的差异性和独特性。因而建筑企业在国际化战略的制定过程中要充分考虑企业自身的特点，同时遵循如下四种基本的战略原则：

①利用企业自身的优势和外部环境提供的市场机会（S/O 战略 Maxi-Maxi）。

②利用一切市场机会并规避企业自身的弱点（O/W 战略 Maxi-Mini）。

③利用企业自身的优势并积极应对外部威胁（T/S 战略 Mini-Maxi）。

④克服企业内部弱点并积极应对外部威胁（T/W 战略 Mini-Mini）。

所有这些一般和具体的分析将成为建筑企业后续战略制定的起点和基础。

四、建筑企业国际化经营的战略选择

企业在进行国际化的战略选择之前，必须对其所处的内外部环境有一个明确的分析和认识。企业的外部环境分为外部宏观环境和行业环境。外部宏观环境主要包括企业所处的国家的政府政策、经济发展程度、当地文化习俗等。外部宏观环境分析一般采用 PEST 分析法，即从政治（法律）、经济、社会、技术四个方面对企业所面临的外部环境进行分析。

宏观环境主要是指企业所面临的大的环境，和企业自身密切相关的是企业所处的行业环境，行业环境主要包括了影响企业经营的一些行业构成要素，主要关注整个行业的市场结构和竞争强度以及企业自身在行业中所处的位置。对行业环境的分析主要采用 Micheal Porter 提出的"五力模型"，这"五力"分别是指潜在进入者的威胁，供应商的议价能力，买方的议价能力，潜在替代品的替代威胁和市场中现有竞争对手的竞争。

以上讨论了企业国际化战略选择所要考虑的外部环境，体现的是一般性的因素，主要给出了企业所面临的市场机会和威胁，而企业要制定具体的国际化战略更需要考虑其自身所特有的因素，即企业的优势和弱点，企业内部环境的分析一般是以企业内部的价值链分析为出发点的。

企业价值链概念由 Micheal Porter 教授提出，他指出企业的价值活动分为基本活动和辅助活动两部分。基本活动主要是指企业从投入到产出的生产经营活动，涉及到企业的产品生产、销售以及售后服务等，其构成了企业活动的主体。辅助活动是对基本活动起到支持作用的价值活动，主要包括了技术开发、要素投入、人力资源管理等方面。所有活动密切联系、相互协作，完成了企业的整个价值增值过程。

根据价值链理论的基本原理，考虑到我国建筑企业的业务流程，尚耀华、金维兴（2005）给出了如下的建筑企业内部价值链模型，如图 11 所示。

辅助活动	企业基础设施	基础管理框架、企业战略、组织结构、财务管理、企业文化等。					利润
	人力资源管理	员工的招聘、培训和调整，绩效考评和薪酬体系的设计与实施。					
	技术开发	新产品、新技术、新工工的开发与推广，技术支持与保障。					
	采购管理	制定采购方案和供应计划、采购及供应过程的监督与管理。					
		市场信息收集，招投标管理，广告与真传，营销体系建设。	材料设备验收，材料设备入库生产及生活设施的配备。	成本控制，速度控制，质量控制，合同管理，组织协调。	技术资料设备，内部验收，竣工验收，项目交付。	设备测试，人员培训，维修服务，服务体系建设	
		市场营销	内部后勤	施工	外部后勤	售后服务	

基本活动

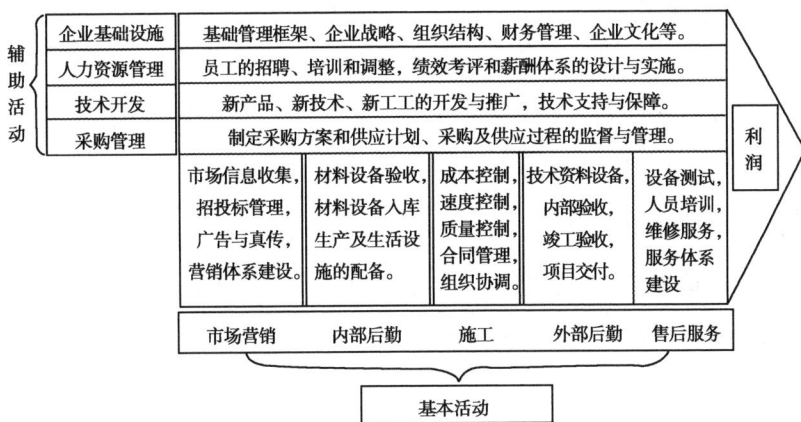

图 11　建筑企业内部价值链模型

摘自：尚耀华，金维兴．2005，中国建筑企业的战略选择：基于价值链理论的分析．建筑经济，（10）：5~10

从上述建筑企业的内部价值链模型中可以看出，建筑企业的价值链不是一个封闭的体系，其和上游的供应商价值链以及下游的买方价值链一起构成了企业外部价值链模型。企业产品和服务的价值递增不但取决于其自身的因素，还受限于和企业外部价值链的有效耦合。如图 12 所示：

供应商价值链	企业价值链	渠道价值链	买方价值链

图 12　企业外部价值链模型

与企业内部价值链相对的是行业价值链，也叫产业链，是指产业内的不同企业承担不同的价值创造功能，所有企业在向消费

者提供最终产品时所形成的分工协作关系。企业的内部价值链主要是指企业价值创造活动的各个构成环节，而产业链主要是指产业内部的企业有不同的产业分工和定位，聚焦于产业的市场结构形态。尚耀华、金维兴（2005）通过对建筑行业的分析，指出建筑行业的价值活动主要由六个环节构成，分别为投资策划、土地获取、策划设计、建筑施工、项目销售及物业管理。每个环节都包括若干价值活动，当每个价值活动都顺利完成时，整个行业才能完成价值增值过程。

通过对建筑企业所处的内部价值链和行业价值链的分析，我们明确了企业自身的优势和弱点以及在产业中的分工和协作关系，为我们进一步制定建筑企业的国际化战略打下了一个坚实的基础。一般而言，建筑企业的发展战略主要分为以下几类：

（一）单一经营战略

单一经营战略是指企业把所有的资源都集中于工程总承包的某一环节，比如专业的工程设计和咨询公司、建筑工程施工企业。中国的建筑企业在前期的国际化战略选择中多是以施工承包商的身份参与的，这样有利于集中优势资源于一点，强化自身在这一领域的竞争优势和垄断地位。但是由于资源集中，单一化经营的风险比较大，特别是工程施工环节的竞争比较激烈，利润回报低，可模仿性、可替代性比较高，如果遇到国际建筑市场需求下滑，会严重影响企业的经营状况。

（二）同心多元化战略

同心多元化战略主要是指建筑企业增加和原来产品和服务相近的产品和服务，能够利用企业原有的技术和经验知识、组织架构、人员配置、销售渠道、以核心业务为中心向外辐射。例如从事土建施工的企业涉足安装和装饰业务，从事基础施工的企业涉足主体施工，有利于资源优化配置，降低了经营风险。

（三）纵向一体化战略

纵向一体化战略是指在产业链的上下游进行扩展，提高企业的经营领域和范围，纵向一体化战略分为前向一体化和后向一体化战略。

①前向一体化战略主要是指向产业链的下游扩展，例如建筑企业进入房地产开发领域，通过对销售和分配渠道的控制，企业能够增加其产品和服务的附加价值，从而提高企业的利润回报率。

②后向一体化战略是指向产业链的上游扩展，例如企业自己生产所需要的原材料等初级投入品，通过对产业链上游的控制，企业可以保证原材料等投入品的质量以及降低企业的生产经营成本，从而优化企业整个的价值体系。

（四）复杂多元化战略

复杂多元化是指企业从事和原来的业务没有任何联系的活动，例如建筑企业从事餐饮服务业。业务之间没有产生规模经济和协同效应，会导致每个行业资源投入的减少，降低企业的行业竞争力。

从国际建筑市场来看，工程发包模式正在从总承包模式向全方位价值链体系过渡。全方位价值链体系不但包括了企业供应商和买方的价值链，而且包括了客户的客户、融资方等广大的外部价值链，把利益相关者纳入了一个更大的分析框架中，通过优化和外部价值链的关系来产生更大的系统价值。

作为中国的建筑企业来说，长期处于工程施工等初级产品提供商的位置，正处于"微笑曲线"的谷底，利润回报率非常低，对一些附加价值比较高的环节鲜有涉及。因而中国建筑企业应该采用纵向一体化战略，通过延伸自身的价值链条，企业可以从一个单一环节的承包商转化为提供全方位、一体化服务的整体解决方案的承包商。

五、建筑企业国际化经营的进入模式分析

（一）建筑企业市场进入模式的概念和分类

企业海外市场的进入模式选择是当前企业国际化研究重点关注的领域。学者一般认为企业的市场进入模式选择是一种制度性的安排，是企业把其所拥有的技术、资本、管理经验和知识等资源，通过不同的方式（股权和非股权）转移到目标国市场，在目标国市场展开跨国经营活动的一种制度性安排。学者提出的这种定义方式一般是针对制造业和服务业的，建筑行业本身有其独有的特点，根据对建筑市场行业属性的分析，有学者给出了如下关于建筑企业市场进入模式选择的定义：建筑企业的市场进入模式选择是指建筑企业

通过把自身所拥有的技术、资金、设备、人力、管理经验等资源转移到目标国市场，并在目标国市场进行国际工程承包经营的一种制度性安排。

企业的市场模式一般分为出口进入式、合同进入式和投资进入式三类：

①出口进入式是指企业在目标国以外的国家或地区生产产品，在目标国市场销售的一种市场进入模式。出口进入式分为直接出口和间接出口两类。

②合同进入式是指在不涉及股权或产权的情况下，拥有技术、商标、声誉、工艺等的企业通过与目标国企业之间签订长期的合同来把其有形或者无形的资源转移到目标国市场的一种方式。一般包括了特许经营、许可证经营、合同契约、交钥匙工程、技术协议等具体形式。

③投资进入模式是一种以股权或产权为基础的市场进入行为。投资者对目标国企业拥有部分或全部的所有权和控制权从而形成跨国企业，其具体的形式分为合资企业和独资企业。独资企业又分为新建和兼并两种方式。

在这三种市场进入方式中，投资进入的资源投入最多，企业面临的风险最大，但同时也对投资企业的控制程度最高，市场渗透力最强。

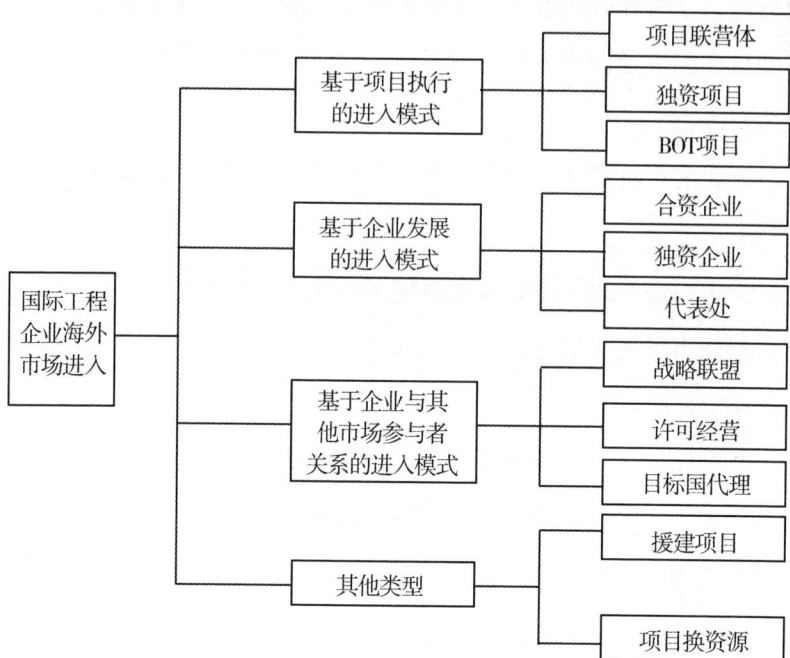

图 13　国际工程企业海外市场进入模式分类

摘自：徐蔚莉，杜博，2010，国际工程企业海外市场进入模式选择影响因素分析，国际经济合作，2010 年 8 期图表

　　国际工程承包提供的产品一般具有一次性、渐进性和现场作业的特点，因此贸易式的进入方式一般不适用。国际建筑企业的市场进入模式基于其固有的行业属性，又有其独有的特点，徐蔚莉、杜博（2010）给出了国际建筑企业的市场进入模式分类，如图 13所示。

（二）企业市场进入模式的内在属性分析

影响企业国际市场进入模式选择的因素很多，一般分为四类：企业自身的能力因素、进入模式的内在特性、目标国市场因素和外部环境因素。其中进入模式的内在特性是进入模式本身所固有的特点，不随外在环境的变化而变化，不同的市场进入模式之间有着不同的内在属性，一般来讲市场进入模式的内在属性包括四个方面：

1. 资源承诺

资源承诺是指企业进入目标国市场时所要投入的资源的多少。不同的市场进入模式对应着不同的资源投入水平，并且由于企业资产的专属性，这些资源一经投入便构成了企业的沉没成本。出口进入方式、合同进入方式、投资进入方式的资源投入水平是逐步提高的。

2. 控制水平

控制水平是企业对国外经营项目的资源控制，进行经营和战略决策的能力。控制水平越高，企业内部化交易的程度越高，外溢风险降低，越有利于贯彻企业的战略思想和目标。但同时控制水平的提高也就意味着企业资源承诺的提高。从出口进入、合同进入到投资进入，控制水平不断提高，投资进入中的少数股权、对等股权、多数股权、绝对控股等投资具体形式的控制水平也是逐步提高。

3. 风险传播水平

风险传播水平是企业在国际化的市场进入模式选择中所暴露的外部风险敞口，这些风险包括技术外溢风险、目标国市场的经济、政治环境的不确定性等。在出口进入、合同进入、投资进入等方式中，合同进入以及投资进入中的合资进入的风险传播水平最高，特别是合同进入中的项目合同契约、特许经营、许可证经营等方式面临着很大的违约风险和技术外溢风险。

4. 灵活水平

灵活水平反映了企业面对国际市场经营环境的变化调整其经营策略的难易程度。当企业进入目标国市场并投入了大量的资源时，企业在面对目标国环境变化时的退出障碍提高，战略伸缩性降低，企业很难在没有任何损失的情况下退出该市场。

以上这四个企业市场进入模式的内在特性是相互权衡的，更高的控制水平要求意味着更多的资源承诺、更大的风险敞口和更小的战略灵活度。因而企业在进行市场进入模式选择的时候要以自身的条件和外部环境为依据，选择适合自己的市场进入模式。

（三）建筑企业国际市场进入模式选择的影响因素分析

进入模式的内在属性是国际建筑企业在进行国际市场进入模式选择时所要掌握的首要内容，其次我们还需要对影响建筑企业市场进入模式选择的其他因素进行分析，这些因素归类为企业的主体、客观和环境三个分析维度。

1. 企业的自身能力因素

企业的自身能力属于企业的内部因素，是企业本身所拥有的条件和禀赋，它包括了企业的规模、国际化的经验、技术能力以及战略需求四个方面。

（1）企业规模

企业规模是国际工程企业资源能力的重要体现之一，综合反映了企业的资本实力、管理水平、技术能力等方面。从国际工程市场的实践经验来看，其产业集中度非常高，20家最大的国际承包商已经占居国际市场营业份额的50%以上。规模大小不同的企业对国际化市场进入模式的偏好程度也不一样，K.F.Winsted通过抽样分析发现企业的规模越大，选择高资源承诺、高控制等长期投资模式进入市场的倾向性越高。

（2）企业的国际化经验

研究发现国际化经验少的工程企业倾向于选择合同进入模式，这样可以规避大量的市场经营风险。随着企业国际工程经验的增加，项目管理经验的增多，其对高资源承诺和高控制程度的市场进入模式的偏好程度越来越高。

（3）企业的技术能力

学者通常认为企业的技术能力一般通过技术知识和知识的隐含性两个维度来对市场进入模式的选择产生影响。企业技术的专有程度越高，比较优势越明显，企业越倾向于采用高控制的市场进入模式来防止外溢风险，巩固竞争优势。企业知识的隐含性越高，企业更可能采用内部化转移的方式来使其价值最大化，对目标国企业达到一种长期经营和控制。

（4）企业的战略需求

国际工程企业在全球市场进行资源的优化配置，达到全球价值的最大化，并不以某个市场的价值最大化为依据，这就决定了工程企业对国际化市场进入模式的选择必须考虑其全球各个市场之间的联系和协同效应。

2. 目标国市场因素

目标国的市场因素包括了目标国的市场规模和成长性、市场竞争状况、市场进入壁垒以及生产要素条件。

（1）市场规模和成长性

市场规模和成长性反映了目标国的总体经济实力和成长趋势。当国际工程市场规模、成长空间大时，建筑企业可以采用投资进入的模式，尽快的融入当地市场，抢占市场份额，实施本土化经营，达到经济上的规模效应，降低企业的总成本。当市场规模小、增长饱和甚至停滞时，企业进入海外工程市场的竞争强度大、经营风险大、利润回报率低，一般采用资源投入少、周期短的市场进入模式。

（2）市场竞争状况

市场竞争状况反映了目标国市场的行业结构和竞争强度。对于接近于完全竞争状态的市场，企业倾向于采用合同契约等非股权的进入模式；对于接近于垄断的市场，企业倾向于采用投资进入的市场模式。

（3）市场进入壁垒

市场进入壁垒高时，国际工程企业对于资源承诺、控制度高的市场进入模式一般都采取谨慎的态度。但是一旦企业突破该壁垒，这些壁垒又成为企业的市场进入保护屏障。

（4）生产要素条件

国际工程的建设需要大量的人力、物力资源，并且项目建设过程中，要素的本土化程度很高，因而当地的要素条件决定了企业是否能够降低生产经营成本，达到有效率的资源配置。如果生产要素廉价而充足，企业多采用长期进入的模式；相反，如果生产要素缺乏而昂贵，企业更倾向于选择短期契约进入模式。

3. 外部环境因素

外部环境因素包括了本国的市场规模和投资环境、目标国的政治、经济、法律等的投资环境、本国和目标国之间的文化、经济等方面的相互联系三个方面，在前面的章节中我们对其已经进行了详细的论述，这里不再赘述。

—— 第 2 节 ——
中国交建国际化经营与合作的战略定位

一、中国交建的组织结构

（一）中国交建的简要分析

中国交通建设股份有限公司（简称"中国交建"，英文缩写为 CCCC）成立于 2006 年 10 月 8 日，是经国务院批准，由中国交通建设集团有限公司整体重组改制并独家发起设立的股份有限公司。

作为中国交建唯一发起人的中交集团是由原中国港湾建设（集团）总公司和原中国路桥（集团）总公司于 2005 年 12 月 8 日以新设合并的方式组建成立的。为了完成企业之间的内部整合，两家公司在国资委的支持下，在不到 9 个月的时间内，对 609 家企业进行梳理整合，对 327 家公司进行股权重组，对 96 家企业予以清理注销，对 80 多家企业进行产权规范，最终使 535 家法人公司和 54 家分支机构全部纳入上市范围。通过强强联合，中国交建实现了优势互补，水陆联合，形成了交通基础设施建设领域更加完整的产业链条。

```
中国交通建设集团有限公司 ─┬─ 中国交通建设股份有限公司 ─┬─ 海外业务 ─┬─ 中国路桥工程有限责任公司
                                                        │           ├─ 中港港湾工程有限责任公司
                                                        │           └─ ……
                                                        │
                                                        ├─ 基础设施建设业务 ─┬─ 中交第一公路工程局有限公司
                                                        │                   ├─ 中交第一航务工程局有限公司
                                                        │                   └─ ……
                                                        │
                                                        ├─ 疏浚业务 ─┬─ 中交广州航道局有限公司
                                                        │           ├─ 中交上海航道局有限公司
                                                        │           └─ ……
                                                        │
                                                        ├─ 基础设施设计业务 ─┬─ 中交第一公路勘察设计研究院有限公司
                                                        │                   ├─ 中交第一航务工程勘察设计院有限公司
                                                        │                   └─ ……
                                                        │
                                                        ├─ 投资业务 ─┬─ 中交投资有限公司
                                                        │           ├─ 中交国际（香港）控股有限公司
                                                        │           └─ ……
                                                        │
                                                        ├─ 装备制造业务 ─┬─ 中国公路车辆机械有限公司
                                                        │               ├─ 上海振华重工（集团）股份有限公司
                                                        │               └─ ……
                                                        │
                                                        └─ 其他业务 ─┬─ 振华物流集团有限公司
                                                                    ├─ 中和物产株式会社
                                                                    └─ ……

                        房地产业务 ─┬─ 中房集团
                                   ├─ 中交地产
                                   ├─ 联合置业
                                   └─ ……
```

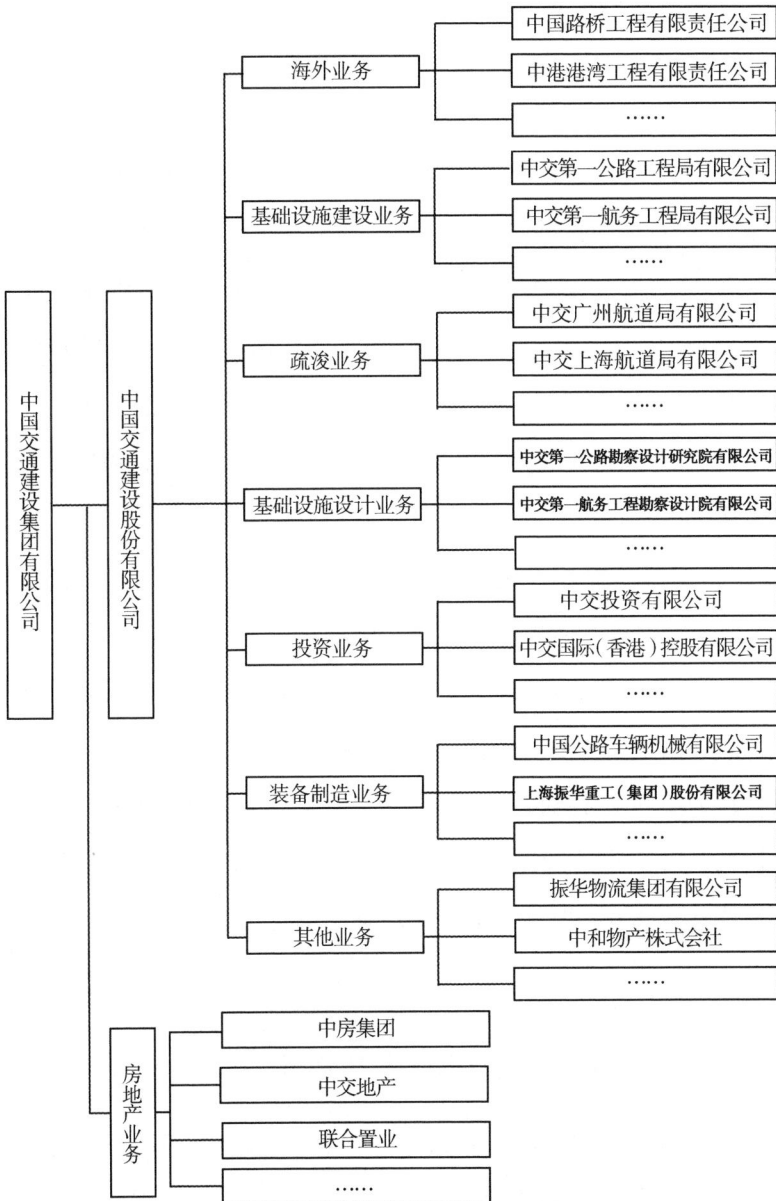

图14 中国交建组织结构图

为进一步改善资本结构，建立现代企业制度，2006年10月，经国务院批准，中国交通建设集团有限公司以全部主营业务及相关资产作为投入，整体重组改制并独家发起创立了中国交通建设股份有限公司，并于2006年12月在香港联交所成功整体上市，成为具有国际资本背景的国有控股企业。

通过整体上市，中交集团募集资金24亿美元，极大缓解了快速发展引发的资金矛盾，改变了公司的负债结构。中国交建是中国第一家全球发行的基建公司，是中央企业中第一家境外整体上市的公司，是2006年最大的非金融类中国企业首次公开招股，被国资委和有关媒体誉为"中交模式"。通过成功上市，中国交建建立了更加规范的法人治理结构，优化了资产结构，增强了企业持续发展能力，构建了更加合理的组织结构，如图14所示。

从图14中我们看出，中国交建根据其业务板块对所属企业进行了分类，其中中国港湾工程有限责任公司和中国路桥工程有限责任公司作为中国交建海外业务的主要载体发挥了不可替代的作用，成为执行其海外战略的组织力量。为了考察企业国际化经营的市场进入模式选择问题，对中国交建海外业务发展的主干力量进行介绍是有必要的。

（二）中国港湾工程有限责任公司

中国港湾工程有限责任公司（简称"中国港湾"，英文缩写CHEC）是中国交通建设股份有限公司所属的综合外经企业，是中国交建海外业务发展的主干力量。主营交通建筑领域的国际工程承包、对外经援及技术劳务合作，核心业务涵盖海事工程、疏浚吹填、公路桥梁、港口机械、勘察设计五大领域。

中国港湾源于 1980 年成立的中国港湾工程公司，1997 年组建为中国港湾建设（集团）总公司，2005 年 12 月 8 日，在原中港（集团）总公司和中路集团以新设合并方式重组成立中国交通建设集团有限公司的背景下，新的中国港湾注册成立。中国港湾作为中交集团公司控股、四航局、上航局、四航院共同参股的独立法人公司，整合了原中港集团的驻外机构和海外业务，继承了原中港集团总公司的总承包资质、管理体系认证证书、外经外援业务资格、经营海外业务的精英人才以及有关经营业绩。同时，"中国港湾"这个由原中港集团成员企业共同创造的品牌得以存续。

（三）中国路桥工程有限责任公司

中国路桥工程有限责任公司（CRBC）是经国务院国有资产监督管理委员会批准、承继原中国路桥（集团）总公司的业绩和资质，以公路、桥梁、隧道工程以及港口建设为主，兼具贸易、投资、租赁、服务业务的国有大型外经企业，是中国交通建设股份有限公司海外业务的重要载体、窗口和平台，在世界 45 个国家和地区设立了分支机构，在亚洲、非洲、欧洲及南美洲形成了高效快捷的经营开发管理网络。

中国路桥工程有限责任公司继承的原中国路桥（集团）总公司，其前身是中华人民共和国交通部援外办公室，1979 年经国务院批准成立为中国公路桥梁工程公司，1989 年更名为中国公路建设总公司，1997 年组建为中国路桥（集团）总公司，2005 年 12 月组建为中国路桥工程有限责任公司。

中国路桥工程有限责任公司具有公路工程施工总承包特级资质

和多项工程总承包一级资质及专业承包资质，同时具有大型工程总承包能力和项目投融资能力。近 10 年来，中国路桥工程有限责任公司在工程施工及设计等方面多次荣获国家和省部级奖项，如"中国建筑工程鲁班奖""詹天佑土木工程科学技术奖""国家优质工程奖"及"省部级优质工程奖"等奖项。

中国路桥工程有限责任公司自 1979 年进入国际承包市场，33 年来先后在亚洲、非洲和中东地区承包工程和劳务项目 500 多个，完成营业额 100 多亿美元；承建公路 5000 余公里，大桥 10000 余延米。经营范围从公路、桥梁设计、到供排水、工业与民用建筑、市政工程、铁路、机场、港口项目的建设，先后承建了伊拉克摩苏尔四桥、五桥，毛里塔尼亚友谊港，马耳他 30 万吨干船坞，香港西九龙高速公路北段、肯尼亚 A109 国道、埃塞俄比亚首都亚的斯亚贝巴环城公路、"中吉乌"公路等著名工程项目。近几年公司又积极开展了政府框架下的合作项目，成功地建成了刚果（布）鲁特水泥厂，并于 2004 年正式生产运营。进军国际承包市场 30 多年来，中国路桥工程有限责任公司获得了许多有影响的国际大奖，如"国际麦邱利金像奖""国际阿拉伯奖"等。CRBC 已经在国际建筑工程行业中创建了自己的品牌，从 1985 年起，连年入选美国《工程新闻记录》（ENR）评选的全球最大 225 家国际承包公司之列，享誉亚洲、非洲和欧洲市场。

（四）中国交建内部控制的主要特征

作为国资委所属的特大型央企，中国交建具备法人公司多、分支机构庞杂的特点，为了充分发挥集团所属子公司之间的协同效应，达到资源在集团内部的优化配置，对中国交建总部的组织结构和功能定位提出了新的要求。

以往研究认为，多事业部型（M-Form）组织结构对于资本密集型和多元化经营的大公司来说是相对适合的选择，单一型结构（U-Form）和控股型（H-Form）结构的大型企业由于各自缺陷殊途同归地演进为该模式（吴敬琏，2004）。在 M 型结构下，公司总部负责促进协同作用的发挥，承担起协同管理者的角色。经过五年的探索和实践，中国交建总部进一步加深了对市场经济规律和企业发展规律的认识，增强了搞好企业的信心，也积累了宝贵的经验，探索出一条中央企业创新发展的"中国交建模式"。

2013 年，中国交建为增强总部发展责任，统筹市场开发，追求增量发展，进一步提升总部引领力、统筹力、管控力和保障力，全面实现公司的升级发展和"率先建成世界一流企业"的战略目标，在现有业务基础上成立了港航/疏浚事业部、路桥/轨道交通事业部、装备制造/海洋重工事业部、投资事业部、海外事业部和房地产事业部六大事业部，并进一步完善其定位及职能，如图 15 所示。

公司总部采取"集中决策，分开治理"的管理方针，充分发挥 M 型组织结构的优势。配合该模式，集团采取战略控制型的管理风格，既进行战略的部署与计划，又对子公司实施财务方面的控制。在战略规划方面，总部能够围绕事关公司发展全局的方向性、根本性问题，及时编制企业发展规划，提出企业愿景、中长期战略定位和战略目标，为公司正确决策、抢抓机遇提供重要依据。在投融资方面，进一步规范投资行为、防范投融资风险，严格资本预算管理，加强公司内外资金筹集、有效供给和集中管理，较好地实现了投融资活动有序有效开展。

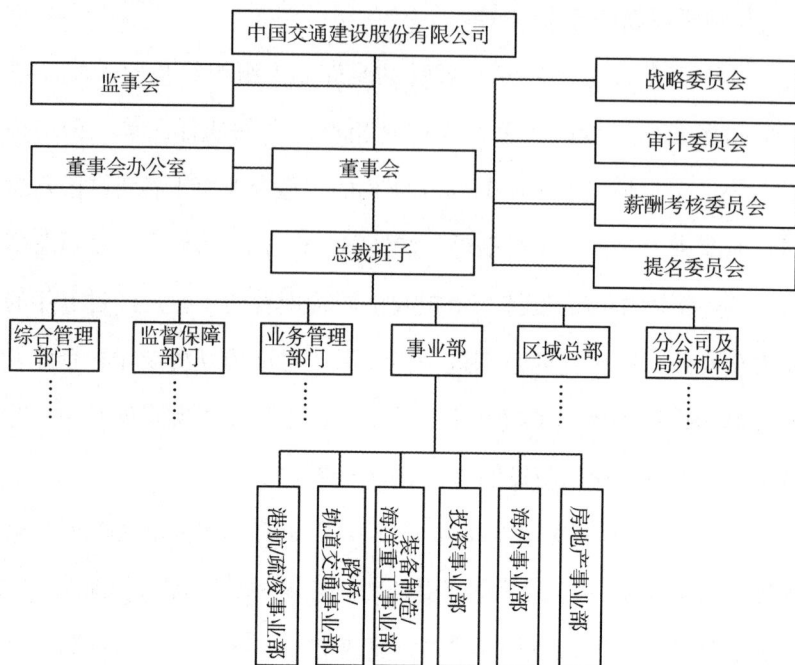

图 15　中国交建总部组织结构图

基于以上思路，中国交建对公司总部提出更明确的定位，如图 16 所示。集团公司总部着重于进行价值创造从而可以有效提升集团公司的整体价值，促进公司提高绩效和竞争力，推动集团可持续发展。集团总部创造价值的前提和关键是合理的功能定位。功能定位建立在合理的管理模式（组织结构和管理风格）的基础上。功能定位影响价值创造，功能定位主要分成要素管理、业务管理、考核与监督三个方面。同时，以上三方面内容可以细化为六个中心性的功能定位：业务管理方面下的战略管控中心、价值服务中心；要素管理方面下的资源配置中心、投融资决策中心；考核监督方面下的风险管理中心和绩效评价中心。具体而言，这三个方面的六个中心性作用具体体现在：

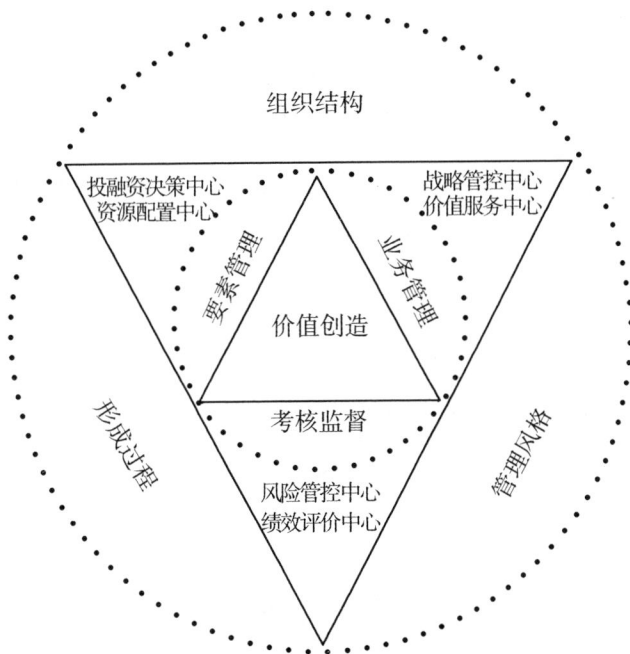

组织结构

投融资决策中心
资源配置中心

战略管控中心
价值服务中心

要素管理

业务管理

价值创造

形成过程

管理风格

考核监督

风险管控中心
绩效评价中心

图 16　中国交建总部功能定位模型

1. 业务管理

业务管理是公司总部最重要的功能。公司总部应通过对重大业务的决策来指导子公司创造更大的价值和整体竞争优势。

中心一：坚持战略管控中心

战略管理是企业长远性、根本性的重大管理，战略决策失误会给企业带来十分严重的后果，严重时更具有不可逆转性，会给企业带来灾难性的后果，破坏企业价值。总部作为公司改革发展的指挥中心，首要职能就是对公司发展过程中面临的重大问题、未来发展目标和方向做出科学决策。公司的发展速度、经营业绩、资源效率

都与总部的前瞻性、决策力密切相关。

中心二：坚持价值服务中心，强化总部的"价值贡献"

总部的职能体现在监督管理和协调服务上，同时也体现在对子公司的价值服务上。总部与子公司结成"利益共同体"和"生命共同体"，通过协调和关联管理，促进子公司之间的横向和纵向的联系和协同，实现规模经济与范围经济。与此同时，公司总部引领高端营销，成为开拓市场的"发动机"。公司总部加强核心价值观和文化建设，引领子公司树立"大团队"意识，增强关联管理，提升中国交建的凝聚力，达成"持续发展能力最大化""整体利益最大化"和"社会价值最大化"的发展目标。

2. 要素管理

要素管理是指公司总部对公司的关键性要素及时进行识别、配置、变革和创新。管理要素可分为企业中人员、资金、方法、机器设备、物料、市场等方面。

中心三：坚持资源配置中心

总部加强对人、财、物、市场等核心资源的有效配置，增加价值实现集团利益最大化。在人力资源的方面，坚持对高端人才的培养和配置，重点制定人才发展规划，针对性地做好企业中层和高层次专业技术人才的培养、培训、科学配置。在资金方面，坚持财务资产和资金集中管理。通过组建财务公司，坚定地推进资金的集中管理，重点关注子公司资产和资金的安全性和对大宗设备物资的集中采购和大型设备的统一管理。

中心四：坚持投融资决策中心

总部按照管理权限，加强投资、并购、资金集中、购销、大宗物资和大型设备采购、金融衍生品等高风险领域的决策管控，从公司总部层面建立全面风险管控体系和工作机制，健全投资决策风险评估和监控机制。

3.考核与监督

通过公司总部有效的考核指标对比，实现强有力的制约手段与鼓励措施；通过识别和分析风险来降低内部控制风险。

中心五：坚持绩效评价中心

总部近年来加强适应市场的、差异化的激励约束机制建设，通过绩效评价这一职能部门，重点关注各层级考评办法与标准的健全完善，来影响子公司的决策和政策。坚持定性与定量相结合，充分发挥绩效考核的导向作用。

中心六：坚持风险管控中心

总部应定期分析子公司运营中面临的风险因素，制定风险防范的措施和应对方案，并且加强公司日常风险评估工作，切实把风险管理与各项经营管理活动特别是关键业务环节紧密结合，提高风险预警、反应能力和管理水平。

本书接下来对中国交建战略规划和国际化经营市场进入模式选择的讨论，都是建立在以上的组织结构和总部—子公司的职能分工的基础上，这也成为实现战略目标的组织保证。

二、中国交建的组织发展

通过中交集团的重组改制以及整体上市，企业募集了大量的资金，缓解了快速发展引发的资金矛盾，改变了公司的负债结构，建立了更加规范的法人治理结构，为中国交建的发展打下了坚实的基础，增强了企业持续发展的能力。

为了进一步推动组织发展，中交集团在完成企业整体上市之后，进行了一系列的兼并重组，建立了新业务平台，完善、延伸了产业链，推动了企业资源的整合，优化了业务布局。

集团成功完成了对中国房地产开发集团公司的重组工作，中房集团整体并入中国交建，标志着公司获得了房地产运作平台，有利于打造新的盈利增长点，有利于加快业务结构的转型和调整，拓展经营空间。

集团成功完成了首例跨国并购，收购了世界著名海上钻井平台设计公司——美国 F&G 公司，为在海洋重工领域的发展创造了高端技术平台，F&G 的设计能力及技术资源与公司强大的制造能力相结合，形成了资源的优势互补和协同效应，为在国际市场开拓新业务奠定了坚实基础。

中国交建还完成了西筑公司纳入装备制造板块、上海港机厂并入振华重工、新津厂转让、中国交通信息中心整体并入水运规划设计院有限公司等企业重组改制方面的工作，有效地促进了企业的资源整合。

2012 年，中国经济下行触底反弹，国内交通基建投资增速呈现前低后高态势，新项目招投标市场按季度逐渐转强，基建投资规模和新项目招投标规模于四季度达到最高峰。中国交建通过多方筹措，在稳步推进主营业务的同时，大力加快投资业务的发展，同时通过近几年实施的"大海外"业务的效益积累，有效保持了公司生产经营总体健康平稳运行，主要经济指标再创新绩。

2012 年，本集团收入为 2962.27 亿元，同比增长 0.29%，其中来自于中国以外其他国家和地区的收入为 385.60 亿元（未包括装备制造业务来自于海外客户的收入）；归属于母公司股东的净利润为 119.50 亿元，同比增长 3.06%；新签合同额为 5149.20 亿元，同比增长 12.47%，其中来自于海外地区的新签合同额达到 149.99 亿美元（折合人民币约为 968.67 亿元）。截至 2012 年 12 月 31 日，持有在执行未完成合同金额为 7005.25 亿元，同比增长 16.38%。

2005~2012 年，中国交建的生产经营快速发展，经济效益稳步提升，资产规模迅速扩张，市场份额进一步扩大，盈利能力持续提高，多项经营指标创历史新高，如表 13 所示。

表 13　2005~2012 年主要指标表

项　目	2005年	2006年	2007年	2008年	2009年	2010年	2011年	2012年
营业收入（亿元）	852	1147	1517	1804	2285	2736	2954	2988
利润总额（亿元）	29	44	83	94	98	119	116	191
净利润（亿元）	19	24	64	77	76	95	98	122
资产总额（亿元）	727	1281	1730	2218	2679	3111	3598	4378
资产负债率（%）	79.83	68.79	65.49	74.57	73.72	75.89	77	77.96

三、中国交建经营状况分析与评价

（一）具备业务结构均衡、产业链完整的优势

通过"调结构"战略，中国交建的业务结构已趋于平衡，初步形成了多元化的产业结构，主营业务覆盖了交通基础设施建设领域的港口、公路、桥梁、疏浚以及房建、装备制造、物流运输等领域，构筑了关联互补、水陆联合、协同发展的业务格局。在产业链方面，中国交建已具备了完整的产业链，集项目运作、投资、设计、咨询、施工（安装）、后期运营为一体，形成了独特的产业链优势和一体化的运作能力。业务结构和产业链优势成为了公司参与国际高端市场竞争最坚实的依托，是公司国际化经营的核心竞争力。

（二）具备特大型项目的综合运作优势

中国交建依托国内基建市场的黄金机遇期，通过与政府或业主单位良好的合作关系，以雄厚的资金实力和融资优势作支撑，逐步从单一的工程承包向特大型项目的综合运作转变。近些年，公司先后承揽了港珠澳大桥、横琴岛开发、纬三路过江通道、京沪高铁、海外项目等一批在全球建筑工程领域具有很高知名度的特大型项目，为公司国际特大型项目的运作积累了经验，储备了人才，奠定了基础。

（三）具备较强的融资能力

中国交建通过在香港和上海的整体上市，在国内外资本市场都获得了稳定的融资平台；与包括国内四大国有银行在内的多家金融机构建立了战略伙伴关系，形成了较强的信贷融资能力；同时，公司与国家开发银行、中国进出口银行的合作日益紧密，为进一步开展政府框架项目、对外项目商业贷款、投融资类项目创造了良好的条件。

（四）具备一定的科技优势

中国交建在跨江跨海大桥、长大及海底隧道、深水航道治理、冻土及港口机械制造等领域的技术处于世界领先水平，将为国际化经营的突破起到引领作用。公司已形成了研发基础设施集群，近期又组建了"公路长大桥建设国家工程研究中心""疏浚技术装备国家工程研究中心""中交工程船舶技术研究中心"等研究机构。近些年，公司共获得国家科技进步奖22项，詹天佑土木工程大奖33项，编制完成使用的标准规范占交通行业标准规范的70%。

（五）具备品牌信誉优势

中国交建的品牌具有国际信誉优势，公司位列《财富》世界500强第213位，《福布斯》全球2000强第245位，ENR全球225家最大承包商第5位，ENR225家最大国际承包商第10位（连续6年位列上榜的中国企业的第一位）。公司的海外履约能力和社会责任感强，在中国对外承包信用的评价为AAA级最高信用等级，已在全球范围内建立了CCCC、CHEC、CRBC、ZPMC四大品牌的国际信誉。

（六）具备尖端设备资源

中国交建拥有各种海事工程船舶800余艘，各类陆用工程施工

机械 3000 余台（套），以及各类先进的勘察设计科研设备，其中：航务及疏浚船舶在国际市场具有很强的竞争优势，拥有全球最先进的挖泥船，耙吸船总仓容量和绞吸船总装机功率均排名世界第一；由于海事工程及疏浚船舶投资大，技术含量高，竞争者难以模仿，确立了公司在全球海事工程领域的核心竞争力。此外，公司还拥有世界领先的半潜式运输船，在海洋重工装备及港机运输领域，具有较强的国际竞争力。

四、中国交建国际化经营的 SWOT 分析

（一）中国交建国际化经营的优势

1. 品牌优势

2011 年，中国交通建设股份有限公司在世界企业 500 强中排名第 211 位，位列全球第 5 大工程承包商，在中国对外工程承包信用评级中拥有 AAA 级最高信用等级，拥有 CCCC、CHEC、CRBC、ZPMC 四大知名品牌。

2. 市场优势

中国交建是中国最大的港口设计及建设企业，设计承建了建国以来绝大多数沿海大中型港口码头，在国内航务工程市场中的占有率为 85%。中国交建是世界领先的公路、桥梁隧道设计及建设企业，参与了国内众多高等级主干线公路的建设，在特大桥市场中的占有率为 80%。中国交建是世界第一疏浚企业，拥有中国最大的疏浚船队，耙吸船总仓容量和绞吸船总装机功率均排名世界第一，在国内沿海

疏浚市场所占份额超过 80%。中国交建是全球最大的集装箱起重机制造商，集装箱起重机业务占世界市场份额的 78% 以上，产品出口 74 个国家和地区的 120 个码头。中国交建还是中国最大的国际工程承包商和中国最大的国际设计公司，在 80 多个国家和地区设立了办事处和分支机构。

3. 科技优势

中国交建在跨江跨海大桥、海底隧道、深水航道治理、冻土以及港口机械制造等领域的技术均处于世界领先水平。公司拥有 10 家大型设计院、7 个国家级技术中心、14 个省级技术中心、6 个省部级重点实验室、7 个博士后科研工作站。2005~2010 年，中国交建先后获得 543 项自主知识产权专利，荣获 17 项国家科学技术进步奖，257 项省部级科技进步奖，28 项詹天佑土木工程大奖，35 项国家级工法，编制完成投入使用的标准规范 103 项，占交通行业标准规范的 70%。

4. 完整的产业链优势

在交通基础设施建设领域，中国交建集项目运作、投资、设计、咨询、施工（安装）、后期运营于一体，建立了完整的价值链，形成了独特的产业链优势，有利于降低风险和成本。

5. 大型项目运作的综合能力

中国交建与政府或业主单位有良好的合作关系，并有雄厚的资金实力和融资优势作支撑，使公司逐步从单一的工程承包商转向大型项目的运营商。同时公司拥有的产业链和各类资源优势能够确保

大型项目的顺利实施。

（二） 中国交建国际化经营的弱点

1.业务结构单一

目前中国交建只涉及了大土木和装备制造两项业务，而且过于依赖国家投资拉动的大土木业务。而对利润率高、能形成长期稳定的经营性收入的产业(如房地产、特许经营、能源等)则几乎没有涉足。

2.国际化程度不高

中国交建海外营业收入和所占比重与世界一流建筑企业相比，还有很大差距。海外资产所占比重和使用效率也低于世界一流建筑企业。中国交建国际化人才依旧不足，缺乏一批具有语言优势、国际商务谈判能力和项目管理能力的复合型高层次人才。

3.运营效率不够高

中国交建的效率指标普遍偏低，总资产周转率、存货周转率和人均产值三项指标与世界一流建筑企业相比差距较大，企业整体的运营效率较低。

4.产业链协同效应缺乏

虽然中国交建具备了较完整的产业链，但其协同效应并没有充分发挥，内部的同质化竞争比较严重。

5.管理模式有待完善

管理架构不够清晰有效。中国交建现行的管理模式是通过总部的业务管理部门对各业务板块所辖的近 40 家子公司直接进行管理，难以避免板块内各子企业之间的相互竞争，不能更好的形成协同效应，难以实现资源的共享机制和最优化配置。板块内的一些企业朝着"小而全"方向发展，很难形成差异化和专业化优势。

（三）中国交建国际化经营所面临的机遇

1.海外基础设施建设市场快速增长

根据世界银行的预测，2010~2012 年全球经济将逐步复苏，亚太、南亚和撒哈拉以南非洲地区将成为全球经济增长的热点区域，这三个地区的政府支出和固定资产投资也将保持较高的增长速度。欧洲、拉美以及中东、北非地区的增长速度相对较慢，在上一轮经济刺激计划之后，可能会逐步减少政府支出和固定资产投资。

对于全球建筑产业，根据"全球建筑视角"和牛津经济研究院联合发布的《全球建筑2020》的分析报告，未来10年全球建筑市场将以年均4.9%的速度增长，至2020年全球建筑业产值将增至12.7万亿美元，占全球总产出的14.6%，其中中国、印度、俄罗斯、巴西、波兰以及美国等国将成为建筑业增长的主要阵地。报告估计金融危机后新兴国家建筑市场将超越发达国家，在2011~2020年间新兴国家建筑产值将增长110%，达到7万亿美元，占全球建筑市场的55%和2020年全球生产总值的17.2%。特别是基础设施建设领域，由于新兴国家面临交通系统升级、楼房设施改造等强大需求，基础设施领域的建筑产值有望增长128%，非住宅的基础设施建设的增速将接近100%。发达国家建筑产值的增长率预测仅为35%，占全球建筑市场的份额将由2005年的65%降至2020年的45%。其中发达国家基础设施市场增幅仅可能为18%。根据CIBC世界市场的分

析，未来 20 年全球在基础设施建设领域的投资有望达到 35 万亿美元，年均投资 1.75 万亿美元，主要将投向机场、港口、能源设施、铁路等领域，亚太、南亚和中东地区的发展中国家将成为热点。海外基础设施建设市场快速增长的前景为中国交建的海外扩展提供了巨大的市场机遇。

2. 集装箱港口机械进入更新换代周期

截止 2009 年，全球岸桥保有量约 4600 台左右，其中 1995 年以前投入运营的约占 1000 台左右。因此，若按 20 年的使用寿命估算，2012 年前后将陆续进入更新换代周期，再综合集装箱贸易增长拉动港口新建和改扩建对港机的需求，每年有 200 台左右的岸桥需要更新换代，场桥与岸桥按 2：1 比例推算，每年有 400 台以上的需求。全球市场容量大约在 30 亿 ~40 亿美元。

3. 钢结构市场容量扩大

钢结构市场容量大，竞争对手广泛且竞争十分激烈。据咨询机构分析，大型钢结构全球市场容量约为 100 亿美元左右。

4. 海洋工程装备需求量增大

据海洋工程权威分析机构 ODS 预测，2010~2015 年世界海洋钻井装置需求量为 83~116 座，全球海洋工程每年支出在 3000 亿 ~4000亿美元，其中海洋工程装备市场容量每年为 300 亿 ~500 亿美元左右。

5. 国家"走出去"战略的实施

"十一五"规划以来，国家大力实施国有特大型企业"走出去"战略，在政策和资金方面进行大力扶持，为中国交建的国际化经营建立了国家保障机制。

（四）中国交建国际化经营所面临的威胁

1. 国际工程承包市场风险增加

从国际情况来看，风险主要是西方国家经济回暖缓慢，随着美国量化宽松政策和欧洲债务危机的此起彼伏，汇率风险进一步增大，大宗商品价格波动更加剧烈；部分国家设置外汇管制、用工限制、环保安全、技术规范等壁垒，国际工程市场竞争日趋激烈。

2. 市场竞争激烈和非贸易壁垒增加

在国际建筑市场上外国大型工程承包商通过现代管理模式和技术手段来达到高效率和低成本，在全球范围内配置资源，具有很强的竞争优势，因而中国交建面临的市场竞争非常激烈。虽然由于贸易自由化和 WTO 规则的影响，国际间的贸易壁垒已经大大降低，但是各国为了保护本国的制造业，不断设置一些非贸易壁垒，提高了企业的准入门槛，从而加大了中国交建国际化经营难度。

3. 全球对港口机械的需求处于低点

恢复到金融危机前的水平还需要 2~3 年的时间。

4. 国际物流行业处于低谷

国际航运业运力过剩的压力仍未能从根本上解除，国际航运业务仍将在低谷徘徊，作为国际航运业的下游产业，物流行业在未来几年的景气指数不高，从而限制了中国交建在物流领域的扩展。

5. 国内其他特大型建筑企业的海外市场竞争威胁

主要的国内竞争对手（如中铁工、中铁建、中建等）拉大了与中国交建在营业收入上的差距，同时它们的盈利能力和增长速度正在接近或超过了中国交建的水平。它们在海外市场对中国交建传统的业务领域（如港航）持续渗透，加剧了中国交建在海外市场所面临的竞争威胁。

五、问卷数据的收集和分析

（一）研究数据收集

考虑到对建筑类行业环境和企业内外优势劣势各要素相关信息的了解程度，本研究主要对企业的所有者或者高层管理者、学者和管理咨询专家进行问卷调查来获取研究数据。本次问卷调查主要通过企业实地走访和邮寄传真方式进行。本次问卷调查的发放和回收情况见表14所示。通过各种方式发放问卷200份，有效问卷157份，问卷有效率为78%。

表 14 问卷发放及回收情况

问卷调查对象	发出问卷数	回收有效问卷数	有效回收率
企业高层	73	59	81%
学者	62	51	82%
管理咨询专家	65	47	72%
总数	200	157	78%

（二） 研究数据质量评估

1. 信度分析

信度分析是用来检验可观测变量的方差对潜变量的解释程度（DeVellis，1991）。信度越大，说明用于解释的一个潜变量的各观测变量的一致性程度越高。通常用 Cronbach α 系数法来分析变量的内部一致性，各变量的 α 值见表 15 所示。

Nummally（1978）认为 α 系数的值应视研究的阶段而有不同的标准，在研究的初期，为了节省时间和精力，信度值只要在 0.6 或 0.5 即可接受。一般来说，Cronbach α 在 0.6 以上，表示量表信度可接受，若 Cronbach α 在 0.7 以上，表示量表具有高信度。由表 15 可知，企业优势、劣势、机会、威胁四个构面的信度均达到 0.7 以上。由此可见，样本数据具有相当高的信度水平。

表 15 问卷信度分析和效度分析结果

结构指标	项目	项目信度	Cronbach's Alpha	因子载荷	KMO 效度值
优势	S1	0.879	0.810	0.610	0.720
	S2	0.609		0.657	
	S3	0.767		0.582	
	S4	0.723		0.652	
	S5	0.686		0.731	
劣势	W1	0.778	0.799	0.585	0.757
	W2	0.836		0.616	
	W3	0.784		0.782	

结构指标	项目	项目信度	Cronbach's Alpha	因子载荷	KMO 效度值
机会	O1	0.715	0.753	0.675	0.867
	O2	0.879		0.630	
	O3	0.706		0.582	
威胁	T1	0.711	0.701	0.510	0.861
	T2	0.736		0.599	
	T3	0.856		0.682	

2. 效度分析

所谓效度是指一种测量真正能够测出研究人员所想要测量的事物的程度。效度可区分为内容效度和构造效度。

内容效度指的是内容的代表性或内容产生过程中样本抽样的适当性（Kerlinger，1973），本研究的测量均以相关文献为理论基础，同时在正式发放问卷之前，经过了专家学者的修正过程，因此，本研究能够具有内容效度。

构造效度是指测量工具能够测量理论的概念或特质的程度。验证性因子分析是检验构造效度的最强有力的工具之一（Kerlingger，1986）。本研究采用验证性因子分析来检验构造效度，提取公因子采用主成分方法，因子旋转采用方差最大旋转。在因子分析前采用 KMO 样本测度和 Baetlett 球形检验来检验量表中指标间的相关性，用以反映样本是否适宜做因子分析，通常采用如下标准：KMO 在 0.9 以上，非常适合；0.8~0.9 很适合；0.7~0.8 适合；0.6~0.7 比较适合（马庆国，2002）。如表15所示，四个够面的 KMO 值分别为 0.720、0.757、

0.867、0.861，表明企业 SWOT 问卷测量体系具有较好的构思效度。

六、基于 SWOT 分析的战略定位

（一）AHP 方法

在这一部分我们把 AHP 方法引入 SWOT 框架之中，从而达到定性和定量的结合。根据前述的介绍我们知道，AHP 方法首先对问题所涉及到的要素按照隶属、关联关系进行层次划分，一般分为目标层、准则层和方案层三类。以中国交建为例，目标层是对企业各种海外市场战略的评估。准则层是由中国交建国际化经营的 SWOT 分析中所涉及到的优势、劣势、机会、威胁四个要素及每个要素所属的子要素组成，方案层是中国交建的四种对应战略，分别为 SO，WO，ST 和 WT 战略。

其次，对 SWOT 模型内同一层次的各个要素两两进行对比以反映其相对重要性，并建立相应的判断矩阵。假设我们有 M 指标 $X=\{x_1，x_2\cdots，x_m\}$，对指标 x_i 和 x_j 进行对比以反映它们之间的相对重要性，其中 i 和 j 取值范围从 1 到 m，比较结果表示为 a_{ij}。矩阵需要给出 $m*(m-1)/2$ 值，其中矩阵对角线上元素为 1，非对角线上元素保持一种对应关系 $a_{ij}=1/a_{ji}$，a_{ij} 为整型变量，取值范围从 1 到 9，其具体含义如下表 16 示：

表 16　Saaty 判断矩阵要素取值及重要性含义

a_{ij} 取值	重要性对比	含　义
1	同等重要	x_i 和 x_j 具有相同的重要性
3	一般重要	x_i 比 x_j 一般重要
5	比较重要	和 x_j 相比 x_i 比较重要
7	非常重要	和 x_j 相比 x_i 非常重要
9	极度重要	和 x_j 相比 x_i 极度重要
2，4，6，8	中间值	和取值相对应的重要性

第一份调查问卷给出了 SWOT 分析中各个要素的重要性取值。受访者在 SWOT 框架下对每一个要素的相对重要性进行打分，取值从 1 到 7，通过计算平均分和累积分得到最终的判断矩阵，这个是 AHP 定量分析的核心。

在得到判断矩阵的情况下，第三步基于各个要素对目标层不同的影响程度来进行排序。

计算 $w_i^* = \sqrt[n]{\prod_{j=1}^{n} a_{ij}}\ (i=1,2,\cdots n)$，$w_i = w_i^* \Big/ \sum_{i=1}^{n} w_i^*$，$S_j = \sum_{i=1}^{n} a_{ij}$，以及判断矩阵的最大特征值 λ_{max}，利用得到的这些指标来进行矩阵 A 的一致性检验 $CI = \dfrac{\lambda_{max} - n}{n-1}$。

（二）判断矩阵

AHP 方法需对准则层的元素两两进行比较，得到相应的判断矩阵，比较框架如下表 17 所示。

表 17　中国交建的 SWOT 分析框架

S 优势	S1：品牌市场优势； S2：人才科技优势； S3：完整的产业链及大型项目运作的综合能力； S4：设备优势； S5：融资优势
W 劣势	W1：业务结构单一，国际化程度不高，运营效率低下； W2：尖端人才缺乏，信息化程度较低； W3：项目管理粗放，产业链协同效应缺乏，管理模式有待完善
O 机会	O1：国家"走出去"战略的实施； O2：海外基础设施建设市场快速增长； O3：集装箱港口机械进入更新换代周期，钢结构及海洋工程装备市场容量增大
T 威胁	T1：国内其他特大型建筑企业的海外市场竞争威胁； T2：海外市场风险增加，国际工程市场竞争激烈，非贸易壁垒提高； T3：全球对港口机械的需求及国际物流行业处于低点

　　基于判断矩阵的构造，分别计算机会、威胁、优势、劣势四个项目的总分和平均分，同时给出四个项目所辖要素两两比较的相对重要性比值，如表 18 示：

表 18　优势的要素平均值和总和值

	S1	S2	S3	S4	S5
总和值	759	689	719	688	603
平均值	6.125	5.5625	5.7969	5.5469	4.8594

$$A = \begin{bmatrix} 1 & 4 & 3 & 4 & 7 \\ 1/4 & 1 & 1/2 & 2 & 4 \\ 1/3 & 2 & 1 & 3 & 5 \\ 1/4 & 1/2 & 1/3 & 1 & 4 \\ 1/7 & 1/4 & 1/5 & 1/4 & 1 \end{bmatrix} \rightarrow \begin{bmatrix} 3.2 \\ 1 \\ 1.6 \\ 0.7 \\ 0.3 \end{bmatrix} \rightarrow W = \begin{bmatrix} 0.4 \\ 0.15 \\ 0.23 \\ 0.08 \\ 0.14 \end{bmatrix}$$

$\lambda_{max} = 5.1$

$CI = 1.12,\ CR = 0.015 < 0.1$

通过计算，获得优势项目每个要素的权重值，判断矩阵通过一致性检验。

表 19 劣势要素的平均值和总和值

	W1	W2	W3
总和值	543	535	541
平均值	4.3750	4.3125	4.3594

$$A = \begin{bmatrix} 1 & 2 & 1 \\ 1/2 & 1 & 1/2 \\ 1/2 & 2 & 1 \end{bmatrix} \rightarrow \begin{bmatrix} 1.26 \\ 0.63 \\ 1.26 \end{bmatrix} \rightarrow W = \begin{bmatrix} 0.4 \\ 0.2 \\ 0.4 \end{bmatrix}$$

$\lambda_{max} = 3.13$

$CI = 0.011,\ CR = 0.012 < 0.1$

通过计算，获得劣势项目每个要素的权重值，判断矩阵通过一致性检验。

表 20　机会要素的平均值和总和值

	O1	O2	O3
总和值	397	287	215
平均值	6.2031	5.4844	4.8594

$$A=\begin{bmatrix} 1 & 4 & 4 \\ 1/4 & 1 & 5 \\ 1/7 & 1/5 & 1 \end{bmatrix} \rightarrow \begin{bmatrix} 3.04 \\ 1.08 \\ 0.31 \end{bmatrix} \rightarrow W=\begin{bmatrix} 0.29 \\ 0.46 \\ 0.25 \end{bmatrix}$$

$\lambda_{max}=5.05$

$CI = 0.02$，$CR = 0.034 < 0.1$

通过计算，获得劣势项目每个要素的权重值，判断矩阵通过一致性检验。

表 21　威胁要素的平均值和总和值

	T1	T2	T3
总和值	397	287	215
平均值	6.2031	5.4844	4.8594

$$A=\begin{bmatrix} 1 & 4 & 7 \\ 1/4 & 1 & 5 \\ 1/7 & 1/5 & 1 \end{bmatrix} \rightarrow \begin{bmatrix} 3.04 \\ 1.08 \\ 0.31 \end{bmatrix} \rightarrow W=\begin{bmatrix} 0.35 \\ 0.5 \\ 0.15 \end{bmatrix}$$

$\lambda_{max}=3.04$

$CI = 0.02$，$CR = 0.034 < 0.1$

通过计算，获得威胁项目每个要素的权重值，判断矩阵通过一致性检验。

表22　SWOT 分析的总和值和平均值

	N1	N2	N3	N4
总和值	616	591	589	415
平均值	4.9688	4.7656	4.7500	3.3437

$$A=\begin{bmatrix} 1 & 2 & 2 & 8 \\ 1/2 & 1 & 2 & 7 \\ 1/2 & 1/2 & 1 & 7 \\ 1/8 & 1/7 & 1/7 & 1 \end{bmatrix} \rightarrow \begin{bmatrix} 2.38 \\ 1.63 \\ 1.15 \\ 0.22 \end{bmatrix} \rightarrow W=\begin{bmatrix} 0.31 \\ 0.17 \\ 0.25 \\ 0.27 \end{bmatrix}$$

$\lambda_{max}=4.05$

$CI = 0.016,\ CR = 0.018 < 0.1$

通过计算，获得 SWOT 模型每个项目的权重值，判断矩阵通过一致性检验。

（三）SWOT 框架的权重值

上部分对 SWOT 框架中各个要素权重值的计算结果列在表 23 在接下来的部分我们要采用这些权重值来对中国交建的 SWOT 系统进行评估。

表23　中国交建的 SWOT 框架的权重值

S优势（0.31）	S1：品牌市场优势；（0.4） S2：人才科技优势；（0.23） S3：完整的产业链以及大型项目运作的综合能力；（0.15） S4：设备优势；（0.08） S5：融资优势；（0.14）

W 劣势（0.17）	W1：业务结构单一，国际化程度不高，运营效率低下；（0.4） W2：尖端人才缺乏，信息化程度较低；（0.2） W3：项目管理粗放，产业链协同效应缺乏，管理模式有待完善；（0.4）
O 机会（0.25）	O1：国家"走出去"战略的实施；（0.29） O2：海外基础设施建设市场快速增长；（0.46） O3：集装箱港口机械进入更新换代周期，钢结构及海洋工程装备市场容量增大；（0.25）
T 威胁（0.27）	T1：国内其他特大型建筑企业的海外市场竞争威胁；（0.35） T2：海外市场风险增加，国际工程市场竞争激烈，非贸易壁垒提高；（0.5） T3：全球对港口机械的需求及国际物流行业处于低点；（0.15）

从以上的分析我们知道，在所有的四个项目机会、威胁、优势、劣势中，优势占据了最大的权重，其值为 0.31，威胁以 0.27 位居第二，机会和劣势分别以 0.25 和 0.17 位居第三、四位。

（四）战略评价结果

这一部分通过结合两部分数据来对中国交建的战略进行评估。第一部分数据是上一部分所得到的 SWOT 权重值系统，第二部分数据是从第二份调查问卷中所得到的项目打分。通过利用这两类数据，可以对中国交建进行一个定量的分析。

在第二份调查问卷中，问卷的回复者以定量的形式 1，2，3，4，5 对其进行打分。这些评估分别被转化成为 20，40，60，80 以及 100。输入为这些项目中每一个的平均值，和权重系数结合在一起，输出是 SWOT 要素以及对相应战略的评估。

1. 优势、劣势、机会、威胁的评价

表 24　中国交建的 SWOT 框架的权重及得分

	项　目	权　重	得　分
优势（0.31）	S1：品牌市场优势	0.4	92
	S2：人才科技优势	0.23	85
	S3：完整的产业链以及大型项目运作的综合能力	0.15	88
	S4：设备优势	0.08	77
	S5：融资优势	0.14	78
劣势（0.17）	W1：业务结构单一，国际化程度不高，运营效率低下	0.4	69
	W2：尖端人才缺乏，信息化程度较低	0.2	54
	W3：项目管理粗放，产业链协同效应缺乏，管理模式有待完善	0.4	61
机会（0.25）	O1：国家"走出去"战略的实施	0.29	77
	O2：海外基础设施建设市场快速增长	0.46	90
	O3：集装箱港口机械进入更新换代周期，钢结构及海洋工程装备市场容量增大	0.25	84
威胁（0.27）	T1：国内其他特大型建筑企业的海外市场竞争威胁	0.35	81
	T2：海外市场风险增加，国际工程市场竞争激烈，非贸易壁垒提高	0.5	85
	T3：全球对港口机械的需求及国际物流行业处于低点	0.115	64

从表 24 的分数我们看出，品牌市场优势、人才科技优势以及完整的产业链和大型项目运作的综合能力是最被接受的三项，而中国交建的信息化水平、项目管理模式以及产品需求的能力不足并不是

非常重要的影响因素。

（1）优势得分

0.4*92+0.23*85+0.15*88+0.08*77+0.14*78=86.63

从以上的得分我们知道，尽管国际工程承包市场的竞争程度和非贸易壁垒在不断提高，中国交建在该市场仍然维持着很强的竞争优势。在未来的发展中，中国交建要依靠其自身的品牌市场优势、人才科技优势以及完整的产业链和大型项目综合运作能力不断开拓海外市场、维持自身的竞争优势。

（2）劣势得分

0.4*69+0.2*54+0.4*61=62.8

从以上的调查问卷中我们知道，和优势相比受访者对中国交建的劣势并没有给出很高的打分。这可能是出于以下两点理由：其一，受访者对中国交建业务结构单一，国际化程度、运营效率低下，项目管理粗放，产业链协同效应缺乏等劣势并没有给予重点的关注。其二，和中国交建的其他竞争者相比，这些劣势并没有进入受访者的考虑范围。

（3）机会得分

0.29*77+0.46*90+0.25*84=84.73

许多受访者认识到国家"走出去"战略的实施以及海外基础设施建设市场的快速增长是中国交建未来进一步发展的重大机遇。尽管受访者对当前的经济形势并不是非常乐观，但作为对中国交建发展有着积极影响的一面，这三方面的机会因素仍然贡献良多。

（4）威胁得分

0.35*81+0.5*85+0.115*64=78.21

最重要的威胁主要来自海外市场风险的增加，国际工程市场竞争的加剧，非贸易壁垒的提高以及国外其他特大型建筑企业的海外市场竞争威胁。事实上，由于威胁的得分并不像机会的得分那么大，这些威胁因素并没有严重的抵消积极、正面的外部环境的影响。但同时考虑到威胁的得分，其负面的影响仍然不容忽视。

（5）SWOT 得分

86.63* 0.31+（−62.8）*0.17+84.73*0.24+（−78.21）*0.28=16.25

把劣势和威胁的打分设定为负，并对优势、劣势、机会、威胁这四项进行加权求和，获得 SWOT 框架的总体得分为 16.25。从以上得分我们得出两点信息：其一，总得分为正，总体的内外部环境有利于中国交建的发展。其二，尽管总得分为正，但其值偏小，要素的正向效应在很大程度上被负向效应所抵消。因而中国交建需要在今后的发展过程中充分利用当前的优势和机会，同时积极规避自身的劣势和所面临的威胁。

2. 对 SO、WO、ST 和 WT 四种战略的评价

优势、劣势、机会、威胁的得分分别为 86.63（由 A 点表示），62.8（由 B 点表示），84.73（由 C 点表示），78.21（由 D 点表示）。优势和劣势的组合得分为 23.73，机会和劣势的组合得分为 6.52，由 F 点表示。从以上数据看出，中国交建的内部环境和外部环境的整体效应为正。在建筑行业所拥有的发展前景下，中国交建在未来的潜在发展是非常有前景的。但是我们也应该注意到，劣势和威胁的得分为负，并且得分值非常大，企业优势和机会所提供的积极因素在很大程度上被劣势和威胁的消极因素所抵消。

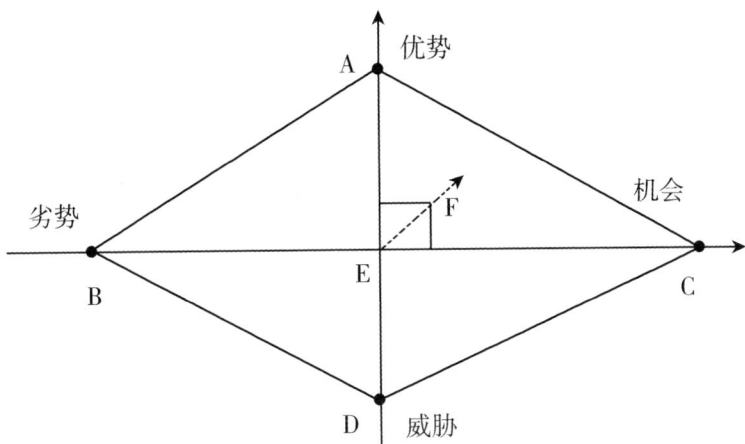

图 17 中国交建的战略"四边形"分析

SO、WO、ST 和 WT 战略的得分别为 85.68、73.76、82.42 以及 70.505。和其他战略相比，SO 战略是最有优势的。从以上的结果我们可以明显地看出，中国交建应该充分利用它的内部优势和外部市场机会来进入海外市场。

3. 结论

在这节中，我们应用 AHP 方法来构造了中国交建 SWOT 分析的权重系统。这个系统建立在第一份调查问卷所收集的数据的基础之上。同时我们应用第二份调查问卷所收集的数据来评估 SO、WO、ST 和 WT 等四种战略。结论就是 SO 战略对中国交建来说是最优。通过以上的定量分析，我们对中国交建国际化经营的战略定位有了一个清晰的认识，为后续的市场进入模式选择奠定了基础。

5

第五章

中国交建的生动实践

本章为本书的案例研究部分。基于建筑企业产业环境分析及中国交建战略定位，本章提出国有特大型建筑企业国际化经营的三大前提，据此构建了市场进入模式选择的分析框架，并以中国交建进入肯尼亚和安哥拉市场为例，验证了该理论框架的适用性和有效性。

—— 第 1 节 ——
大型建筑企业国际化经营与合作理论命题及分析框架

从 20 世纪 70 年代开始的改革开放，使中国逐步从计划经济过渡到市场经济，作为计划经济主体的国有企业，成为经济改革的重点。国有企业改革始于 90 年代，其目的是为了深化市场经济体制改革，减轻国家财政负担，提高企业自身的市场竞争能力。在国企改革的过程中，一大批企业被私有化，同时出于国家经济安全考虑，在国资委的指导下通过一些重点行业企业之间的兼并重组和集体改制形成了规模庞大的特大型企业集团，目的是要打造具有国际竞争力的企业集群，成为国家实现全球化发展战略的一部分。

这些大型国企依靠国家支持迅速发展，逐渐掌握了市场控制权和垄断定价权，在国内市场形成超额利润。在融资方面，由于企业的政府背景以及超额利润支持，银行为其提供了大量的优惠贷款。以融资优势为契机，这些国有企业对产业链上下游的关键企业进行了一系列的兼并和收购，通过整体上市，企业进一步充实资本金，业务规模和范围不断扩大，逐渐占有中国市场大部分的份额，从而为走出去和跨国公司竞争打下基础。

这些特大型中央企业尽管具有规模优势，但是和跨国企业相比，在技术、品牌、管理、物流、人才等方面仍有很大的差距，同时在海外市场由于失去了政策保护丧失了其所拥有的市场控制权和垄断定价权。因而少有大型国有企业进入海外市场进行投资或并购，为数不多的并购也大多以失败告终。如果企业能够成功地进入海外市场，企业丰富的国际化经验以及合理的市场风险评估固然必不可少，但国家走出去的政策导向也同样重要。通过政府间双边的贸易协定和经济合作框架，企业可以有效规避进入海外市场投资的国别风险，并借力国有政策和商业银行为其搭建的融资平台，拓宽企业融资渠道，降低融资成本。

从已有跨国公司的成长路径来看，韩国、日本、印度等新兴经济体的著名公司也经历着和中国大型国有企业相似的发展历程，例如韩国政府对三星和现代的大力支持。对于新的经济体而言，国家的支持对公司全球化战略的实施及其与高度产业化的国际跨国公司竞争必不可少，毕竟这些国际跨国公司已经在跨国发展的几十年间占据了科技、管理和市场营销等诸多方面的优势。

在这种国家背景下，国有大型企业扮演了实现企业自身战略和国家战略的双重角色，同时关注市场的经济属性和社会属性，因而国有大型企业的海外市场进入模式选择不能用传统的基于完全市场竞争假设的国际贸易理论和市场进入模式理论来解释。

基于以上认识，并出于解释我国特大型国有企业市场进入模式选择特殊性的需要，我们提出中国大型国有企业国际化经营市场进入模式选择的三个前提。

前提一：企业走出去的政策导向是国家充分参与世界经济和实现其全球化战略的重要手段。

前提二：中国大型国有企业由于政策扶持，和跨国公司相比在资金筹集和风险承担方面具有比较优势，体现出企业战略和国家战略的融合。

前提三：中国经济迅速增长，外贸顺差不断扩大，外汇储备大量积累，出于保值增值考虑，需要进行海外投资，转化为有形的国家战略资产。

从以前的市场进入模式的研究文献来看，企业的国际化经营一般是出于技术学习和市场开拓两种动机，并且大多数文献着重研究了基于市场开拓动机的企业市场进入模式选择，提出了企业国际化市场进入模式选择的阶段化理论。刚开始进入市场时主要采用低控制、低风险的产品出口或许可协议。随着国际化经验的增加，逐渐采用高控制权、高风险的合资、并购或新建模式。整个过程是一个市场渗透程度逐步加深的过程，而发达国家进入中国的实践也支撑和验证了这一过程。随着经济全球化的发展，中国企业开始走出去，进行跨国经营，中国企业的国际化经营一般是基于技术学习动机，高遐、井润田等（2009）研究指出，在企业以技术学习为动机的市场进入模式选择过程中，由于忽略了文化冲突对知识整合和组织学习绩效的影响，进而导致了企业国际化的失败。而作为中国国有特大型建筑企业来说，其本身的产业特质决定了其国际化的方向、重点和途径不同于一般典型的制造业，其海外市场进入模式选择呈现一种独有的特征，特别是基于市场开拓动机的非洲市场进入。本书正是从这些现实背景出发，考虑了政府关系对企业国际化经营市场进入模式选择的风险规避的影响。政府关系成为影响企业海外市场进入风险评估和模式选择的重要因素。

在上述分析和三大前提基础上，本书构建了国有特大型建筑企业市场进入模式选择的理论分析框架，如下图 18 所示。

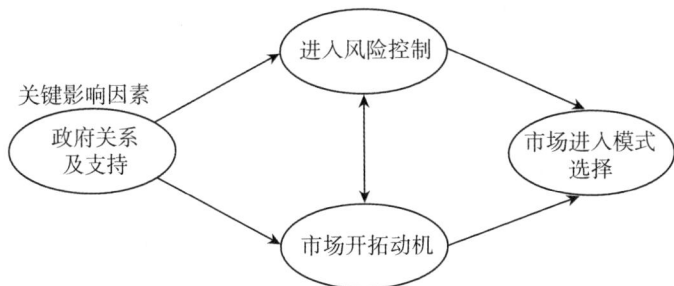

图 18　国有特大型建筑企业市场进入模式选择模型

在此种理论分析框架下，中国国有特大型建筑企业的海外市场经营呈现出独特的阶段性特征。

借用一位特大型建筑企业高管的话来说，国有建筑企业进入海外市场一般分为三个阶段：走出去，走进去，走出来。"走出去"是指企业首先借助政府间关系选择一种低风险模式进入海外市场，并不一定以利润最大化为目的，充分了解目标国的政治、经济、文化等外部环境，逐渐熟悉当地的市场运作模式，积累国际化经验。"走进去"是在熟悉了目标国市场并站稳脚跟的情况下，积极参与和当地企业及跨国公司的市场竞争，高品质、高效率的完成项目，树立品牌声誉、扩大影响力，展示出负责任的企业形象，传播企业特有文化，获得所在地政府和居民的普遍认同及赞誉。"走出来"是在深入扎根海外市场并充分属地化经营的情况下，以其为平台辐射其他周边文化、政治背景相近的国家，形成以点带面的效果。

通过这三个市场进入阶段的实行，企业能够有效的降低所面

临的外部风险，顺利实现海外的市场进入。本书在接下来的章节中，将以中国建筑行业的特大型国有企业的代表——中国交建为例，应用本书提出的理论框架来分析国有特大型建筑企业海外市场进入模式的选择。

—— 第 2 节 ——
安哥拉和肯尼亚市场环境分析

一、安哥拉和肯尼亚投资环境分析

安哥拉和肯尼亚地处撒哈拉以南非洲，均属于热带草原气候，全年有着明显的雨季和旱季区分。安哥拉地广人稀，石油、天然气和矿产资源丰富，是非洲第二大石油输出国。肯尼亚自然景色秀丽，东非大裂谷纵贯南北，旅游和森林资源丰富。两个国家以前都曾是外国殖民地，深受西方文化影响，形成一种多元的文化体系，习俗文化参照西方。艾滋病等流行病肆虐，人均寿命低下，政府在教育和医疗卫生方面的投入少，公共基础设施落后，国民受教育程度低下，安哥拉在 2005 年文盲率曾一度达到 33%。两国社会治安状况总体不佳，在某些地区甚至极度恶化，恶性事件频有发生，如下表25 所示：

表 25　安哥拉和肯尼亚基本情况比较

		安哥拉	肯尼亚
地理环境	地理位置	非洲西南部，面积1246700平方公里	非洲东部，面积582650平方公里
	首都	罗安达（人口约500万）	内罗毕（人口约310万）
	自然资源	石油、天然气和矿产资源丰富，中国石油进口第二大来源国。	旅游，矿藏（主要开发纯碱、萤石），森林
	气候条件	热带气候，5~10月旱季，11~4月雨季	热带草原气候，3~6月和10~12月为旱季
	人口分布	1500万（0~44岁人群占比90.6%，就业人口占有劳动能力人口40%）	4005万（人口结构：0~14岁，42.3%；15~64岁，55.1%；65岁以上，2.6%）
政治环境	政治制度	共和制，多党制（主要政党：安人运、安盟）	总统内阁制，多党制
	外交关系	1983年中、安建交；2006年出席中非合作论坛北京峰会；2010年建立战略伙伴关系	1963年中、肯建交；1964年签订经济技术合作协定；2010年合作关系继续深入
社会文化环境	民族	奥温本杜38%，姆本杜25%，巴刚果25%	基库尤族21%，卢希亚族14%
	语言	官方语言：葡萄牙语	官方语言：斯瓦希里语、英语
	宗教	罗马天主教49%，基督教13%	基督教78%，伊斯兰教10%
	习俗	以西方教规和习俗为主	多元文化（融合斯瓦希里文化、西方文化、伊斯兰文化），参照英国习惯
	教育和医疗	2005年文盲率为33%，2009年公共教育支出占GDP的2.8%；实行免费医疗，2009年医疗卫生支出占GDP的4.6%，人均寿命40~43岁，主要流行疾病：疟疾、艾滋病、麻风病、昏睡病、肺结核、霍乱、脑膜炎	年度教育经费占政府财政预算的20%，小学、中学入学率分别为92.9%、35.8%，2010年85.1%的15岁以上人口具备读写能力；2009年医疗卫生支出占GDP的4.3%，主要流行疾病：艾滋病、结核病

	安哥拉	肯尼亚
工会	政府在经济和社会生活中占主导地位，工会组织和非政府组织影响较小	肯尼亚中央工会，肯尼亚妇女进步组织，肯尼亚律师工会等
社会治安	2009年以来，首都罗安达治安形势极度恶化，绑架勒索、持枪抢劫等恶性案件频发	20世纪90年代初以来，肯尼亚国内安全形势有所恶化，社会治安总体不佳，武装抢劫及恶性犯罪较多

资料来源：《对外投资合作国别指南》

　　从两国的经济发展状况来看，自2002年内战结束后，安哥拉政府集中精力进行战后重建工作，在石油经济的强大支持下，经济发展迅猛。2001年至2010年，虽然受到全球危机的影响，但安哥拉GDP保持高速增长，年均增长率达11.1%，其中2005~2007年，安哥拉的国内生产总值（GDP）年均增长率达到20%。安哥拉的增长率不仅高于世界平均水平（2012年为4.5%），而且也高于新兴市场（6.5%）、撒哈拉非洲（2011年5.5%，2012年5.9%）和非洲石油出口国（2011年6.9%，2012年7%）。和安哥拉的高速增长相比，肯尼亚经济一直以来增长乏力，除了2004~2007年以外，其余年份都表现平平，GDP增长率长期在5%上下徘徊，国内缺乏有力的经济引擎。随着全球金融危机影响的减弱，肯尼亚经济将逐步恢复增长，成为东非经济的领头羊。如下表26所示。

表 26　安哥拉和肯尼亚宏观经济情况对比

年份	安哥拉				肯尼亚	
	GDP（亿美元）	GDP增长率	人均GDP（美元）	人均GDP增长率	GDP增长率	人均GDP（美元）
2003 年	453.42	5.53%	3116.93	2.53%	2.9%	544
2004 年	517.35	14.10%	3455.168	10.85%	4.9%	594
2005 年	600.14	16.00%	3893.954	12.70%	5.8%	645
2006 年	734.73	22.43%	4631.437	18.94%	6.4%	716
2007 年	909.74	23.82%	5571.327	20.29%	7.0%	778
2008 年	1053.45	15.80%	6267.734	12.50%	1.6%	786
2009 年	1070.11	1.58%	6181.391	−1.38%	2.6%	748
2010 年	1143.43	6.85%	6412.541	3.74%	5.6%	796

资料来源：国际货币基金组织（按照购买力平价计算），Kenya National Bureau of Statistics

　　从经济发展水平来看，安哥拉人均 GDP 是肯尼亚的 6 倍以上，并在 2009 年达到肯尼亚的 8 倍。两国的收入差距持续扩大，安哥拉经济发展已经达到了中等发达国家水平，而肯尼亚仍处于发展中国家水平以下，在联合国 2009 年发布的人类发展报告中，其人类发展指数排名非常靠后。

　　从其他主要经济指标对比分析来看，安哥拉产业构成主要以制造业和服务业为主，农业所占比例较小，肯尼亚主要以服务业和农业为主。

　　在通胀率指标方面，内战结束后，安哥拉国内通货膨胀率逐年下降，并趋于稳定，2005 年，安哥拉通胀率达到 18.5%，至 2010 年，

安哥拉平均通货膨胀率为 14.5%，预测 2011 年、2012 年通胀率分别为 13.5% 和 11.3%，2013 年约为 9.6%。

在财政收入方面，两国相差悬殊，安哥拉是肯尼亚的 4 倍，并略有财政盈余，外债总额约为肯尼亚的 2 倍。由于国际油价的上涨以及原油产量的增加，安哥拉拥有大量的外汇储备。因而出于战后重建的需要，安哥拉每年有大量的政府支出流向基础设施建设市场，工程承包市场规模庞大，并且有不断增长的趋势，如表 27 所示：

表 27 安哥拉和肯尼亚主要经济指标对比

	安哥拉	肯尼亚
产业结构	农业占 9.6%，制造业占 65.8%，服务业占 24.6%（2009 年）	农业占 22.1%，工业占 17.4%，服务业占 60.6%（2010 年）
财政收支	财政收入 404 亿美元，财政支出 374 亿美元（2009 年）	财政收入 97.1 亿美元，财政支出 125.7 亿美元，赤字 28.7 亿美元（2010 年）
外汇储备	167 亿美元（2010 年末）	外汇储备 39.4 亿美元（2010 年末）
公共债务	截至 2011 年 3 月，安哥拉政府公共债务为 261 亿美元，约占当年预计 GDP 的 30%	
外债余额	截至 2011 年 3 月，外债总额为 151 亿美元	外债余额为 66.5 亿美元
通货膨胀	2010 年 15.31%，2011 年控制目标 12%	食品和燃油价格相对稳定，通货膨胀率从 2009 年 9.2% 下降到 2010 年的 4.1%

资料来源：《对外投资合作国别指南》

作为撒哈拉非洲以南的主要国家，中国和安哥拉、肯尼亚政府建立了长期的经济合作关系。

中国政府和企业积极参与安哥拉战后重建，双边经贸合作发展迅速。自 2006 年起，安哥拉连续 4 年成为中国在非洲第一大贸易伙伴和全球第二大原油供应国，其中 2010 年中国进口安原油 2660 万吨，仅次于沙特。2010 年中安贸易额为 248 亿美元，同比增长 45.4%，其中中方出口 20 亿美元，下降 16%，进口 228 亿美元，同比增长 55.4%。中国从安哥拉进口的主要商品为原油，向安方出口的主要商品是机电设备、建材、生活必需品等。中安贸易主要体现在中方的贸易逆差，中方主要是商品进口国。

中肯贸易近年来增速均超过同期中国外贸总体增速及中国对非洲贸易增速。1995 年双边贸易额首次突破 1 亿美元，2010 年中肯双边贸易为 18.3 亿美元，同比增长 39.8%，再创历史新高。中国在肯尼亚货物进口贸易中的排名 2000 年仅为第 11 位，2010 年已迅速提升至第 1 位。现已成为肯尼亚第 2 大贸易伙伴。2010 年，肯尼亚对中国出口额为 0.4 亿美元，同比增长 32.4%；进口额 17.9 亿美元，同比增长 39.9%。肯尼亚对中国出口的主要产品为废铜、金属矿砂、棉花、剑麻、皮革等；自中国进口的主要产品为设备、通讯器材、建材、汽车摩托车、纺织品、服装、日用品等。中肯贸易体现在中方的贸易顺差，中方主要是商品出口国，中安、中肯双边货物贸易额的具体数据如下表 28 所示：

表 28　中安、中肯双边货物贸易额对比分析表

年份	中安双边货物贸易额（单位：亿美元）						中肯双边货物贸易额（单位：亿美元）			
	进出口总额		中国出口		中国进口		进出口总额	中国出口	中国进口	中方顺差额
	金额	增幅	金额	增幅	金额	增幅				
2003	23.52	104.8	1.46	137.8	22.06	102.9	2.504	2.417	0.087	2.33
2004	49.11	108.8	1.94	32.7	47.17	113.8	3.658	3.488	0.17	3.32
2005	69.55	41.6	3.73	92.6	65.82	39.5	4.746	4.569	0.177	4.393
2006	118.27	70.1	8.94	139.9	109.33	66.1	6.455	6.210	0.244	5.966
2007	141.20	19.0	12.31	38	128.89	18	9.590	9.309	0.281	9.028
2008	253.11	79.3	29.30	138.2	223.82	73.7	12.51	12.16	0.35	11.81
2009	170.62	−32.6	23.86	−18.9	146.76	−34.4	13.07	12.77	0.30	12.47
2010	248.0	45.4	20.0	−16.0	228.0	55.4	18.25	17.86	0.39	17.47

资料来源：中国商务部、安哥拉国家统计局、中国海关统计年鉴

　　从经济结构来看，安哥拉的主要支柱产业为石油和钻石开采，为非洲第二大产油国。2007 年石油收入占到 GDP 的 56%，GDP 的增长主要依赖于国际原油的出口。2007 年由于国际金融危机的影响，国际原油需求萎缩，导致 GDP 增速降低，2009 年人均 GDP 出现负增长。2004 年以后，安哥拉内战结束，出于战后重建的需要，基础设施、民用住房等建筑业市场容量巨大，2007 年建筑业产值曾占 GDP 的 4.9%。

　　肯尼亚是典型的农业和旅游国家，农业和旅游业为其国民经济支柱产业，农业创汇占出口总值的 46% 以上。借助优越的地理位置，国内外运输业迅速发展，如下表 29 所示：

表29 安哥拉和肯尼亚重点产业情况对比

安哥拉		肯尼亚	
工矿业	石油和钻石开采为支柱产业，2007年石油收入占GDP的56%，为非洲第二大产油国，钻石年产值占世界市场的12%	农业	农业为其国民经济支柱产业，农业产值约占GDP的三分之一，农业创汇占出口总值的46%以上
农业	发展农业的自然条件良好，但粮食仍不能自给	旅游业	旅游业较发达，为国家支柱产业之一，2009年产值占GDP的2.8%
渔业	频临大西洋，渔业资源丰富	工业	在东非地区工业最发达，2009年产值占GDP的9.5%
建筑业	处于战后重建时期，基础设施、民用住房等建筑业市场容量巨大，2007年建筑业产值占GDP的4.9%，世界各国建筑承包商云集，市场竞争压力较大	交通业	地理位置优越，蒙巴萨港是东中非最大的港口，运输业发展迅速

资料来源：《对外投资合作国别指南》

在工程承包和劳务合作方面，2010年中国企业在安哥拉新签承包工程和劳务合作合同861份，合同金额37.32亿美元，其中承包工程合同35.8亿美元，劳务合作合同额1.52亿美元。2010年完成营业额50.97亿美元，其中承包工程营业额49.64亿美元，劳务合作营业额1.33亿美元，如表30所示。

2010年中国企业在肯尼亚新签承包工程和劳务合同137份，合同金额10.7亿美元，其中承包工程合同额10.7亿美元，劳务合作合同额68万美元。2010年完成营业额8.87亿美元，其中承包工程营业额8.85亿美元。

安哥拉的建筑市场规模大于肯尼亚，并且呈持续增长的趋势。

表30　中国企业在安哥拉承包劳务业务规模

年　份	新签合同额（亿美元）	累计签订合同额（亿美元）	完成营业额（亿美元）	累计完成营业额（亿美元）
2003	1.7	3.5	0.4	0.7
2004	4.5	8	0.8	1.5
2005	13.4	21.3	3.1	4.6
2006	40.8	62.1	10	14.6
2007	56.7	118.8	11.9	26.5
2008	69.9	188.7	32.7	59.2
2009	37.83	226.53	49.61	108.81
2010	38	264	51	160

资料来源：中国驻安哥拉大使馆经商参处

　　从上述对安哥拉和肯尼亚的对比分析中我们看出，安哥拉总体经济发展和经济增长潜力大于肯尼亚，但是两国的教育、医疗、社会制度等方面的发展仍然落后。由于安哥拉长期内战的影响，战后的安哥拉产生了对公共基础设施的大量需求，进而导致安哥拉的工程承包市场的规模和盈利空间远远大于肯尼亚。鉴于石油经济的支持，预计未来的20年内，安哥拉会继续保持强力的经济增长态势，安哥拉的投资吸引力大大增加，为中国交建在安哥拉工程承包市场的发展提供了广阔的空间。

　　而肯尼亚地处东非门户，自1963年独立以来政局一直保持稳定，是撒哈拉以南非洲政局最稳定和经济基础较好的国家之一。相比而言，肯尼亚有比较完善的投资法规，有30多个法律法规保护外国投资者利益。但是由于经济主要以农业和旅游业为支柱，经济增长潜力有限，国内工程承包市场规模狭小。两国之间投资环境的差异，也决定了中国交建在进入安哥拉和肯尼亚市场的过程中所采用的市场进入模式有所区别。

二、安哥拉和肯尼亚工程承包市场分析

作为撒哈拉非洲以南的两个主要国家，安哥拉和肯尼亚对基础设施建设有着大量的需求，参与国内工程承包市场竞争的企业主要有当地公司、外国公司及中国公司。国内工程承包市场的主要模式分为五类，即政府之间的能源还贷或一揽子框架项目，政府投资项目，世界银行、欧行、非行等国际金融组织的贷款项目，BOT 项目和企业投资项目。

（一）政府之间的能源还贷或一揽子框架项目

由于安哥拉有丰富的石油、钻石、铁矿石等资源，本国政府没有能力开采但又急需资金进行基础设施建设，由此促成了政府之间的合作。仅就中国政府来说，目前主要就是由中国进出口银行与安哥拉政府进行的一、二期项目；这些项目都是短期的 EPC 项目，并且资金由中国政府控制，工程款回收有保障，风险很小。

（二）政府投资项目

这些项目控制在公共事业部及重建办手中，在目前的工程承包市场中也占有很大比重。安哥拉政府为尽快完成战后重建，每年都有大规模资金投入到基础设施建设中来。此类项目政府往往一次与

承包商签下几千万美元的承包合同，但是由于受政府资金情况影响，项目实施却是分期的，具体合作过程随意性较高。这种项目的风险较大，特别是对于设备投入量较大的公路、机场项目，因此必须有相近的其他项目为依托，才不至于造成人员、设备的窝工和停滞。

（三）世界银行等国际金融组织的贷款项目

这些项目严格执行 FIDIC 合同条款，只要认真执行合同，就可以规避风险。

（四）BOT 项目

该国电力十分缺乏而水电资源丰富。由于 20 多年的战争，原有的许多水电站大都已经瘫痪，政府却无力修复，更是无力投资新建项目。但是这种项目的资金回收期较长，而且政府的水电费回收率很低，投资风险较大。

（五）企业投资项目

此类项目主要为当地的石油公司或其他一些企业，在当地兴建厂房、基地等。例如可口可乐公司厂房新建项目，ICD 集装箱堆场项目以及目前在建的 Negage 和 N'Zeto 砖厂项目，即为此类项目。此类项目应慎重签约，签约之前要充分了解合作企业的生产运营状况。一旦签约，尽量不要垫资施工。

—— 第 3 节 ——

中国交建进入安哥拉和肯尼亚案例分析

一、中国交建安哥拉和肯尼亚市场进入模式分析

（一）安哥拉市场进入模式分析

中安两国于 1983 年 1 月建交，建交后两国关系持续发展，并于 1984 年 6 月签署了中安两国双边贸易协定，双边经贸合作进展迅速。由于安哥拉内战的爆发，两国关系一度停滞，直到 2003 年安哥拉内战结束，中国商务部与安哥拉财政部签署了《关于两国经贸合作特殊安排的框架协议》，2006 年温家宝总理访问安哥拉，并发表联合公报，两国开始了经济、司法、卫生、农业等领域的全面合作。表 31 给出了中安经贸合作机制发展的主要事件。

表 31　中安经贸合作机制主要事件

重要日期	重大事件
1983 年 1 月	中安两国建交
1984 年 6 月	中安两国签订双边贸易协定
1988 年 10 月	中安两国签订成立经贸联委会协定

续表

重要日期	重大事件
2003 年 11 月	2003 年 11 月，中国商务部与安哥拉财政部签署了《关于两国经贸合作特殊安排的框架协议》（即中安石油、信贷和经贸一揽子合作），中国还与安财政部建立中安一揽子合作联合工作组机制
2006 年 6 月	温家宝总理访问安哥拉，发表了联合公报，双方签署了涉及经济技术合作、司法、卫生和农业等领域的多项协议和法律文件
2011 年 5 月	中国商务部与安哥拉外交部签署《中华人民共和国政府和安哥拉共和国政府在劳务领域合作协定》

资料来源：《对外投资合作国别指南》

　　对安哥拉建筑承包市场来说，由于内战长期持续，因而尚未制定完善的工程承包类法律法规，对于外国承包商在安哥拉承揽工程的限制条件较少：对于世行、非洲开发银行等国际金融机构贷款的项目，只需满足相应金融机构的限制条件；对于政府间援助项目，取决于两国政府贷款协议的条件，如中国政府资金项目，则中方推荐有关中国公司参与；对于安哥拉政府自由资金项目，外国承包商需要在安哥拉注册并获得安哥拉有关部门颁发的营业执照才能参与。

　　安哥拉尚未制定完善的工程建设规范规程，建设过程借鉴了国际通用的招、投标模式，通常也包括规划、可行性研究、设计、招标、施工、验收、移交等步骤，建设过程中聘请咨询、监理单位。工程验收通常由业主、咨询和承包商联合进行，工程合同是验收依据。

　　同时战后安哥拉经济快速发展，基础设施建设市场需求旺盛，政府每年资金投入规模不断增长。由于有丰富的石油、铁矿石等资源，而本国政府无力开采但又急需资金进行基础设施建设，由此促进了政府之间的合作。2003年11月，中国商务部与安哥拉财政部签署了《关于两国经贸合作特殊安排的框架协议》（即中安石油、信贷和经贸一揽子合作），中国还与安财政部建立中安一揽子合作联合工作组机制。为了进一步落实2003年的框架协议内容，2004年中安两国签署了20亿美元的贷款合同，由中国进出口银行向安哥拉政府分期提供，并以买方信贷的模式执行。

中安政府间贷款框架主要有以下两个特点：一是属于中安两国间的合作，以中安两国的国家信用为基础，体现出中国对安哥拉的一种援助机制。中方援外工作长期坚持不直接出资，以项目援助的方式以及"以我为主"由中方企业根据国内标准实施项目，再移交当地政府，从而带动中国企业"走出去"，达到双方的互利共赢。二是项目实施风险低，不存在工程款拖欠问题。因为项目采用买方优惠信贷模式，工程款发放控制在中国进出口银行手中。

作为国有特大型建筑企业，中国交建"走出去"战略一向受到国家重视和政策支持。鉴于安哥拉高速的经济增长，不断扩大的建筑市场规模，中国交建以合作框架为契机，作为企业代表团的成员参与了2003年两国政府的签约仪式。在签约过程中，中国交建高层充分利用此高端合作平台，主动参访了安哥拉商务部、财政部及公共事业部等职能部门，并与其主要领导进行了深度交流和沟通，建立了中国交建和安哥拉政府部门的常态交流与合作机制。

2004年中国交建正式进入安哥拉市场。2005年1月，中国路桥安哥拉办事处成立。办事处成立以后，开始多方收集信息，并且积极进行与安哥拉政府部门的关系维护。由于安哥拉内战结束不久，许多基础设施损坏严重，国内交通运输条件非常落后，而安哥拉石

油主要产自北部，因而建立一条北部主要的运输通道即成为了重建
工作中的重点项目之一。安方将该项目命名为 211 并纳入中安政府
贷款框架下，进行有限邀请招标。该项目采用 EPC（设计、采购、
施工）总承包的模式进行，主要利益相关者结构图如下图 19 所示：

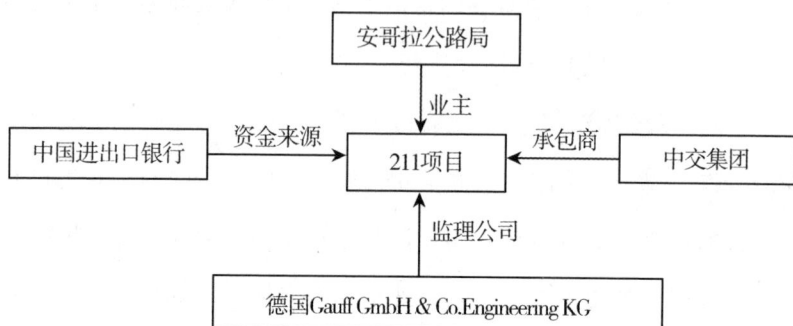

图 19　211 项目利益相关者结构图

　　出于中安政府合作框架的要求，竞标只在国内的建筑企业之间
展开，并且资金掌握在中国政府手中，资金的回收有保障，因而市
场风险低、效益高。中国交建安哥拉办事处在第一时间把该信息上
报集团总部，并提供了详细的项目背景和要求。总部高层高度重视
此次市场进入机会。由于时间紧、任务重，连夜召开了内部会议，
并从全国各地抽调了相关部门的专业技术骨干，成立了项目事业部，
由集团副总亲自挂帅，派出专业勘察、设计机构开赴安哥拉进行实
地调研和项目可行性分析，集中人力、物力资源，在最短时间内拿
出了道路设计方案。随后高层亲自奔赴安哥拉，向业主安哥拉工务
局递交了设计方案，并拜访了安主管基础设施建设的各个部门高层，
为项目的成功中标进行高端运营。安哥拉工务局及公共事业部领导

高度评价了中国交建的设计方案，并指出："中国交建项目运营效率高，设计方案合理，报价适中，有着丰富的国际工程承包经验和深厚的国家背景，是一个值得信赖的合作伙伴。"通过一系列的前期准备工作，最终集团在安哥拉 211 项目的投标中胜出，并于 2005 年 2 月 28 日与安哥拉工务局签署了承包合同，成为集团进入安哥拉市场的第一个基建项目，也是中国交建第一个以 EPC 方式承包的高端项目，因而备受瞩目。2008 年项目主体完工，提前五个月实现了全线竣工通车。安哥拉总统爱德华多·桑托斯莅临竣工典礼现场剪彩，并发表讲话高度赞扬了中国交建的施工进度和质量，成为安哥拉国内道路建设的标杆项目，为集团进入安哥拉市场树立了良好品牌形象和声誉。

在 2006 年温家宝总理访问安哥拉时，中国交建高层领导一同随行，进一步巩固了同安哥拉交通部、公共事业部等政府职能部门的沟通机制和经济合作关系。集团一位高层领导曾指出，正是借助于国家"走出去"战略的政策导向和支持，中国交建才能在第一时间进入安哥拉市场，时间节奏控制的非常好，并且以国家信用为基础，有效规避了市场进入风险。此种进入试水的风险成本非常低，有利于中国交建在安哥拉工程承包市场的经验积累，为承包其他形式的工程打下一个坚实的基础。

随后中国交建连续多年在此领域成效突出。除在 2005 年中国进出口银行一期 20 亿贷款中参与实施了 211 项目以外，中国交建 2008 年在中国进出口银行 5 亿追加贷款中参与实施了 CUN 三城市路项目；在 2008 年中国进出口银行二期 20 亿贷款中参与 Caxito-Nzeto-Mbanza 公路项目建设，以及周边三城市基础设施项目。目前中国进出口银行二期中国交建中标的公路和三城市中的 M'Banza Congo 市

政项目预付款均已到位，并已正式开始施工。近年来两国高层互访频繁，经贸合作日益加强，去年中国又向安方提供了60亿美元的优惠贷款，上述诸多利好消息都为中国交建利用政府框架进入安哥拉市场并扩大市场规模提供了有利条件。

在通过政府框架顺利进入安哥拉工程承包市场并站稳脚跟之后，中国交建开始参与安哥拉现汇投标项目的竞争。和政府框架项目相比，现汇投标项目的市场竞争激烈，参与投标的公司除了中国公司外，还有国外公司和本地公司。集团利用其低廉的人力成本优势，并通过充分的项目可行性评估，后续发展参与承包了一系列的项目，如下表32所示：

表32   中国交建在安哥拉承建工程表

	项目名称	合同总额	资金来源	项目类型	实施时间
已完工项目	211项目	2.16亿美元	2004年中安两国签署的20亿美元的贷款框架	设计、采购、施工总承包项目	2005.12~2009.06
	VM项目	4480.6万美元	安哥拉政府现汇投资	施工承包	2005.11~2007.12
	CUN三城市道路项目	5633.6万美元	中安政府间贷款框架下的中国进出口银行贷款	施工承包	2009.12~2011.01
	Caxito/N'Zeto/M'Banza Congo道路紧急修补项目	979.55万美元	安哥拉政府现汇投资	施工承包	2008.01~2009.01
	Conduril沥青路面铺筑项目	1216.7万美元	葡萄牙Conduril公司	施工承包	2008.10~2009.01
	机械贸易项目	3998.94万美元	安公路局	机械设备采购	2007~2008.02

项目名称	合同总额	资金来源	项目类型	实施时间
口行二期NT段道路改造项目	6390.7万美元	中安政府间贷款框架下的口行贷款	施工承包	2009.01~2011.08
口行二期TM段道路改建项目	9609.31万美元	中安政府间贷款框架下的口行贷款	施工承包	2009.01~2011.08
NJ项目	7961.6万美元	安哥拉政府现汇投资	施工承包	2008.05~2010.05
OH项目	4756.4万美元	安哥拉政府现汇投资	施工承包	2007.09~2009.07
880桥项目	2999.72万美元	安哥拉政府现汇投资	施工承包	2007.07~2009.07
Ondjiva市政道路改建项目	1004.3万美元	安哥拉政府现汇投资	施工承包	2010.04~2011.07
Ondjiva市防洪工程Ⅰ期	4868.69万美元	安哥拉政府现汇投资	施工承包	2009.12~2011.07
MM项目	1.09亿美元	安哥拉政府现汇投资	施工承包	2007.10~2010.07
SOYO-CABINDA可行性研究项目（Ⅰ期）	4950.16万美元	安哥拉政府现汇投资	项目设计咨询	2008.03~2008.09
在建项目 CM项目	5351.24万美元	安哥拉政府现汇投资	施工承包	已完成合同额的80.1%
口行二期CN段道路改造项目	5.01亿美元	中安政府间贷款框架下的口行贷款	施工承包	
UM项目	2.55亿美元	安哥拉政府现汇投资	施工承包	已完成合同额的58.9%

项目名称	合同总额	资金来源	项目类型	实施时间
Cabinda 大学项目	1.09 亿美元	安哥拉政府现汇投资	施工承包	已完成合同额的 63.33%
Maquela do Zombo 机场运行区重建项目	693.78 万美元	安哥拉政府现汇投资	施工承包	已完成合同额的 32.6%
Ondjiva−Santa Clara 道路项目	9558.95 万美元	安哥拉政府现汇投资	施工承包	已完成合同额的 7.2%
M'Banza Congo 城市基础设施项目	5749.10 万美元	中安政府间贷款框架下的口行贷款	施工承包	
Cuimba 城市基础设施项目	4103.61 万美元	中国进出口银行	施工承包	暂缓实施
Noqui 城市基础设施项目	4730.50 万美元	中国进出口银行	施工承包	暂缓实施
本格拉司法大楼项目	7537.2 万美元	安哥拉政府现汇投资	施工承包	尚未实施

中国交建在安哥拉签署项目 25 个，其中完工项目 15 个，在建项目 10 个，合同额过亿项目 5 个。从资金来源看，安哥拉政府现汇投资项目 16 个，中安政府间贷款框架项目 8 个，在安外国公司项目 1 个。从项目承包模式看，施工承包项目 22 个，EPC 项目 1 个，机械设备采购项目 1 个，设计咨询项目 1 个。

（二）肯尼亚市场进入模式分析

和安哥拉相比，中肯两国早于 1963 年 12 月 14 日建交，并签署有《经济技术合作协定》《贸易协定》和《投资保护协定》，建立了双边经贸混委会机制，中肯经贸关系发展良好。

近年来，肯尼亚在道路等基础设施方面的投入力度逐步加大。肯尼亚现有道路总里程160886公里，其中61945公里为各等级道路，98941公里为无等级道路，目前沥青路面11197公里。肯尼亚政府计划于未来5年（2010~2014）投资5346亿肯先令（约67亿美元）用于道路建设，主要内容包括对4800公里沥青路面进行重铺处理，对3500公里沥青路面进行修复，将5500公里普通道路升级为沥青路面。

同时随着肯尼亚工程承包市场的扩大，竞争也日益激烈，参与肯尼亚工程承包市场竞争的公司主要包括三类——当地公司、外国公司及中国公司。当地工程承包公司主要包括KUNDAN SINGH CONSTRUCTION，H YOUNG（SA）CO.LTD.，INTEX CONSTRUCTION LTD.，HAYER BISHAN等。当地公司规模较小，但在肯尼亚政府的政策扶持下有一定的投标价格优惠，在以当地币支付的投标项目方面较有优势。在肯尼亚的外国承包公司主要有HYUNDAI URBAN CONSTRUCTION GROUP（SOUTH KOREA），SOGEA SATUM（FRANCE），STRABAG INTERNATIONAL（GERMANY），SBI INTERNATIONAL（ISREAL）等，外国公司的投标价格近年来越来越有竞争力，在世行、欧行、非行项目上频频中标。中国承包公司主要有胜利油田、武夷公司、中水电、中海外、中铁五局、中煤江西公司等。

和安哥拉相比，肯尼亚工程承包市场是一个完全竞标市场，招投标制度相对规范，社会监督程序比较健全，工程建设过程、工程验收等条件均参照国际咨询工程师联合会（FIDIC）施工合同条款的相关技术条件。对于一般的国际性竞标项目，参加投标的公司较多，

竞争相当激烈。每个竞标项目的承接难度都很大，加上社会监督程序的多样化，投标过程中稍有不甚就可能失去机会。特别是东非各国经济快速发展，工程项目逐步增多，合同额度逐渐加大，对公司的技术水平要求亦越来越高。

由于肯尼亚主要以农业、旅游业为主，石油、天然气等矿产资源缺乏，制造业不发达，政府收入来源有限，增长乏力，基础设施建设主要依靠世行、非行、欧美等发达国家的援助，因而前期中肯两国并没有建立政府合作框架。中国交建是采用完全竞争的方式进入肯尼亚工程承包市场，通过施工承包的方式建设了A109国道。

1998年开始修建的肯尼亚A109国道（Mtito Andei – Voi-Bachuma Gate Road）段公路（长150公里）被肯尼亚人民誉为"中国路"。A109国道连接肯尼亚最大港口蒙巴萨和首都内罗毕，并通过A104向西北通往乌干达、通过A2向北通往埃塞俄比亚等东非国家，是连接印度洋和非洲腹地的国际交通命脉。中国交建组织项目事业部，首先对肯尼亚的政治、经济、文化环境进行了评估，对项目的经济可行性和财务可行性进行了分析，更重要的是考虑了项目的社会影响和效应。一位集团领导曾指出："该公路是肯尼亚最重要的交通主干线之一，级别高、影响大，在一定程度上代表了肯尼亚在非洲的国际形象，建成后的社会效益将远远大于其自身的成本。因而我们不但要考虑项目的经济属性，更要考虑项目的社会属性和影响力，此项目的成败对于中国交建能否成功进入肯尼亚工程承包市场至关重要。"

在进行了一系列前期准备后，中国交建采用了当时最先进的道路建造技术，在两年半的时间内交付了一条当时肯尼亚乃至东非地区级别最高、质量最高、施工最快的公路项目。时任肯尼亚总统的莫伊在通车仪式演讲中赞扬道："中国路桥公司诚实、守信的工作作风为肯尼亚当地公司树立了良好榜样。如果所有的承包商都能像中国公司这样，就会使肯尼亚更快、更好地发展。"世界银行代表更把这条公路誉为"世界银行在非洲地区投资项目的典范"。中肯建交 40 周年之际，肯尼亚政府发行了以"CHINA ROAD"为主题的邮票，以纪念这一条高水准的公路，更为了纪念中肯两国的友谊。直到 12 年后的今天，尽管每天都有成千上万辆载重卡车压过路面，"中国路"的路面却依然光洁如新，这充分地验证了中国路桥公司卓越的施工质量。通过这条有标志性意义公路的修建，中国交建在肯尼亚站稳了脚跟，并树立了良好的品牌形象和声誉。

随后中国交建成功进行了一系列项目的招投标，涉及公路、港口、供水等多个领域，主要承建项目基本情况如下表 33 所示。

表 33 中国交建在肯尼亚主要承建项目基本情况

项目名称	项目类型	实施时间
A109 国道（中国路）	承建商	1998
RD419 项目（Lanet-Nakuru-Njoro）	承建商	2006.10
马甲春葳 - 米利缇尼公路（Majy Ya Chumvi-Miritini Road）	承建商	2006.01
内罗毕东北环城路项目	中肯两国双边政府框架下的 EPC 项目： 1. 工程项目名称：肯尼亚内罗毕东北环城路项目 2. 投资方：中国政府和肯尼亚政府 3. 业主：肯尼亚道路部常秘 4. 工程建设方式：自营	2009.06

从竞争力到核心竞争力

中国企业集团国际化的理论与实践

项目名称	项目类型	实施时间
蒙巴萨 19 号泊位扩建项目	承建商	2011.07
纳库鲁 420 项目	承建商	2006.10
纳库鲁城区道路修复项目	承建商	2011.01

和安哥拉相比，中国交建在肯尼亚投标项目呈现数目少、金额小的特点，主要是以施工承包为主。其中肯尼亚内罗毕东北环城路项目是中肯两国双边政府框架下的 EPC 项目。此项目由中国进出口银行以优惠买方贷款方式投资项目合同额的 85%，当地政府投资该项目合同额的 15%，中国交建负责项目的设计、施工和监理总承包（交钥匙工程）。此工程是中国在肯尼亚道路方面投资的第一个优惠买方信贷项目，目前也是中国在肯尼亚投资的最大的优惠买方信贷项目。这些工程项目主要涉及到肯尼亚 7 个以上的政府部门，如水利部、公路部、能源部、地区发展部及其分支机构，中国交建通过实施这些项目与财税部、环保部、工会、移民局和海关等部门也建立了良好关系。

通过高端营销，公司在肯尼亚与高层到总统、副总统和总理，中层到各部长，以及各部门常务秘书等建立了互信往来关系。有些项目聘请的设计咨询公司也在竞争中发挥了重要作用。中国交建这一品牌在肯尼亚不仅得到业主、咨询工程、当地社会和政府的认可，也得到了中国使馆领导的一致肯定和赞扬。通过利用政府框架下的项目资源，中国交建有效地规避了市场进入风险，并以其高效的施工进度和卓越的施工质量树立了良好的品牌形象，并赢得了较好的声誉，充分体现了其阶段化的市场进入策略。

二、中国交建市场进入模式选择特点

本章我们首先提出了国有特大型建筑企业国际化经营市场进入模式选择的三大前提并构建了理论分析框架，随后通过对中国交建在安哥拉和肯尼亚市场典型工程项目的分析来验证了该理论的有效性。非洲由于其独特的地理及社会经济条件，使得其工程承包项目呈现以下特点：

①政府投资或政府主导项目。长期以来非洲国家经济状况不佳，基础设施建设落后，市场规模狭小，工程资金来源于世行、非行、欧美等发达国家的经济援助及政府财政收入，因而工程项目主要由政府主导。

②项目风险较高。这些地区的政治不稳定，治安状况总体欠佳，金融和信用体系落后，同时社会民众的素质不高，因此项目执行的风险比较高。

③涉及利益主体多。可能涉及到多个建设方、设计方、金融机构，同时可能采用 BOT 等具体模式，所以涉及到其他经营主体等。因此项目的协调难度比较大，对讨价还价的能力要求比较高。

④竞争激烈。随着市场开放度的提高，经济的持续增长，工程承包市场规模不断扩大，吸引力大大增强，出现了中国企业、本地企业、外国企业之间的激烈竞争。

十八大报告提出，应加快走出去步伐，增强企业国际化经营能力，培育一批世界水平的跨国公司。这是坚持科学发展的必然选择，是时代的呼唤，更是中国企业的历史使命。

习近平主席曾谈起中国传统文化所注重的"天时、地利、人和"，

而实施"走出去"战略，也离不开"天时、地利、人和"。

实施"走出去"战略，离不开"天时"的机遇。从总体上来看，和平、发展、合作仍然是时代潮流，世界多极化趋势更加明显，经济全球化继续深入发展，国际环境总体上仍有利于我国和平发展。经济全球化和发展一体化为我国在全球范围提高配置资源能力、拓展外部发展空间提供了机遇。各国倡导建立一个公平、公正、包容、有序的国际经济新秩序，使我们在更大程度上参与国际事务成为可能。从国内来看，经过改革开放30多年的发展，我国经济快速增长，财政金融稳健，外汇储备丰裕，一些技术和产业领域具有相对优势，我国对外投资合作具备了加快发展的条件。通过对国际国内发展形势的研判可知，我国实施"走出去"战略正处于一个奋发有为的好时机。

实施"走出去"战略，离不开"地利"的依托。从我国坚持走和平发展道路的情况来看，由于我们坚持统筹国内国际两个大局，奉行独立自主的和平外交政策，通过全方位开展对外工作，稳步推进与各大国、周边国家和发展中国家的关系，同世界各国友好合作全面发展，为国家现代化建设创造和平的国际环境和有利的外部条件。特别是我们奉行"睦邻、安邻、富邻"的周边外交政策，与周边国家永做好朋友、好邻居、好伙伴，为自身发展营造一个稳定、良好的周边环境，也为我国实施"走出去"战略奠定了基础。

实施"走出去"战略，离不开"人和"的合力。中国的发展离不开世界，世界的发展也离不开中国。我们坚持走和平发展道路，通过积极开展多边峰会外交，积极化解矛盾和消除疑虑误解，告诉世界一个真实的中国、和谐的中国、发展的中国，使我们赢得了最广泛的力量支持。同时，我们通过举办北京奥运会、上海世博会、广州亚运会，加强公共外交和人文交流，树立了我国文明、民主、开放、进步、负责任的大国形象，在国际上广交深交朋友，为我国经济社会又好又快发展凝聚了合力。可以说，世界上绝大多数国家对我国经济发展的速度感到钦佩，对我国倡导的"包容性增长"理念普遍认同，对中国负责任的大国风范格外信任，这些都为我国加快实施"走出去"战略提升了人气，得到国际社会的广泛支持。

"走进去"，是应对经济全球化的必然选择，是全面提升国际竞争力的必由之路，是维护世界和平的重要途径。"走出去"，我们可以大有作为，可以历练自我，可以互利共赢。我们要抓住"天时地利人和"之机，实行更加积极主动的开放战略，拓展新的开放领域和空间，以开放促发展、促改革、促创新，积极创造参与国际经济合作和竞争新优势，推动经济社会发展和综合国力再上新台阶。

6

第六章

国外知名建筑企业的
国际化经营与合作评述

1995 年，《财富》杂志把全球工业公司 500 强和非工业公司 500 强合并成《财富》世界 500 强。当年进入世界 500 强的建筑企业共计 14 家，日本 10 家，法国 3 家，美国 1 家。2012 年，入选世界 500 强的建筑企业有 12 家，中国 5 家，法国 2 家，西班牙 2 家，美国、瑞典、奥地利各 1 家。伴随着越来越多的中国建筑企业走出去，我们需要放宽视野，进一步审视国外优秀建筑企业的昨天和今天，通过研究其经验、教训，更好地思考我们未来的发展之路。

—— 第 1 节 ——
法国万喜公司的国际化经营与合作模式

万喜公司成立于 1891 年，已有 106 年的历史，总部位于法国巴黎。目前拥有 2500 家分支机构，遍布全球 80 多个国家和地区，年营业额约 200 亿欧元，是全球最大的建筑工程承包商。上海外滩的地标式建筑金茂大厦就是由该公司负责建造的。

一、万喜公司的市场地位

法国万喜有五大业务板块：特许经营——交通基础设施（公路、桥梁、停车场、机场等）的设计、融资、建设和营运；能源——提供工业设施工程、系统集成、安装和维护服务；道路工程——高速公路的建设、翻新和维护；建筑——土木工程和水利工程；股权投资和其他——房地产开发和酒店业务。万喜的市场优势在于其始终以欧洲作为主要市场，整个欧洲市场的营业额占总营业额的 90% 左右。2012 年万喜完成产值 500.85 亿美元。

二、万喜公司的国际化拓展之路

万喜的前身 SGE 公司创立于 1899 年，其创始人是法国工程师 Alexandre Giros 和 Louis Loucheur。2000 年，SGE 与 GTM 合并成立了现在的万喜集团，使万喜一跃成为最大的全球承包商。2005 年万喜集团收购了 ASF 公司（Autoroutes du Sud de la France），使万喜成为世界最大的特许高速公路私人建造商。2007 年万喜对 Sol é tanche Bachy 公司的收购增强了在岩土工程和隧道工程方面的实力。

万喜建筑工程公司是法国建筑行业的骨干企业，在全球开展民用工程、水利工程、多种技术维护、工程服务等多种业务。在法国主要通过两家三级子公司 SOGEA Construction 及 GTM Construction 开展城市建设工程；法国以外地区通过万喜国际工程公司（主要负责中欧、非洲及法国海外省等地区的业务）和比利时 CFE 工程公司（主要负责英国、德国、美国等地区的业务）开展业务。此外，对于大型项目及特种工程项目，则由万喜大型项目公司和 Freyssinet 工程公司共同负责。虽然万喜的建筑承包业务量巨大，但是从整个行业获利渐微的趋势来看，建筑承包业改变不了其利润微薄的命运。

万喜公司认为追求集团各业务之间的协同效应是集团战略发展的出发点。保持巨大的建筑工程承包业务量，能够维持集团公司的稳定运行，虽然其"不太赚钱"，但这是一个运营平台。在此基础上，重点开发经营业务是推动集团发展的主要动力。因此，将承包业务和经营业务相结合，就像把底盘和发动机相结合，形成了万喜这台超级战车，两者产生的巨大协同效应推动集团公司不断向前发展。促进万喜快速发展的是建筑承包业务和特许服务业务，这两项业务

的营业额占到集团公司的 52%。

万喜公司长期盈利性增长的动力主要来自于特许经营业务的迅速成长。万喜特许服务公司提供的服务主要包括建筑设计、成套工程、工程融资、项目管理等，在道路基础设施高速公路建设、智能停车场建设、空港管理及服务领域有很强的业务能力。已建设并负责经营 1300 公里的收费高速公路（其中 928 公里由万喜集团控股的 COFIROUTE 公司经营）；在建高速公路 200 公里（含 6 座收费站）；下属三级子公司万喜停车场公司是世界最大停车场专业工程及经营公司，在全球经营 81 万个停车场车位；另一下属三级子公司万喜机场公司在全球租赁经营 20 余个机场并提供相关服务；负责法国最大体育设施——法兰西体育场的经营管理，并拥有该体育场 67% 股权。2005 年，万喜公司又收购了法国国内著名的公路特许经营商 ASF。道路、停车场和机场等营运项目是一项资本密集型业务，利润水平很高。万喜特许业务部正协同建筑业务部一起瞄准全球范围内的基础设施融资项目。

三、万喜公司发展期的市场启示

2005 年以来，万喜公司提出了要做"世界上最赚钱的建筑工程承包商"的战略目标。万喜的经营之道，其主要特点有：最根本、最重要的业务模式就是建筑和特许经营两个业务板块整合发展；建筑和特许经营两个业务板块的发展又会带动其他业务板块的稳定增长，从而形成四个业务板块的共同发展；在管理方面，强调销售利润而不是销售总额，重视业务流程的增值环节，力求产生新的利润来源；坚持成为一家负责任的企业，落实可持续发展的方针，定期发布企业的社会和环境报告；高度重视人的作用，大力投入人才培养，充分发挥人的潜力。

万喜追求的不仅是经济上的成功，它的企业宗旨是"真正的成功是大家共享的成功"，这里的大家包括企业内部的员工、企业外部的客户、股东、社区等利益相关者。为了达到"大家共享的成功"，万喜紧紧围绕五个方面建立了可持续发展的规划：①公司治理结构。确保透明度，建设系统化的管理流程，具体的措施有向股东、投资者、分析师提供准确的信息，同时改进内部控制体系，颁布了新的公司管理人员责任规定。②人力资源。消除歧视，创造平等的就业环境，实行人力结构多元化，保证员工、临时工、分包商的安全，努力的目标是"零事故"，加强与有关员工组织、工会的对话，为员工创造长期的就业计划。③客户和供应商关系。把供应商和分包商纳入到万喜的管理中，如保证他们也遵守"全球契约"的原则，为他们提供可持续发展方面的培训，对他们进行社会和环境可持续发展的审计。④质量和安全。确保万喜不仅在经济方面满足最终用户的要求，而且在社会和环境保护方面也能达到高的标准。⑤环境保护，通过控制自然资源的使用、较少废弃物、进行回收利用、保护生物多样性等来减少万喜的经营活动对环境的影响。

—— 第 2 节 ——

西班牙 ACS 公司的国际化经营与合作模式

在国际建筑行业，有很多大企业都通过并购实现增长的目标，西班牙的 ACS 公司即是其中的典型。该公司虽然只有 29 年的历史，但已经发展成为西班牙最大的建筑企业，也是世界上著名的建筑和服务产业相结合的企业之一。

一、ACS 公司的市场地位

ACS 公司有三大业务板块：建筑——交通基础设施建设，海洋、水利工程，城市基础设施建设，机场建设；工业服务——商业用气配送网络，能源，电信，工业控制系统；服务和特许经营——提供港口和物流服务。ACS 是一个多元化发展的公司，其建筑业务包括土木工程、住宅建筑、房屋建筑（非住宅）。ACS 集团从成立至今，还不到 30 年，其发展速度相当惊人，一方面是由于前些年西班牙经济的快速发展，另一方面得益于 ACS 集团大胆而又不失稳健地进行了一系列战略并购与重组，逐步实现了多元化与国际化。目前，ACS 在全球 70 多个国家开展各项业务。2012 年 ACS 公司完成产值

497.77 亿美元。尤其值得一提的是，2007 年，为了加速国际化进程，ACS 集团收购了德国的豪赫蒂夫公司的部分股份。

二、ACS 公司的国际化拓展之路

ACS 公司的发展史，就是一部企业并购史。ACS 公司的历史可以分为三个时期。

第一时期

20 世纪 80 年代。ACS 公司的经营活动最早开始于 1983 年。在西班牙加泰罗尼亚省（Catalunia）的巴达隆拿（Badalona），有一家叫 Construcciones Padr s（简称 CP 公司）的建筑公司由于经营不善，出现财务困难，最后，该公司老板决定出售 CP 公司以摆脱庞大的债务负担。此时，在 CP 公司担任行政副总裁的佩雷斯（Florentino P ezRodr guez，后来的 ACS 公司董事长兼 CEO）抓住机会，象征性地以 1 个比塞塔（相当于人民币 6 角钱）的价格将 CP 公司买下。CP 公司在佩雷斯的领导下，很快扭亏为盈。1986 年，CP 公司并购了一家拥有 40 多年经营历史，并且享有良好市场声誉的大型建筑企业——OCISA 公司。1988 年，CP 公司开始进行多元化经营，收购了一家专门从事电线安装和维护管理的 SEMI 公司。多元化的业务发展策略在 1989 年得到继续实施，CP 公司控股了 Cobra 公司。该公司专门提供电气和通信服务，在过去 70 多年的时间里一直处于市场领导地位。

第二时期

20 世纪 90 年代，ACS 公司开始了大企业并购活动，这一系列大规模的并购活动快速壮大了公司规模，大大提升了公司的市场地位和影响力。

ACS 公司历史上第一次大企业并购活动发生在 1993 年，CP 公司与控股的下属公司 OCIS 实现合并，合并后的新公司被命名为 OCP 公司。OCP 公司逐渐成为西班牙建筑行业中的领先企业集团之一，其业务架构是今天 ACS 公司业务结构的雏形。OCP 公司并没有盲目扩展，而是在多元化扩张中，采取围绕主营业务发展的策略。1994 年，OCP 公司决定将业务集中到建筑业和工业服务上去，于是将手中的娱乐和保安业务剥离。1995 年，OCP 公司与西班牙著名的财团 Cobra 完成合并。这项合并，加强了 OCP 公司在工业服务行业的实力。1996 年，OCP 公司决定进一步削减与主营业务不相关的业务，并开始将其所有的建筑工程集中到民用项目上去。同年，公司完成了对 Auxini 公司的并购。Auxini 公司是一家濒临破产的建筑公司，对该公司的并购进一步扩大了 OCP 公司的规模。

ACS 公司历史上第二次大规模的并购活动发生在 1997 年。在这一年，OCP 公司与 Gin Navarro Construcciones 完成了巨大的合并，连同先前已经被合并的 Auxini 公司，三家公司决定成立一家全新的公司，新公司的名称被定为 ACS，ACS 公司正式诞生。1998 年，ACS 公司开始通过系统的战略规划来加强并购进程，并加强服务部门的业务增长。遵循 1998 年的战略计划，ACS 公司在 1999 年进行了三项主要并购活动：通过并购 Continental Auto 进入运输业务领域；

通过并购 Onyx SCL 和 Vertresa 加强了公司在环保和物流业务领域的市场地位；通过并购 Imes 公司加强了公司在服务、通信和能源业务领域的实力。

第三时期

21 世纪初，ACS 公司不仅开展与主业有关的并购活动，也进行一些战略性的投资活动。这些战略性投资活动的目的主要是增加公司的盈利能力。2000 年，ACS 公司对一家名为 Xfera 的手机运营商进行了控股。目前，该公司是西班牙仅有的四家拥有 3G 手机牌照的运营商之一。2002 年，ACS 公司与西班牙最大的银行集团桑坦德银行达成协议。ACS 公司通过这份协议，购买了西班牙另一家著名的建筑企业 Dragados 公司 23.5% 的股份，之后又通过民间购股的方式，将其股份增加到了 33.5%。至此，ACS 公司几乎收购了先前市场上的所有竞争对手，进一步巩固了其在建筑行业的垄断地位。

2005 年，ACS 公司再次与桑坦德银行合作，购买了西班牙第二大电力公司 Fenosa 集团 22% 的股份。至此，ACS 公司开始大举进入能源行业。能源行业成为 ACS 公司继建筑业、交通运输业和通信业之后的又一项支柱性产业。2006 年，ACS 公司获得 Iberdrola 公司 10% 的股份，成为后者最大的财政股东（financial shareholder）。2007 年 3 月 21 日，ACS 公司从慕尼黑的金融投资公司 Custodia 手中收购了德国首屈一指的建筑企业 Hochtief 公司将近 25.1% 的股份，从而成为这家德国公司最大的股东。这项收购活动，为 ACS 公司未来拓展国际业务奠定了坚实的基础，也将进一步壮大 ACS 公司的市场地位和竞争实力。

三、ACS 公司发展期的市场启示

ACS 公司的发展战略，可以总结为"以并购的方式推动企业多元化扩张"。企业多元化发展是方向，并购则是达到目标的手段。ACS 公司最初仅从事建筑业务，到现在已将业务延伸到工业服务、特许经营、能源、环保和物流等领域。但公司的多元化不是盲目的多元化，而是系统、有计划地实施多元化战略。特别重要的是，ACS 公司在多元化道路上始终坚持加强主营业务的发展。很多企业实施多元化扩展战略失败，一个重要的原因是没有重视主营业务的发展，失去主营业务竞争力的公司是没有竞争力和前途的。从 CP 公司成功被重组开始，ACS 公司的并购目标都是以建筑为核心，逐步扩展到工业服务、环保与物流、特许经营和能源等领域的。坚持加强主营业务发展，是 ACS 公司并购战略成功的最基本原因。

ACS 公司管理机构按照业务范围进行了清晰的划分，组织严密，管理界限明确。在对下属子公司的控制上，ACS 公司采取了战略管控的模式；在公司治理上，ACS 公司在集团董事会下设管理委员会，由公司董事长兼 CEO 领导，整个公司的权力重心在管理委员会。由于 ACS 公司对下属子公司基本是完全控股，因此，下属子公司的负责人（一般是董事长兼 CEO）可直接接受管理委员会的领导，这有利于 ACS 公司集团总部对下属公司的管控。与多数上市公司的机构设置类似，ACS 公司董事会下设审计委员会、执行委员会和提名与薪酬委员会。ACS 公司管理委员会是公司日常管理的最高权力机构，其人员与公司的营运管理密切相关。管理委员会由 7 名成员组成，由 ACS 公司董事长兼 CEO 统领，包括公司常务副董事长，建筑、特许经营和服务业务领域董事长，工业服务和能源业务领域董事长，行政总经理，运营总经理，管理委员会秘书长等人。建筑、特许经营和服务业务领域董事长分管公司建筑、特许经营、环境与后勤业务群，工业服务和能源业务领域董事长分管工业服务和能源业务群。在这样的组织结构下，管理委员会对下属公司的业务具有很强的操作能力，有效地保证了对下属子公司的管控。

ACS公司成功的核心因素有两个：正确的战略规划和超强的执行力。如果做不到这两点，实施并购就会给企业带来极大的潜在风险。同时，在ACS公司，其核心竞争力体现在企业文化、技术和资本三个层面。这三个方面的内容对成功实施企业并购具有重要意义，尤其是企业文化和资本。如果不能在文化方面解决被并购企业的问题，就不能真正实现并购；融资能力是企业进行并购的强大支柱；技术创新是推进企业持续发展的主要动力。

—— 第 3 节 ——
德国豪赫蒂夫公司的国际化经营与合作模式

一、豪赫蒂夫公司的市场地位

作为一个国际建筑服务提供商，豪赫蒂夫提供设计、投资、建

设和运营各种复杂的工程服务。豪赫蒂夫的全球网络使其业务遍布于世界各主要市场，包括办公大楼、购物中心、机场、电站、医院、港口设施、体育场馆、高速公路和铁路等等。

豪赫蒂夫的服务横跨整个项目生命周期，主要分为四个单元：开发，包括物业的规划、设计、投融资以及营销策划等。建筑，包括传统的施工建筑、标准作业承包建筑、土木工程和基础设施项目等，属于豪赫蒂夫的核心竞争力。服务，包括规划建设、物流、设备管理、资产管理、保险、环境工程、建筑管理等。特许经营，包括机场管理和特许经营的公共和私营部门的合作、承包开采部分等。

豪赫蒂夫业务覆盖区域主要包括德国本土市场、欧洲其他市场、美洲地区以及亚太地区。2012年豪赫蒂夫完成产值331.54亿美元。

二、豪赫蒂夫公司的国际化拓展之路

1873年，德国的赫夫曼兄弟二人创立了"赫夫曼兄弟"，这是一个典型的合伙制民营企业。创立之初，家族企业就有着明确的分工，一人负责工程实物，一人负责银行融资。企业创立时，正好赶上了德国工业化进程，在住宅、工厂的建造以及市政工程建设上获得了不少订单，为原始积累打下了良好的基础。

创业阶段的"赫夫曼兄弟"是豪赫蒂夫的前身，豪赫蒂夫合资公司从1896年正式宣布成立，成为社会公众持股的公司。企业形式的改变使得企业避免了合伙制企业对合伙人过分依赖造成的风险，企业开始稳步扩大并实现经营上的转变。豪赫蒂夫设立了第一家分公司，并开始应用新技术和新材料，获得了稳定的发展。1922年，豪赫蒂夫与另一家当时的大公司进行了资本和业务的重组。该公司实力强大，在采矿、航运和工程领域均有涉足。通过重组，豪赫蒂夫第一次"走出国门"，到法国开展业务。这本是一次发展的良机，然而，"一战"德国战败赔款、纳粹战争机器的强迫、人员的匮乏和"二战"最终德国战败等使得豪赫蒂夫遭受重大打击，几乎走到破产的边缘。经过"二战"结束到1966年20多年的时间，才逐渐从战争的创伤中恢复过来，特别从1963~1968年，豪赫蒂夫出色地完成了埃及Abu Simbel神庙的搬迁工程，在国际市场上逐步创造出了自身品牌。

20世纪60年代开始，豪赫蒂夫公司才真正开始了从"建造商"向"建筑企业"的转变。20世纪60年代，豪赫蒂夫的业务范围开始不断拓展，并且提出筑"精品项目"，成为能提供更广服务的工程承包企业，并且努力成为服务提供商。随着战后德国经济节奏高速发展之后的逐渐放慢，豪赫蒂夫的增长势头受阻。1967~1975年，豪赫蒂夫的主营业务仍在德国国内，其业务收入占到总收入的80%以上，国内业务以电厂建设为主。1973年的石油危机给全球经济带来了巨大冲击，但豪赫蒂夫却在这场危机中受益无穷，石油输出国组织对建筑业巨大的市场需求，使得豪赫蒂夫彻底改变了其业务布局。当1980年豪赫蒂夫营业收入第一次达到600万德国马克时，其海外收入已经占到了总量的一半以上。尽管在20世纪80年代世界建筑市场波动较大，豪赫蒂夫仍成功调整其海外业务分布，获得了持续的发展。

随着东西德的统一，豪赫蒂夫及时把握商机，开拓了德国东部市场。建筑业受经济形势影响很大，而豪赫蒂夫则努力稳定其业务，提出寻找并提供具有更高附加值的服务，例如为客户提供"一站式"服

务，包括从设计、融资、建筑到运营的一系列服务。为了实现这种理念，豪赫蒂夫开始涉足机场管理、软件研发、人员管理和项目管理等领域。为了实现更有效的管理，豪赫蒂夫对组织机构进行调整，成立了4个公司分部（民用建筑部、机场部、国际部和服务部）。并在2001年进一步调整，把公司的核心建筑业务整合到豪赫蒂夫AG建筑公司，并在法兰克福上市。公司的国际业务则分别由豪赫蒂夫美国分公司、豪赫蒂夫亚太分公司和豪赫蒂夫国际分公司负责。2003年，豪赫蒂夫进一步调整公司结构，对原国际分公司的业务进行整合，建立了美洲、亚太和欧洲3个分公司，又设立了豪赫蒂夫全球研发分部。豪赫蒂夫的欧洲业务2003年之前一直处于亏损状态，欧洲和美洲的业务呈萎缩趋势，而亚太地区和机场业务则是其收入的巨大支撑点。

三、豪赫蒂夫公司发展期的市场启示

豪赫蒂夫的组织结构随着外界环境和自身业务的发展而不断调整。目前的组织机构则是在总部统一管理下，分设机场、开发、美洲、亚太和欧洲五个分公司。豪赫蒂夫公司的发展战略非常清晰，对员工的管理更是体现了以人为本、注重员工的发展升值，同时注重其社会形象和社会责任感。豪赫蒂夫立足于与客户一同开拓，将人和组织联系起来，创造新的思考和行动方式，不断为客户创造价值；渴望成为客户可靠且值得信赖的业务伙伴，致力于提供高品质的产品和服务。豪赫蒂夫不仅给客户提供令人满意的设计和贯穿于整个建筑价值链的广泛服务项目，还采取了终端到终端的方法，服务考虑到建筑物的整个生命周期。

豪赫蒂夫坚持可持续性发展的原则，对自然环境和社会环境负责的态度让人钦佩。公平交易是豪赫蒂夫公司一贯坚持的道德原则，同时该公司也支持机会平等，鼓励多样化发展。公司推动各项措施，确保员工的健康和安全，减少事故和风险。提高公司的价值是豪赫蒂夫公司的经营目标。在战略和操作层面上，对股东利益负责；公司依靠创新获得盈利，并实现公司的可持续发展。

从豪赫蒂夫的成长历程我们可以发现，公司经历了第一次"走出国门"、从"建造商"向"建筑企业"的转变以及加强系统管理，保持持续创新这样一个过程，其发展是抓住了几次历史大机遇，包括早期德国工业化时期的原始积累，"一战""二战"后的大建设时期，东西德的统一等等，豪赫蒂夫公司经历过的国内吞并、海外扩张之路，值得思考和学习。

—— 第 4 节 ——
美国福陆公司的国际化经营与合作模式

一、福陆公司的市场地位

美国福陆始创于 1912 年，在全球六大洲 25 个国家开展业务，公司有五大业务板块。①油气项目：从上游的油气开采生产，到下

游的精炼和石油化工提供包括设计、采购、建造、项目管理全程的服务。②工业和基础设施项目：包括生命科学、采矿、运输、电信、商业、公共设施、制造业等。③政府项目。④全球服务项目：项目管理工具和方法支持、项目运行和维护服务以及项目人力资源规划服务。⑤电力项目：电厂的设计和建造、燃煤发电设施。2012 年福陆完成产值 275.77 亿美元。

二、福陆公司的国际化拓展之路

福陆公司由福陆兄弟建筑公司起步，最初在新兴的石油工业领域以公司高管其富有创新意识的模式和精湛的工程建筑技术赢得声誉。20 世纪 20 年代，福陆公司开始在石油、天然气领域发展专业的工程建筑技术，在 1924 年，开始接手更为复杂和庞大的工程项目，如今工程建筑业仍是福陆公司不可或缺的一部分。20 世纪 30 年代，福陆公司在美国得克萨斯州、印第安纳州、密苏里州、伊利诺伊州陆续赢得了工程项目，逐渐使其成为精炼加工厂建筑业极具竞争力的企业。20 世纪 40 年代第二次世界大战为福陆公司带来了许多发展的机会。在美国国内市场发展稳定的同时，福陆公司开始在加拿大、委内瑞拉承揽炼油厂、天然气厂的工程建筑项目。由于在炼油厂工程建筑业有良好的声誉，使它赢得了第一个中东地区国家——沙特阿拉伯的工程项目合同。

在 20 世纪 50 年代初，福陆公司开始与美国政府在核能领域展开合作。该公司与美国空军签订了一份在沙特阿拉伯建设美国空军基地的合同，与此同时还赢得了在波多黎各建设炼油厂的项目。由此福陆公司的项目接踵而至，开始在澳大利亚、加拿大、苏格兰、南非建立设计和建筑公司开展石化建筑业。50年代末，福陆公司已经在全球范围内设立了办事处，并在纽约证券市场正式成为公有贸易公司。该公司的声誉开始为它赢来更多能源领域的项目。在20世纪60年代，福陆公司在原有的基础上继续向前发展，第一次在韩国建立了一家炼油厂，并开始致力于使其业务范围更具有多样性，开始发展沿海钻孔和开采项目。

在20世纪70年代，公司将主要业务集中在全球范围内的自然资源开发业，在阿拉斯加、欧洲、印度尼西亚、沙特阿拉伯和南非都设立了分公司。在此期间，福陆公司完成了阿拉斯加管道建设项目，建成了全世界规模最大的沿海设施。1977年，福陆公司收购了建筑设计业的领先企业丹尼尔国际建筑公司（Daniel International Corporation），此举使其提前几个月完成该公司承揽的项目。在20世纪80年代，合并后的福陆公司和丹尼尔建筑公司成为在全世界范围内发展业务的福陆丹尼尔建筑公司。尽管面临着80年代的经济萧条，福陆公司积极调整公司内部结构来应对变幻莫测的世界经济环境，谋求公司全球范围内的发展。20世纪90年代，福陆公司在印度尼西亚、委内瑞拉、墨西哥、泰国、科威特、沙特阿拉伯、波兰、阿根廷成功地完成了多个项目，其领域涉及石油化工、基础设施建设、环境保护等。同时，还赢取了ADP马歇尔项目，并将其业务范围扩大到电力、制药、商务、制造业。

2000年6月8日，福陆集团宣布，将原公司拆分新建为两家独立的公司，分别为"新"福陆公司和梅西能源公司。梅西能源公司是美国五大煤炭公司之一，新建的公司将致力于成为美国最主要的

煤炭公司；"新"福陆公司则将由三家经营实体组成，分别为福陆丹尼尔建筑公司、福陆全球服务公司和福陆信号服务公司。

近年来，国际工程承包市场发展迅速，传统的设计与施工分离的方式正在快速向工程总承包方式转变，EPC、EPCM、PMC 等一揽子式的交钥匙工程模式以及 BOT、PPP 等带资承包方式正在成为国际大型工程项目中广为采用的模式。2003 年美国有一半以上的工程采用 EPC 方式，单纯的工程施工业务利润逐渐降低，利润重心向产业链前端和后端转移。福陆提供的并不是单纯的施工建设服务，它提供的服务可以是一站式的（项目的开发到运行维护直至拆除），也可以是提供整个服务链中的某一项，比如项目的可行性研究报告、环评、项目融资、概念设计、基础设计、工程施工及管理、设备材料采购及管理、项目管理、项目启动及试车、运行维护、人员培训等。福陆承接的项目更多的是提供类似于 EPCM 项目全程服务，如为哈萨克斯坦的 SGI/SGP 项目提供 EPCM 服务，为 Villano 石油管道项目提供 EPSCM 服务，为波多黎各生物制药厂项目提供 EPCMV 服务。

今天的福陆公司管理着五个超大型企业即：福陆丹尼尔公司、福陆全球服务公司、梅西煤业有限公司、福陆国际工程承包公司和福陆信号服务公司。这些公司的所有服务将福陆公司的战略定位为具有杰出工业技术知识和技能的全方位的服务提供者。

三、福陆公司发展期的市场启示

福陆慎重地选择所从事业务的行业，专注于有高附加值的高新技术行业，确保利润维持在较高水平。同时福陆一直努力将视野扩展至全球范围，寻求高盈利的项目。随着国际建筑业市场产业分工体系的深化，一些技术壁垒相对较低的民用建筑的利润率正在下降，同时出现了很多规模大、技术含量高的复合型工程。该类项目的主要特征是技术密集、知识密集，这一方面对建筑承包商提出了更高的技术要求，另一方面也给承包商提供了更大的利润空间。

福陆具有非常良好、稳定的财务状况，这都使得福陆在资本市场上有着很好的融资能力。福陆与世界主要的出口信贷机构、多边金融组织、商业银行及资本市场有固定的业务往来。这些都为其在承包大型复杂项目、降低整体项目融资成本及风险等方面发挥了积极作用。福陆还积极争取境外资金用于项目的前期开发，如四川烧碱项目、宁夏二甲醚等项目就是利用加拿大及美国的赠款来完成可研报告的。

福陆具有优异的人力资源管理体系。为保证在高附加值领域和高新技术领域持续占据领先优势，在项目管理方面能够不断开发出新的工具和产品，福陆十分重视人力资源管理体系的建立。福陆在全球拥有 35000 多名员工，他们分布在六大洲的 25 个国家。其设计人力资源管理体系的理念为吸引、激励、留住最优秀的员工，与企业共同成长。在福陆工作的额外收益包括 TOWP（Time-Off-With-Pay），健康保险计划、利润分红计划、学费偿还、职业发展、工作轮换计划等。福陆的健康、安全、环境管理系统（HSE）综合了目前国际上最高的标准，包括 ISO14000 和 OHSAS18001，落实于项目执行的各个阶段，并在项目的执行过程中努力实现项目的 HSE 目标。福陆的安全管理工作在业界一直处于领先地位，如哈萨克斯坦的

SGI/SGP 项目成功实现了无伤害、无事故（IIF：Incident and Injury Free）。随着人们对健康、安全和环境的关注，福陆在该领域取得的成绩必然会为其品牌带来更大的无形价值。

福陆公司被美国《财富》杂志评为"世界声誉最好的企业"，福陆公司业务领域专精，项目管理能力和技术创新能力强，市场信誉高，拥有强大融资能力和完善人力资源管理体系。了解福陆的人都认为，在福陆任何一件事从一开始就有章可循是了不起的 。

—— 第 5 节 ——

法国布依格公司的国际化经营与合作模式

一、布依格公司的市场地位

法国布依格是法国第二大建筑公司，2012 年完成产值 434.9 亿美元，实现利润总额 13.72 亿美元。公司有五大业务板块：①建筑，包括房屋、市政工程和电力设施建设。②房地产开发，包括商业设施建设和城市开发。③道路工程，包括交通基础设施的建设、维护和开发。④媒体，包括 TF1 电视台。⑤电信，包括移动通信服务。

二、布依格公司的国际化拓展之路

20 世纪 50 年代，借助于美国马歇尔欧洲复兴计划，欧洲逐渐恢复元气，经济开始快速发展，各国开始了城市化、工业化的大发展。

1952 年，31 岁的弗朗西斯·布依格凭着从法国里昂信贷银行借到的 1700 美元，创办了布依格公司。当时，法国有大量的企业需要进行工厂重建。布依格公司在 20 世纪 50 年代以极高的速度增长。从 1952 年到 1960 年，布依格公司年均营业额增长速度高达 70.2%，公司的雇员也从最初的两个人增加到 1000 多人。20 世纪 60 年代是法国城市化大发展时期，布依格公司持续快速增长，公司承建了大量的厂房、学校、医院、公共建筑等，到 1970 年，公司的营业额达到 20 亿法郎。

弗朗西斯·布依格意识到资本的重要性，因此，他于 1970 年 6 月将公司在巴黎证券交易所上市，增资 5 亿法郎。虽然，在公司上市后，弗朗西斯·布依格直接拥有公司 26% 的股权，但是通过他的一个资深合伙人和一个朋友，他可以控制的股权达 45%。这一行动可以看作是日后布依格家族控制公司历程的最早预演。

1968 年，布依格公司开始进入公共建筑市场，这是公司多元化发展历程的开始。自 1968 年后，公司陆续进入其他一些业务领域。1974 年，布依格公司成立 Bouygues Off shore，进入海上石油平台建筑市场；1984 年，公司收购了法国水处理公司 Saur，进入给排水市场；1986 年，通过并购法国最大的道路建设集团 SCREG（包括 Colas、Screg 和 Sacer）成为世界领先的建筑公司；同年，布依格公司利用法国电视一台私有化之机将其纳入麾下，进入媒体产业；1993 年，

布依格公司跃进新兴的电信产业，组建布依格电信公司。1997 年，布依格公司收购了法国圣戈班（Saint-Gobain）的子公司 Cise，建成了法国第三大公共设施管理集团。

20 世纪 90 年代国际公共工程行业的大发展给公司带来了良好的发展机遇，布依格公司相继承建了香港会展中心、匈牙利和克罗地亚的高速公路、法国诺曼底大桥、拉德芳斯大拱门和法兰西体育场。享有国际声誉的建筑工程项目，巩固了其在国际建筑市场的地位。布依格公司目前在世界上 80 多个国家和地区开展业务，控制着40 多个下属机构和合作伙伴。布依格公司的国际业务以建筑为主，国际业务主要集中于欧洲和北美地区，二者之和占整个国际业务的75%。布依格公司目前是一个实力强大的多元化工业集团。

三、布依格公司发展期的市场启示

在国际承包工程巨头之中，布依格可谓实施多元化经营战略最成功的企业之一。布依格公司成功的最重要原因，是创始人家族对企业有效的管理。尽管布依格 CEO 子承父业的做法让人觉得它是一家族企业，但是上市后，布依格家族已经不占有控股地位。一直以来，布依格的核心理念之一就是，员工应该从企业的成功中获得直接的利益，秉承这一理念，布依格持续地推行了员工持股计划。现在，布依格的员工已经成为除布依格家族控股的 SCDM 公司之外的第二大股东。

布依格公司强调多元化、国际化经营，善于利用资本市场，在战略管理中始终强调可持续发展、研发与创新、风险管理。

可持续发展现在是布依格战略管理的一个有机组成部分。2005 年，布依格成立了集团的可持续发展部；2006 年，布依格制定了可持续发展规划，并确定了各个业务板块具体的可持续发展的量化目标。

研发与创新是布依格能够建立竞争优势的源泉之一，布依格的创新不仅有技术方面，也有市场营销方面的研发与创新。每年，布依格都要投入了大量的资金，作为研发费用。

布依格在集团层面、控股子公司层面等都建立了风险管理的内部管理流程来降低企业可能面临的风险。在集团层面，布依格定期对各控股子公司的项目所在国家风险、利率风险、外汇风险等主要风险进行评估，并利用相关金融工具来控制利率风险和外汇风险。在控股子公司层面，主要是要对运营风险进行管理。

—— 第 6 节 ——

瑞典斯堪斯卡公司的国际化经营与合作模式

一、斯堪斯卡公司的市场地位

斯堪斯卡是瑞典最大的建筑公司，公司有四大业务板块：①建筑：房建工程和市政工程。②住宅开发，包括住宅房产开发。③商业设施开发，包括开发、租赁商业房产项目。④基础设施开发，包括开发投资私人融资的基础设施项目，如公路、医院、发电厂等。

2012 年斯堪斯卡完成产值 194.93 亿美元。

二、斯堪斯卡公司的国际化拓展之路

1887 年，年轻的工程师鲁道夫·弗雷德里克·博格（Rudolf Fredrik Berg）创立了斯堪斯卡公司（skanska）。最初的业务是为教堂等公共建筑提供装饰性水泥材料。很快，斯堪斯卡司就将业务拓展到建筑服务领域。

1927 年，斯堪斯卡业务取得里程碑意义上突破，建造了瑞典历史上第一条沥青公路。1943 年又建设了当时世界上最长的水泥拱形桥。1965 年，斯堪斯卡公司在瑞典证券交易所 A 股上市。

斯堪斯卡公司如今已经成为拥有 100 多年历史的国际化超大型建筑商，拥有雇员 5400 人，业务范围涉及 60 多个国家和地区。2005 年斯堪斯卡公司完成营业额 134.34 亿欧元，其中瑞典本土营业额只占 20%。2005 年，斯勘斯卡公司在美国工程新闻纪录 225 家国际承包商中排名第 2，在 220 家全球承包商中排名第 4。斯堪斯卡已经当之无愧地成为国际工程承包行业的领导者。

斯堪斯卡的业务扩张主要源于国际化的努力。公司成立伊始就迅速地将触角延伸到了国外。两年后即收获到来自海外的第一个订单：承揽英国国家电话公司 62 英里长的电话线水泥管的施工安装业务。1902 年该公司进入俄罗斯市场，在圣彼得堡生产水泥管。随后进入到中东和非洲市场。20 世纪 70 年代进入了波兰和前苏联地区市场。

斯堪斯卡公司的国际化道路真正实现飞跃是在 20 世纪 70 年代进

入了世界最大的建筑市场——美国。1971 年，斯堪斯卡公司获得了其在美国的第一个合同：承揽曼哈顿区 63 街地铁项目，由此开始了在美国的成功之路。公司先后收购了 10 多家当地公司，尤其是 1994 年收购了当时美国最大的工程公司之一的 Beers Construction 公司，使非瑞典本土的市场份额比例大增。1996 年，公司国际市场份额的比例首次超过 50%。如今斯堪斯卡（美国）公司已经成为美国第三大建筑公司。2000 年后，在创造美国神话的英雄时任公司总裁的 Claes Bjork 的带领下，美国模式在欧洲大量复制，并取得了成功。从 1998 到 2001 年，先后进军捷克、芬兰、丹麦、德国、英国和拉美等市场。通过一系列的国际扩张，在 1992 到 2001 年期间，公司的总营业额增长了 4 倍多，国际市场的份额比例由 1992 年的 13% 上升骤升到 2001 年的 82%。斯堪斯卡彻底成为了高度国际化的大型承包商。

三、斯堪斯卡公司发展期的市场启示

瑞典斯堪斯卡公司拥有一个良好的组织架构，采用的是事业部管理模式，在各个区域设立区域总部，总部下面则是各个地区的分公司或子公司。此外斯堪斯卡还设立了工程支持部和金融服务部，分别对集团各个公司进行工程项目的支持和金融风险、融资和财务等管理和支持。

瑞典斯堪斯卡公司拥有三大战略原则：分权与当地化、围绕核心业务和以客户为中心；三项资源优势：品牌、人才、资金；五大战略能力：收购、资源整合、价值创新、风险管理和可持续发展。

瑞典斯堪斯卡采用的三层次管理控制的"总部管理–事业部/

区域公司－项目部"的形式，专业和区域采用矩阵式，基本管理元素为项目部，公司在世界各地能利用公司所有资源，形成有机的整体，管理层次控制在三层。

瑞典斯堪斯卡以并购企业的形式进入欧洲及美洲的建筑市场，但操作十分谨慎。斯堪斯卡在研究美国市场 10 年之后才开始通过并购的形式进入美国市场，斯堪斯卡在初进美国市场的时候，虽然并购了当地的公司，但实行的也是一种联合的形式，在这个过程中，斯堪斯卡不仅对美国市场有了深刻的了解，而且也大大降低了运作风险。到 1997 年美国的斯堪斯卡进行重组，才真正意义上对美国的业务进行决策和管理。对于欧洲也是以并购的形式进入的，但这种进入是因为斯堪斯卡本身就是欧洲公司，对欧洲市场有着充分理解，进入就相对容易一些。对于非洲和中东市场的进入是因为斯堪斯卡有着非常先进的施工建筑技术，以技术输出的形式进入其锁定市场。

瑞典斯堪斯卡通过集中"本土"市场战略，卖掉了在拉托维亚和立陶宛的公司，他们正停止开拓南非市场，放弃印度的土建项目，并完全摆脱了香港的业务。除了斯堪迪那维亚半岛的市场，斯堪斯卡重点市场是美国，并把美国的公司成功经验"复制"到欧洲市场，以此来巩固欧洲市场的地位。在斯堪斯卡所在的地区，当地的民众及斯堪斯卡的员工都把斯堪斯卡作为本地公司来看待。这就是斯堪斯卡"本地化"所带来的效果。

瑞典斯堪斯卡公司的国际拓展路线走得不铺张，而是以战略进入为主导，带动区域市场，进军美国市场可谓斯堪斯卡发展战略上的重要一步。斯堪斯卡根据海外业务的实际，通过"量身打造"组织结构和运行模式来提高公司战略的适应力。

7

第七章

中国知名建筑企业
国际化经营与合作评述

本章主要介绍了中国知名建筑企业国际化经营与合作模式选择的历史与现状。选取了中国建筑工程总公司、中国中铁股份有限公司、中国铁路建筑总公司、中国有色矿业集团有限公司、中国水利水电建设集团和中国交通建设股份有限公司作为论述对象，几乎囊括了中国最具实力的建筑企业，代表了中国建筑界的最高水平，对它们的国际化经营与合作模式选择进行研究和论述，具有较高的实践参考价值。

—— 第 1 节 ——
中国建筑工程总公司国际化经营与合作模式

一、中国建筑工程总公司的市场地位

中国建筑工程总公司（以下简称"中建总公司"）正式组建于
1982 年，其前身为原国家建工总局，是为数不多的不占有大量的国
家投资，不占有国家的自然资源和经营专利，以从事完全竞争性的
建筑业和地产业为核心业务而发展壮大起来的国有重要骨干企业。

多年以来，中建总公司立足于国内外两个市场，敢于竞争，善
于创新，逐渐发展壮大成为中国最大的建筑房地产综合企业集团和
中国最大的房屋建筑承包商，是发展中国家和地区最大的跨国建筑
公司以及全球最大的住宅工程建造商，长期位居中国国际工程承包
业务首位。

中建总公司曾经在全球一百多个国家和地区开展业务，目前经
营区域主要分布于全球 27 个国家和地区，在国内除台湾省外均有经
营业务开展。自 1982 年公司组建到 2011 年底，中建总公司共承接
合约额近 4 万亿元（单位：人民币，以下同），完成营业额约 2.3 万
亿元，2011 年公司的资产总额超过 5000 亿元，是当之无愧的中国建

筑业翘楚。中建总公司从 1984 年起连年跻身于世界 225 家最大国际承包商行列，2012 年排名第 22 位。自 2007 年开始中建总公司成功进入《财富》世界 500 强企业行列，2011 年排名第 147 位，2012 年位居第 100 位。

二、中国建筑工程总公司国际化拓展之路

（一）企业理念

愿景：成为全球建筑、地产业的领先者

使命：奉献精品工程 营造和谐家园；

管理理念：虑远思近、精益入微、标准规范、崇尚执行

质量方针：中国建筑，服务跨越五洲；过程精品，质量重于泰山

经营方针：品质保障、价值创造、产业协同、合作共赢

（二）战略目标：一最两跨、科学发展

一最：成为最具国际竞争力的建筑地产综合企业集团。

两跨：在 2015 年跨入世界 500 强前 100 强，跨入全球建筑地产集团前三强。

（三）发展策略

为实现中建总公司的愿景和战略目标，按照行业发展的内在规律，以及企业经营管理的基本原理，将"一最两跨，科学发展"细化为"五化"策略，即专业化、区域化、标准化、信息化和国际化。五化之间是承上启下的关系，需要梯次推进。五化既是实现"一最

两跨、科学发展"的有效支撑，也是"一最两跨、科学发展"的阶段性目标，其内涵将随管理的升级不断赋予新的意义。在当前发展阶段，五化的内涵可以表述为：

专业化——在施工领域内选定若干细分市场和下游产业，以内部整合和外部并购的方式，组织优势资源打造一批占领高端市场的专业公司，使之成为我们的效益支撑和品牌支撑。

区域化——在施工领域内选定重点经营区域，强化对重点区域资源的配置强度，并保证这些资源在区域层面实现统一配置、合理流动，以降低运营成本，实现区域的效益最大化和可持续发展。

标准化——推动各经营管理领域的流程再造、体系梳理工作，在集团层面建立体系完整、统一受控的管理体系，实现提高管理效率、降低机构成本、塑造统一企业内涵的目的。

信息化——以适量投入为原则，将信息技术与先进管理理念相融合，以此提升企业生产方式、经营方式、业务流程、管理方式和组织方式，获取最佳效益。

国际化——顺应全球化趋势，在全球范围内配置资源，开拓市场，学习先进经验，不断提升集团的国际化程度。其特征有：

①具备国际化的视野、观念、思维方式和行为模式，能够从全球的视角来审视中建总公司自身能力的长短、外部资源的优劣，从而识别机会与挑战，找到最适合的发展路径。培育愿意与世界其他国家融为一体的企业文化，以开放、包容的观念去面对不同于国内的文化、法律和经营环境，学习新事物，寻求自我改进、不断进步的卓越之道，培育在不同地区、不同竞争规则下的运营能力，形成稳定的经营模式。

②具有国际化能力，未来能够通过全球范围内配置资源，在美国、中东、阿尔及利亚、越南、新加坡等目标市场中进一步开展业务，并为所在国和地区的社会发展做出更大贡献，和谐共荣。

③在保证发展质量的前提下，向海外充分配置资源，不断增加海外经营资产、销售收入、员工人数在系统内的占比，实现跨国指数达到30%。

④不断加强与经营所在地国家和地区的文化融合，逐步加快中建总公司海外事业的属地化进程。

（四）海外业务板块的主要责任

①聚焦重点海外市场，积极寻求收购兼并合作机遇，快速提升能力，确保中建总公司在国内建筑领域"走出去"排头兵的地位，维持中国建筑的行业地位和品牌形象。

②不断汲取国际先进技术、管理经验，尤其是全新的经营模式和经营理念用之于国内，支持国内各项业务的超前发展，夯实公司持续发展的动力。

③积极探索海外地产开发，在海外承包业务充分发展的基础上，努力实现海外地产成功起步，为实现打造国际化建筑地产集团目标奠定坚实的基础，实现规模的快速增长，保持适宜的利润率水平。

——第 2 节——
中国中铁股份有限公司国际化经营与合作模式

一、中国中铁股份有限公司的市场地位

中国中铁股份有限公司（以下简称"中国中铁"）前身是成立于1950 年 3 月的中华人民共和国铁道部工程总局和设计总局，1958 年合并为铁道部基本建设总局，1989 年 7 月 1 日，组建为中国铁路工程总公司，2003 年 5 月起隶属国务院国资委管理，为中央特大型骨干企业。2007 年 9 月，整体重组创立中国中铁股份有限公司，于当年 12月 3 日和 7 日分别在上海、香港两地上市。

中国中铁业务覆盖勘察设计、施工安装、工业制造、房地产开发、资源矿产、金融投资等多个领域；2012 年总资产 5507 亿元，净资产 783.6 亿元，是全球第二大建筑工程承包商；2012 年在世界500 强中排名第 112 位，中国企业 500 强中排名第 12 位。

目前，公司现拥有 46 家二级公司，其中特大型施工企业 16 家，大型特大型勘察设计咨询企业 6 家，大型工业制造和科研开发企业 3家，以及多家国际业务、房地产开发、矿产资源开发、投资建设管理、信托投资公司。现有职工 28 万余人。

成立60年来，中国中铁先后修建了64327公里的铁路，占全国铁路总里程的2/3以上；建成电气化铁路接触网35844公里，占全国电气化铁路的95%；参与建设的公路超过11065公里，其中高速公路超过5834公里，约占全国高速公路总里程的1/10；参与建设了全国3/5的城市轨道工程。公司还先后参加了国内外4000余项公路、机场、码头、水电、地铁、高层建筑、市政等大型工程的设计与施工，经营范围覆盖到土木建筑的各个领域，工程项目遍布全国各省市自治区和全球60多个国家和地区。

中国中铁是科技部、国资委和中华全国总工会授予的全国首批"创新型企业"，拥有"高速铁路建造技术国家工程试验室"和"盾构及掘进技术国家重点实验室"，及4个博士后工作站，14家经国家实验室认可委员会认可的检测实验中心，在诸多领域达到世界先进水平。

二、中国中铁股份有限公司国际化拓展之路

（一）企业愿景：行业领先，世界知名

不断增强企业核心竞争力，巩固和提升在国内行业的领先地位，大力拓展全球市场，把中国中铁建设成为最具有国际竞争力和影响力的综合型建设集团。

（二）企业使命：建造精品，改善民生

公司作为特大型建筑企业，致力于通过全面参与交通基础设施、市政工程、高层建筑、环境工程等建筑领域，奉献精品工程，改善

物理环境，推动社会发展，服务国计民生。

（三）国际化发展历程

"十一五"期间，是中国中铁国际化经营格局逐步形成、海外市场不断拓展、经营成效逐步显现、初步实现历史性转变的重要发展阶段。中国中铁海外经营有章可循，持续推进专业化经营；海外市场不断拓展，形成区域化经营布局；确立海外发展格局，逐步形成多元化模式；外经队伍不断壮大，增强人才的复合性；风险防范理念到位；实施海外品牌经营，知名度美誉度不断提高。在2012年世界225家最大国际承包商排名位列第39位，较2006年上升了28位，国际化经营跃上新台阶。

（四）国际化发展规划

"十二五"期间，中国中铁发展的总体战略目标是：推进两大转变、实现二次创业，努力把中国中铁建设成为国内领先、国际一流，主业突出、多元并举，具有中国特色的特大型现代国有企业，进入国家重点培育的30~50家拥有自主知识产权和知名品牌、具有较强国际竞争力的大公司大企业集团。

为了实现这一重大目标，特别是实现要"从做大向做强做优、从中国的大企业向具有国际竞争力的大公司、大企业集团的转变"这一核心目标，就必须转变国际化经营发展方式，在继续做大海外业务规模的同时，全面提升海外业务的质量效益、内在品质和核心竞争力，努力实现"海外业务营业收入年均复合增长率不低于18%，"十二五"末年营业收入达到100亿美元，新签合同额达到 200 亿美元，非贸易类海外业务毛利率 10% 以上"新的战略目标。

中国中铁在国际化进程中要处理好"八个关系"的重点工作：①树立国际化战略发展的理念，正确处理好长远利益与短期利益的关系；②树立国际化经营的理念，正确处理好国际工程管理与国内工程管理的关系；③树立集团化经营的理念，正确处理大品牌与小品牌的关系；④树立合作经营的理念，正确处理内部合作与外部合作的关系；⑤树立科学管理的理念，正确处理好激励与约束的关系；⑥树立"以人为本"的理念，正确处理培养人才与使用人才的关系；⑦树立充分发挥政治优势的观念，正确处理加强管理与加强党建思想政治工作的关系；⑧树立风险防范的理念，正确处理加快发展与安全发展的关系。

—— 第 3 节 ——
中国铁建股份有限公司国际化经营与合作模式

一、中国铁建股份有限公司的市场地位

中国铁建股份有限公司（中文简称"中国铁建"，英文简称 CRCC）由中国铁道建筑总公司独家发起设立，于 2007 年 11 月 5 日

在北京成立，为国务院国有资产监督管理委员会管理的特大型建筑企业。2008 年 3 月 10 日、13 日分别在上海和香港上市（A 股代码601186、H 股代码 1186），公司注册资本 123.38 亿元。

中国铁建是中国乃至全球最具实力、最具规模的特大型综合建设集团之一，公司业务涵盖工程建筑、房地产、特许经营、工业制造、物资物流、矿产资源及金融保险，已经从以施工承包为主发展成为具有科研、规划、勘察、设计、施工、监理、维护、运营和投融资的完善的行业产业链，具备了为业主提供一站式综合服务的能力。并在高原铁路、高速铁路、高速公路、桥梁、隧道和城市轨道交通工程设计及建设领域确立了行业领导地位。2012 年《财富》"世界 500 强企业"排名第 111 位，2012 年"全球 225 家最大承包商"排名第 30 位，"中国企业 500 强"排名第 7 位，是中国最大的工程承包商，也是中国最大的海外工程承包商。2010 年底，企业总资产3502 亿元，净资产 582 亿元，新签合同总额为 7472 亿元，营业收入4702 亿元，实现利税总额 228 亿元。

公司经营范围遍及除台湾以外的全国 33 个省、市、自治区，香港特别行政区，澳门特别行政区以及世界 40 多个国家。公司专业团队强大，拥有 1 名工程院院士、5 名国家勘察设计大师和 191 名享受国务院特殊津贴的专家。

二、中国铁建股份有限公司国际化拓展之路

（一）企业愿景与使命

紧紧抓住我国 21 世纪头 20 年全面建设小康社会的战略机遇，抢抓机遇保增长，调整优化上水平，加强管理降风险，深化改革转机制，把中国铁建建设成为产业多元化、经营集约化、管理科学化，资金雄厚、人才荟萃、设备精良、技术先进、效益最佳的"中国建筑业领军者，全球最具竞争力的大型建设集团"。

（二）国际化发展历程

中国铁建最先"走出去"的是下属单位中国土木工程集团有限公司。该公司成立于 1979 年，前身是铁道部援外办公室，是我国最早进入国际市场的四家中国公司之一。

经过 30 多年的发展，中国铁建所属其他各局也逐步实现了"走出去"，公司经营领域不断拓宽，已逐步形成了以工程承包为主业，以铁路工程为特色，多业并举的经营格局。市场覆盖地域不断扩展，已遍及世界 40 多个国家和地区，市场布局已初具网络框架雏形。连续多年入选全球最大 225 家国际承包商，国际品牌优势初步确立，在境外市场部分国家和地区取得了当地经营的最高资质。

（三）国际化发展规划

①加速实施"走出去"战略。树立"大海外"经营理念，广泛参与国际分工与合作，大力开拓交通运输、房屋建筑、给排水、水工、电力工程等相关市场，积极开展"项目换资源、项目换能源"，

以及通过工程项目带动，择机进入海外房地产市场。

②巩固拓展非洲、中东市场，发展亚洲、北美、拉美等市场，渗透欧洲等发达国家市场，择机采取并购手段进行本土化运作，形成全球主要市场的海外经营布局。

③进一步加强海外项目管理。构建中国铁建统一管理，中土与各集团公司相互支持、相互协调、互为补充、步调一致的海外经营模式。特别重大项目实行统一资源配置、统一商务运作、统一协调利益分配，获取效益最大化。

④创新海外经营方式。转变以国内模式做海外项目的做法，快速提升国际工程设计咨询、运营管理能力，大力推进由施工总承包为主模式向设计、施工、采购、运营管理、维护一体化的工程总承包高端模式转变，全面提升海外项目工程总承包能力，海外项目资本运营能力，实现海外商务、设计咨询与施工环节、运营环节的无缝衔接。

⑤加强海外经营风险防范。进一步提高政治、法律、汇率、合同、环境保护、劳工保护、人身安全等风险的控制能力，形成科学、高效、专业的风险管理机制。提高本土化经营能力、合约管理能力、科技研发创新能力等，促进海外经营业务稳健发展。

—— 第 4 节 ——
中国有色矿业集团有限公司
国际化经营与合作模式

一、 中国有色矿业集团有限公司的市场地位

中国有色矿业集团有限公司（中文简称"中国有色集团"，英文简称 CNMC）成立于 1983 年 4 月，是国务院国有资产监督管理委员会直接管理的大型中央企业。2011 年，中国有色集团资产总额、销售收入实现了"双千亿"跨越，主业为有色金属矿产资源开发、建筑工程、相关贸易及服务，共有控（参）股企业 39 家，各级境外企业 29 家，坚持并发扬"走出去"特色，是中国有色金属工业最早"走出去"并且开展国际投资与合作最成功的企业之一。

作为中国企业实施"走出去"战略、开展国际有色金属矿业投资与合作的排头兵，中国有色集团始终坚执于国际化的梦想，遵循"互利双赢、共同发展"的合作理念，足迹遍及世界 30 多个国家和地区，与东盟 10 国中的 8 个国家建立了良好的业务往来，在境外投资开发了众多具有重大影响的优质资源项目。在周边国家、中南部非洲、矿业资本发达国家和地区形成了一定规模的有色金属矿产资源开发

布局，拥有重有色金属资源量 3000 万吨，铝土矿资源量逾 3 亿吨。

中国有色集团在国际工程承包领域特别是亚洲工程承包市场享有广泛声誉。旗下企业连续多年入选美国《工程新闻纪录》（ENR）评选的"全球 225 家最大国际工程承包商"，所承建项目创造了诸多国家有色金属工业的"第一"，在中国 30 个省（直辖市、自治区）及 100 多个县、市建成大中型项目 400 多个，多次荣获鲁班奖，创造多项中国企业新纪录。

此外，中国有色集团的贸易及服务业务涵盖铜、铝、铅、锌、镍、黄金等 25 个有色金属品种，辐射能源、化工原料、冶金、建材、煤炭及旅游、会展、宾馆等多个领域。

中国有色集团正在全力打造具有国际竞争力的世界一流矿业集团，将秉承"互利双赢，共同发展"的合作理念，致力于与项目所在国家的友好合作，实现共同发展。

二、中国有色矿业集团有限公司国际化拓展之路

（一）远景战略规划

到 2020 年，在境内外有色金属资源开发利用上取得重大突破，拥有重有色金属资源总量 8000 万吨、铝土矿资源量 10 亿吨。在企业改革、自主创新和科学管理等方面取得重大进步，成为主业突出、管理先进、拥有先进技术和自主知识产权、具有国际竞争力和影响力的世界一流综合性资源集团。

（二）基本原则

坚持以海外资源开发为主，兼顾国内资源开发的原则；

坚持质量并重加快发展的原则；

坚持优化产业结构与合理布局相结合的原则；

坚持创新驱动的原则；

坚持绿色增长的原则；

坚持和谐共赢的原则。

（三）国际化发展历程

中国有色集团是我国最早"走出去"开展国际经济技术合作的企业之一。2005 年，中国有色集团进行产业结构调整，明确了有色金属矿产资源开发、建筑工程、相关贸易及服务三大主业。中国有色集团以率先"走出去"开发国内紧缺的有色金属矿产资源并取得重要成果，是我国有色行业"走出去"的排头兵，在境外树立了良好的中国企业形象和品牌，曾多次受到党和国家领导人的充分肯定和高度赞扬。

中国有色集团始终将"走出去"作为推动企业发展的核心战略举措加以落实，在组织机构和人员配备上向境外企业和境外业务倾斜。中国有色集团拥有各级境外企业 26 家，主要分布在中南部非洲、我国周边国家以及矿业资本发达国家和地区，境外业务范围覆盖矿产资源开发、建筑工程和国际贸易及服务三大主业。

（四）"十二五"战略规划

"十二五"时期，中央企业对国民经济的支撑力和影响力将

更加突出。中国有色集团将以建设具有国际竞争力的世界一流矿业集团为目标，按照国务院国资委关于坚持科学发展、着力做强做优中央企业的发展思路，充分履行政治、经济和社会责任，发挥对中国有色行业的影响力和控制力，确保实现"12345"发展战略。

"1"个方向：加快发展、做强做优。

"2"个市场：大力开拓国际国内两个市场，充分利用国际国内两种资源。

"3"大跨越：向内生驱动的创新型企业跨越、向世界 500 强企业跨越、向具有国际竞争力的世界一流矿业集团跨越。

"4"个倍增：实现资产总额、营业收入、利润总额、有色金属产品产量倍增。

"5"个上台阶：实现控制资源量、管理水平、科技创新、节能减排、员工收入上台阶。

（五）国际化发展规划

按照"加快科学发展，实现三大跨越"战略目标的要求，"十二五"期间，中国有色集团要完成有色金属矿产资源开发、建筑工程和相关贸易业务的国际化布局，到"十二五"期末新增海外优质重有色金属资源量3000万吨，新增产能375万吨（实物量），以拥有的铜、锌、镍等有色金属储量和产品成为具有国际竞争力和影响力的有色综合性企业集团；充分发挥设计、施工、设备制造、工程总承包综合优势，以扩大有色金属工程建设市场份额为基础，争取集团公司整体列入ENR 国际工程承包商前 80 名；以自有有色金属资源和控制的产品销售权为依托，构建全球贸易和物流服务网络，建立集团套期保值统一操作平台，提高贸易的总量和质量。

1. "走出去"资源开发规划

"十二五"期间，中国有色集团要继续发挥率先"走出去"开发中国紧缺的海外有色金属资源的先行优势，把资源战略放在突出位置，继续执行差异化战略，有所为，有所不为。要以勘探程度较高、近期可以投入生产的矿山资源开发项目为主，兼顾产业链延伸项目，积极介入风险勘探项目。通过对重点项目进行专项分析，整体安排，重点扶持，确保已建项目达产达标；积极进行已有矿山的深部开采以及周边矿体的开发工作；确保在建项目按时建成投产；积极争取跟踪项目得到落实。

2. 国际工程承包发展规划

"十二五"期间，抓住中国产能向海外转移的历史机遇，深入实施"走出去"战略，依靠中国有色集团海外资源开发的平台支持，借助大型企业集团开拓的海外市场，大力发展国际工程承包业务，实现国内国外两个市场协调发展。

积极探索和实行"以工程换资源"的开发模式，依托资源工程承包项目，积极介入哈萨克斯坦、伊朗、俄罗斯等资源丰富、开发程度低的周边国家有色金属矿山开发，争取通过投资和承包方式，为中国有色集团获取宝贵的矿山资源。

大力完善工程承包业务链，特别是进一步提升设计能力。巩固传统支柱市场，积极争取后续项目。积极开拓第二支柱市场，规避项目地域布局的限制和风险。"十一五"期间，中国有色集

团成功开辟了中亚、西亚、南亚、非洲等地区国家的建筑工程市场。在既有市场开拓成果的基础上，"十二五"期间要尽快稳定这些新开发的市场，规避业务地域分布单一的风险。要创造条件努力开发东南亚和南美洲市场。要在采用政府间优惠贷款、出口买方信贷等融资方式的基础上，积极创新融资方式，对于受到美国和联合国制裁的国家，积极探索补偿贸易融资方式。

3. 国际贸易发展规划

"十二五"期间，在有色金属产品贸易方面：要以中国有色集团海外企业拥有资源为依托，加大海外资源回运力度；要积极探索国际通行的"参股换资源"模式，通过参股国内外矿业公司，获取产品包销权；要充分利用集团公司海外影响力和信息优势，使第三方贸易成为集团公司贸易服务业国际化发展的重要增长点。在一般货物进出口贸易方面：要做好中国有色集团海外项目建设、生产期间所需的材料、设备、备件采购供应工作；要利用掌握的供应厂商资源优势和中国有色集团海外企业所在国的影响力，开发设备、材料新品种打入当地市场；要大力发掘东道国的市场机遇，寻找市场前景广阔、东道国具有比较优势的产品。

—— 第 5 节 ——
中国水利水电建设股份有限公司
国际化经营与合作模式

一、中国水利水电建设股份有限公司的市场地位

中国水利水电建设股份有限公司（中文简称"中国水电"，英文简称 Sinohydro.Co）注册资本 48.51 亿元人民币，注册地为北京。

中国水电前身为中国水利水电工程总公司，曾先后隶属于水利电力部、能源部、电力部、国家电力公司，现为国务院国资委管理的大型国有企业。

中国水电是中国乃至全球特大型综合建设集团之一，自 1999 年以来，连续入选"全球 225 家最大国际工程承包商"，2012 年国际营业额排名全球第 23 位；2012 年在"中国企业 500 强"排名第 32 位。

中国水电主要从事建筑工程，相关工程技术研究、勘察、设计、服务与专用设备制造，水电投资建设与经营和房地产开发等业务。作为特大型综合性工程建设企业集团，公司建设了中国约 65% 的大中型水电站和水利枢纽工程，是中国江河治理、水电开发的骨干力量。同时，公司积极实施相关产业多元化战略，出色地完成了一大批交通、

市政、机场、工业与民用等重点工程的建设。

中国水电以工程承包为核心业务，同时开展电力投资与经营、设备制造与租赁及房地产开发业务。2010年，公司营业收入达到1014.82亿元，实现利润38.17亿元。

中国水电积极贯彻"走出去"战略，先后在亚、非、欧、美的50多个国家和地区进行了工程承包建设和经济技术合作。"中国水电"在国际上已成为中国水电建设行业的第一品牌和行业代表。

二、中国水利水电建设股份有限公司国际化拓展之路

（一）公司愿景

成为国际领先，提供全方位、高质量的工程建设和资源开发服务，核心竞争力明显的世界一流企业。

（二）战略定位

以工程建设、电力投资、相关设备制造与租赁、房地产开发和其他经营性业务为主营业务，以技术、质量为竞争核心，以创新为导向，逐步提升项目管理水平和资本运作能力，积极拓展国际工程承包市场、国际投资市场和非水电市场，以资产管理、资本运营与大型项目开发运作相结合，不断在更高的层次上形成和发展更为强大的综合国际竞争能力。成为行业领先、管理一流、品牌影响力明显，具有持续成长性和较强自主创新能力，可持续发展能力和较强国际竞争力的质量效益型世界一流企业。

（三）国际化经营计划

1. 发展目标

稳步实施国际投资项目；进一步巩固和发展亚洲、非洲市场，积极开拓南美市场，在欧洲、北美市场占据一定份额；在国内对外工程承包企业的排名中稳居前 3 位，成为国内建筑行业的国际一流品牌。

2. 发展计划

①在国际经营中，坚持"三个服务"的原则，即服务于国家的政治外交、服务于国家的资源战略、服务于公司的发展需要。

②创新跨国经营的管理体制和经营模式，逐步培养并形成具有咨询、设计、项目管理、售后服务等综合功能和建设工程的总承包能力。

③在开发国际市场的过程中，逐渐形成与国内外工程设计、咨询单位的长期稳定合作关系，并吸引设计、咨询单位等外部投资者。

④开展高层商务及重大营销活动，利用国家出口信贷政策和支持带资承包政策，加大融资项目市场开拓力度。

⑤继续以政府资金为主线，以国家战略资源为导向，集中配置市场营销资源。

⑥加强区域业务总部建设，市场前移，深度开发非洲和东南亚市场，重点拓展中东、中亚市场。

⑦创新优化国际业务管理制度体系，理顺经济关系，充分调动各子公司的积极性，大力推进各子公司参与竞争性项目的自主投标。

⑧大力开拓海外铁路、港口、机场、工民建等市场，拓展基础处理市场。

⑨在充分论证的基础上，审慎、稳健地开展国际项目投资。

—— 第 6 节 ——
中国交通建设股份有限公司
国际化经营与合作模式

一、中国交通建设股份有限公司的市场地位

中国交通建设股份有限公司（中文简称"中国交建"，英文简称 CCCC）成立于 2006 年 10 月 8 日，是经国务院批准，由中国交通建设集团有限公司（国务院国资委监管的中央企业）整体重组改制并独家发起设立的股份有限公司，并于 2006 年 12 月 15 日在香港联合交易所主板挂牌上市交易，是中国第一家成功实现境外整体上市的特大型国有基建企业（股票代码为 01800.HK）。2012 年 3 月 9 日，中国交建在上海证券交易所挂牌交易（股票代码为 601800.SH），标志着公司成功登陆 A 股市场。

中国交建作为世界 500 强企业，主要从事交通基础设施的建设、投资、运营，房地产开发，港口机械及海洋重工制造。业务足迹遍及世界 100 多个国家和地区。公司是中国最大的港口设计及建设企业，设计承建了建国以来绝大多数沿海大中型港口码头；世界领先的公路、桥梁设计及建设企业，参与了国内众多高等级主干线公路建设；世界第一疏浚企业，拥有中国最大的疏浚船队，耙吸船总仓容量和绞吸船总装机功率均排名世界第一；全球最大的集装箱起重机制造商，集装箱起重机业务占世界市场份额的 75% 以上，产品出口 82 个国家和地区的近 200 个港口；中国最大的国际工程承包商，连年入选美国 ENR 世界最大 225 家国际承包商，CCCC、CHEC、CRBC、ZPMC 品牌享誉全球；中国最大的设计公司，拥有 13 家大型设计院、8 个国家级技术中心、14 个省级技术中心、6 个交通行业重点实验室、7 个博士后科研工作站；中国铁路建设的主力军，先后参与了武合铁路、太中银铁路、哈大客专、京沪高铁、沪宁城际、石武客专、兰渝铁路、湘桂铁路、宁安铁路等多个国家重点铁路项目的设计和施工；创造诸多世界"之最"工程，苏通长江大桥、杭州湾跨海大桥、上海洋山深水港，以及正在实施的港珠澳大桥等工程，不仅代表了中国最高水平，也反映了世界最高水平。

二、中国交通建设股份有限公司国际化拓展之路

（一）企业愿景

愿景：让世界更畅通

使命：固基修道，履方致远

（二）战略定位

成为具有国际竞争力的世界一流企业。

主要体现为：成为全球知名的工程承包商，城市综合体开发运

营商，特色房地产商，交通基础设施综合投资商，海洋重工和港口机械制造商；成为治理机构规范、经营灵活、科技领先、管理科学、员工热爱、市场推崇、社会尊敬的世界一流企业。全面打造"升级版"中交，加强"适应性"组织建设，推进"大海外"战略，进一步提升海外贡献率。立足公司既有业务、市场、资源的优化再造，打造"五商中交"。努力培养提高五个核心能力，即以核心技术为中心的专业整合能力，以核心业务为主的产业链业务整合能力，强大而又稳定的融资能力，与潜在利益相关者形成的战略联盟能力，大型复杂性工程的集成化管理能力，成为全球知名的工程承包商。

（三）海外经营计划

1.海外经营的基本战略目标

①扩大市场份额——转变观念、创新模式，探索新路、扩大市场。

②增大经济效益——抓好项目管理，优化资源配置，节约成本，强化全面预算控制，最大限度地增大效益。

③提升竞争实力——发挥协同效能，强化综合优势，提高管理水平，增质创优，与世界一流企业对标看齐。

④善于规避风险——做到科学决策、合规经营、有备无患，防范和管控各类风险。

⑤实现可持续发展——面向未来，平衡长短期利益，为中长期发展肯投入，抓好公司基础建设和人才培养，为实现跨国企业目标提供发展保障。

2. 海外经营计划

根据国际市场的要求，中国交建海外开发的方向和目标，以及发挥集团整体优势的原则，在海外开发经营上要保持核心竞争力，发展综合竞争力，提高新市场开发竞争力。

①品牌和龙头战略：由中国交建统一规划引领，充分发挥中国交建（CCCC）、中国港湾（CHEC）、中国路桥（CRBC）、振华重工（ZMPC）几大著名品牌的优势，发挥中国港湾、中国路桥的海外商务网络和协调组织整合的对外平台作用，发挥各设计、工程等单位的前期开发及项目实施方面的作用，优势互补、共同发展。同时，积极鼓励中国交建咨询设计品牌走出海外。

②内部优势互补合作战略：以规划、规则、利益导向形成品牌单位（商务引领）、规划设计单位、工程实施单位、机械材料供应单位、物流服务单位、信息咨询单位、项目运营管理单位间有中国交建专业优势的协同和组合。

③外向合作战略：加强与我国政府有关部门、所在国政府、有关国际组织、行业协会的联系和交流；加强与国内外银行财团、大型企业集团的联系和合作；加强与外部咨询设计单位跨专业工程单位和管理运营单位的合作，形成跨国跨专业资源的优势联合。各单位在外向联合时需坚持和维护中交集团的专业技术、资质的特有优势。

3. 海外经营模式的转变

中国交建海外"十一五"期间凭借从现汇到政府框架、施工到总承包的经营模式创新，创造了五年的辉煌，但要完成"十二五"期间更艰巨繁重的发展任务，还必须"继续转变"：从对政府行为

较大的依赖性转变延伸为提升企业自身（包括外部合作）的商业运作实力；从单一谋求工程效益转变延伸为扩大综合投资效益，开拓出投融资经营的新路子；从局限于集团内力量转变延伸为整合利用国内外各类相关资源。

以 CCCC、CHEC、CRBC 和 ZPMC 品牌形成集团内各企业共同协调、有序地开拓经营海外市场的良性互动机制。进一步完善海外经营管理体制，强化对海外业务的宏观把控和协调管理能力，构建中国交建对海外业务强有力的资源支撑体系，从而为打造国际化企业建立坚实的基础。

（1）海外市场开发的专业范围

①巩固道路、桥梁、港口、市政、城市发展区建设和疏浚等传统主业，加强集团内部相互合作的优势，做出中国交建的强大品牌。继续深化对项目前期的规划融资的延伸，对适宜的项目，探索进行管理运营活动。

②进军铁路、机场、隧道、地铁、综合开发区等业务，锻炼和提高集团自身对此类项目的综合实施能力，积累经验，稳步扩大。

③尝试水利工程、电力工程、海上石油、运输管线等新领域业务。以及新能源（比如风能）、农业项目，培养集团内、外部资源的整合能力。

④探索围绕主业的供应、运输、贸易及有关服务领域的开发；探索建材、相关设备等工业生产领域的开发以及房地产开发。

⑤积极开展能源资源开发及配套工程建设，拉动主业发展，谋求稳定收益和更大利润空间。

（2）开发运作的主要项目模式

① 现汇项目：目前的现汇项目主要是公路、桥梁、港口、市政建设，应提升现汇项目的开发水平和质量，着力开发技术含量高、资金雄厚、大型或特大型项目，以我们的成本优势、技术优势、资金优势、装备优势和管理优势参与竞标，在保证项目有较好盈利的前提下，积极参加现汇项目的投标，坚决杜绝低价中标。

②政府优买、优贷项目：中国的"走出去"战略、外汇储备的增加和经济实力的增强，为中国交建完成政府框架项目创造了条件。中国交建应该继续抓住机遇，积极实施政府间的买方信贷项目。加强与政策性金融机构的联系，要充分利用广泛的驻外机构网络平台，策划、积极拓展创造和实现项目。

③ 商业性贷款融资项目："十二五"期间，中国交建要积极探索和运作商业性融资贷款项目，走出一条海外发展的新路子。用商贷的模式在政治环境稳定、法律健全、国家信誉良好、经济或自然源基础丰富的国家和地区推动融资项目的开展。提高商业贷款项目筹划、开发的技巧和运作能力，同时共同做好项目的风险评估和防范。

④ 国内外开发商投资经营的如资源能源开发、区域建设等项目，离不开交通基础设施的规划、投资和建设。中国交建需抓住商机，通过前期参与和合作，争取 EPC 总承包建设或者投资机会。

⑤ 投资和资本运作、特许经营项目：围绕工程建设的主营业务，以 BOT、PPP 等项目直接投融资方式为主，积极探索通过股权投资、实业投资、参与投资基金和资本市场运作等其他多种形式，加强与相关专业企业和商业银行的合作，逐步形成多种模式的海外投资业务发展格局。

8

第八章

中国交建与全球知名国际工程承包商的对标分析

本章对中国交通建设股份有限公司和全球知名的建筑企业集团进行了详细的对标分析。在对标企业的选取、对标企业的排名、对标指标的选取等方面都十分慎重而严谨，力求准确、客观、科学地分析出中国交建和全球知名建筑企业的异同，并为中国交建下一步的发展找到方向，为进一步开拓国际市场、扩大国际知名度而努力。

——第1节——
对标企业的选取

从全球众多建筑企业中甄选出合适的对标企业，是保证对标分析质量和价值的关键。依据国际排名、地域代表性、企业类型、运营特色等为主要标准选取全球建筑企业中的世界领先、业绩优秀、发展战略与中国交建具有一定的匹配度的公司作为对标分析对象，具体如表34所示。

表34　对标企业筛选标准说明

考虑要素	选取标准	主要原因
国际排名	《财富》《福布斯》《美国工程记录》连续多年的上榜建筑企业	上述排名发布机构具有较强权威性，公信度较高，上榜企业能够代表本行业世界一流水平
区域代表	欧洲、美洲、亚太等地区的主要建筑企业	确保对标企业在地域上具有较为全面的代表性
企业类型	综合运营、专业运营	比较不同类型企业的差异，吸取借鉴各类建筑企业的经验
自身特色	具有与众不同的核心能力、竞争优势以及自身特色	保证对标企业具有独特优势

综合上述因素，最终确定了法国万喜（Vinci）、法国布依格（Bouygues）、瑞典斯堪斯卡（Skanska）、西班牙ACS、西班牙FCC、美

国福陆（Fluor）、奥地利斯特伯格（Strabag）、中国中铁、中国铁建、中国建筑、中国中冶共 11 家国际对标企业。

表 35　对标企业行业地位

公司名称	国际排名	经营地域	类型	特色
中国建筑	《财富》第 80 位	亚洲、非洲等	建筑业为主	快速成长
中国铁建	《财富》第 100 位	亚洲、非洲等	建筑业为主	快速成长
中国中铁	《财富》第 102 位	亚洲、非洲等	建筑业为主	快速成长
西班牙 ACS	《财富》第 202 位	全球	综合	战略购并
法国万喜	《财富》第 203 位	全球	综合	特许经营、资本运作
中国交建	《财富》第 213 位	亚洲、非洲等	建筑业为主	快速成长
法国布依格	《财富》第 240 位	欧洲	综合	家族式管理
中国中冶	《财富》第 302 位	亚洲等	建筑业为主	快速成长
美国福陆	《财富》第 422 位	全球	建筑业为主	技术创新、管理能力
奥地利斯特伯格	ENR 最大承包商第 12 位	全球	建筑业为主	治理结构、海外拓展
西班牙 FCC	ENR 最大承包商第 17 位	全球	建筑业为主	海外拓展
瑞典斯堪斯卡	ENR 最大承包商第 18 位	全球	建筑业为主	海外拓展

备注："国际排名（2013）"中《财富》500 强排名为按照各企业 2012 年度营业收入排名，ENR 最大承包商排名按照 2012ENR 排名数据。

一、中国建筑

中国建筑是中国乃至全球最大的建筑公司之一，2012 年完成产

值 902.0 亿美元，实现利润总额 47.6 亿美元，公司有 4 大业务板块：

①房屋建筑工程业务。

②基础设施建设与投资业务：铁路、特大型桥梁、高速公路以及城市轨道交通等。

③房地产开发与投资业务：国资委批准的主业包含房地产开发的中央企业之一，公司旗下的中国海外是中国房地产行业的领军企业，"中海地产"是中国最具价值的房地产品牌之一。

④设计勘察业务。

二、中国铁建

中国铁建是中国乃至全球最大的建筑公司之一，2012 年完成产值 764.4 亿美元，实现利润总额 17.2 亿美元，公司有 4 大业务板块：

①工程承包业务：铁路、公路、房屋建筑、市政公用、城市轨道及水利电力、桥梁、隧道、机场建设等。

②勘察设计咨询业务：铁路、公路、城市轨道交通、水利及电力设施、机场、码头、工业与民用建筑和市政工程等土木工程和交通基础设施建设的勘察设计及咨询服务。

③工业制造业务：设计、研发、生产及保养大型养路机械设备与铁路、桥梁、轨枕及轨道系统零部件。

④其他业务：房地产开发、物流与物资贸易等业务，是国资委批准的主业包含房地产开发的中央企业之一。

三、中国中铁

中国中铁是中国乃至全球最大的建筑公司之一。2012 年完成产值 734.9 亿美元，实现利润总额 17.5 亿美元，公司有 5 大业务板块：

①基建建设：包括铁路、公路和市政工程建设项目等。

②勘察设计与咨询服务业务：高速铁路、客运专线、复杂山区铁路项目、城市轨道交通项目、重大桥梁工程项目、越江隧道工程项目等。

③工程设备和零部件制造业务：盾构机、客运专线道岔、高速道岔和桥梁钢结构。

④房地产开发业务：国资委批准的主业包含房地产开发的中央企业之一，"中铁置业"是其旗下的著名房地产品牌。

⑤其他业务：铁路与公路的 BOT 等投资经营项目、矿产资源开发、物资贸易和其他多种业务。

四、法国万喜（Vinci）

法国万喜是全球最大的建筑公司之一，2012 年完成产值 500.8 亿美元，实现利润总额 38.8 亿美元，公司有 3 大业务板块：

①特许经营：交通基础设施（公路、桥梁、停车场、机场等）的设计、融资、建设和营运。

②合同式业务：包括能源、道路工程、建筑三个部分。

a. 能源：提供工业设施工程、系统集成、安装和维护服务；

b. 道路工程：高速公路的建设、翻新和维护；

中国企业集团国际化的理论与实践

c.建筑：土木工程和水利工程。

③股权投资和其他：房地产开发和酒店业务。

五、西班牙 ACS

ACS 是西班牙最大的建筑公司，2012 年完成产值 497.8 亿美元，实现利润总额 −32.6 亿美元，公司有 3 大业务板块：

①建筑：交通基础设施建设，海洋、水利工程，城市基础设施建设，机场建设。

②工业服务：商业用气配送网络，能源，电信，工业控制系统。

③服务和特许经营：提供港口和物流服务等。

六、中国交建

中国交建是中国最大的建筑公司之一，2012 年完成产值 466.1 亿美元，实现利润总额 24.5 亿美元，公司有 4 大业务板块：

①基建建设业务：港口建设、道路与桥梁建设、铁路建设、投资业务（包括 BOT/BOO 及 BT 项目）、海外业务及其他工程。

②基建设计业务：港口、码头、公路、桥梁设计，并延伸至城市公用工程、城市轨道交通、道路与桥梁养护及监测加固工程、环境评估工程等。

③疏浚业务：主要从事航道疏浚和吹填造地项目。

④装备制造业务：大型港口装卸系统和设备、海上重型装备、工程机械、工程船舶、大型金属结构及部件、钢结构工程专业承包等。

七、法国布依格（Bouygues）

法国布依格是法国第二大建筑公司，2012 年完成产值 434.9 亿美元，实现利润总额 13.7 亿美元，公司有 5 大业务板块：

①建筑：房屋、市政工程和电力设施建设。

②房地产开发：商业设施建设和城市开发。

③道路工程：交通基础设施的建设、维护和开发。

④媒体：TF1 电视台。

⑤电信：移动通信服务。

八、中国中冶

中国中冶是中国最大的建筑公司之一，2012 年完成产值 341.3 亿美元，实现利润总额 -8 亿美元，公司有 4 大业务板块：

①工程承包业务：大中型钢铁联合企业主要生产设施的规划、勘察、设计和建设，为有色金属资源类企业提供规划、设计、建设及其它服务，房屋建筑、交通基础设施等。

②资源开发业务：拥有许多资源开发项目的采矿权益，开发铁矿石、铜、镍、钴、铅、锌和其他金属矿产资源，并具备锌、铅、铜的冶炼加工能力，还从事多晶硅生产。

③装备制造业务：冶金设备及设备成套，钢结构的研发、设计、制造和安装。

④房地产开发业务：国资委批准的主业包含房地产开发的中央企业之一，营业范围包括北京、上海、天津、重庆、南京等多个城市，

"中国中冶置业"品牌已享有良好的声誉与较高的知名度。

九、美国福陆（Flour）

美国福陆始创于 1912 年，2012 年完成产值 275.8 亿美元，实现利润总额 7.3 亿美元，在全球六大洲 25 个国家开展业务，公司有 5 大业务板块：

①油气项目：从上游的油气开采生产，到下游的精炼和石油化工提供包括设计、采购、建造、项目管理全程的服务。

②工业和基础设施项目：包括生命科学、采矿、运输、电信、商业、公共设施、制造业等。

③政府项目。

④全球服务项目：项目管理工具和方法支持、项目运行和维护服务以及项目人力资源规划服务。

⑤电力项目：电厂的设计和建造、燃煤发电设施。

十、瑞典斯堪斯卡（Skanska）

斯堪斯卡是瑞典最大的建筑公司，2012 年完成产值 194.9 亿美元，实现利润总额 5.7 亿美元，公司有 4 大业务板块：

①建筑：房建工程和市政工程。

②住宅开发：住宅房产开发。

③商业设施开发：开发、租赁商业房产项目。

④基础设施开发：开发投资私人融资的基础设施项目，如公路、

医院、发电厂等。

十一、奥地利斯特伯格（Strabag）

斯特伯格位于奥地利首都维也纳，是唯一一家进入 ENR 国际承包商前 225 强的奥地利公司，也是欧洲最大的建筑服务提供商之一。2012 年完成产值 168.3 亿美元，实现利润总额 2.0 亿美元。斯特伯格业务范围广泛，基本囊括了建筑领域的所有业务，覆盖了建筑业的整个价值增值链。公司有 3 大业务板块：

①房屋建筑与土木工程：工业和商业地产、写字楼、住宅房地产的建设以及预制构件的生产等。

②交通基础设施业务：公路建设以及任何与公路建设相关的工程建设项目。

③隧道工程业务：公路和铁路隧道以及地下通廊和洞室施工。

十二、西班牙建筑和服务集团（FCC）

西班牙建筑和服务集团（FCC）是于 1992 年 3 月通过两个公司的合并成立的专门从事公共服务的公司，2012 年完成产值 144.6 亿美元，实现利润总额 -13.5 亿美元。FCC 目前业务组合高度多样化，其核心业务是环境服务和水资源管理、建设大型基础设施、水泥生产、能源和可再生能源的生产。FCC 业务遍及全球 54 个国家，超过 44% 的收入来自西班牙以外（主要是欧洲和美国）。

——第 2 节——
对标企业综合排名情况

一、2013 年 ENR 全球 225 家最大承包商排名

ENR 是美国麦格劳 – 希尔建筑信息公司（McGraw–HillConstruction ）旗下的行业新闻周刊，中义名称为《工程新闻纪录》，是全球工程建设领域最权威的学术杂志。ENR 每年在全球范围内评选"最大225 家国际承包商"和"最大 225 家全球承包商"，其中"最大 225 家全球承包商"根据承包公司在全球范围内（母国和母国外）所有营业收入总额来排名。ENR225 排名在全世界工程建设市场上具有较强影响力，得到了业界广泛认同，是反映承包企业国际经营能力和综合经济实力的重要标杆[1]。2013 年中国交建在 ENR 全球 225 家最大承包商排名第 6 位，较 2012 年下降了一位。受益于中国经济的快速崛起，中国铁建、中国中铁、中国建筑分别列前三甲。

---

[1] 2013 年度入选 ENR 全球最大国际承包商排名的企业由 225 家增加到 250 家。（由于市场萎缩，ENR 曾于 1992 年将全球最大国际承包商排名由 250 家缩减为 225 家。）

表 36　2012 年、2013 年 ENR 全球 225 家最大承包商排名

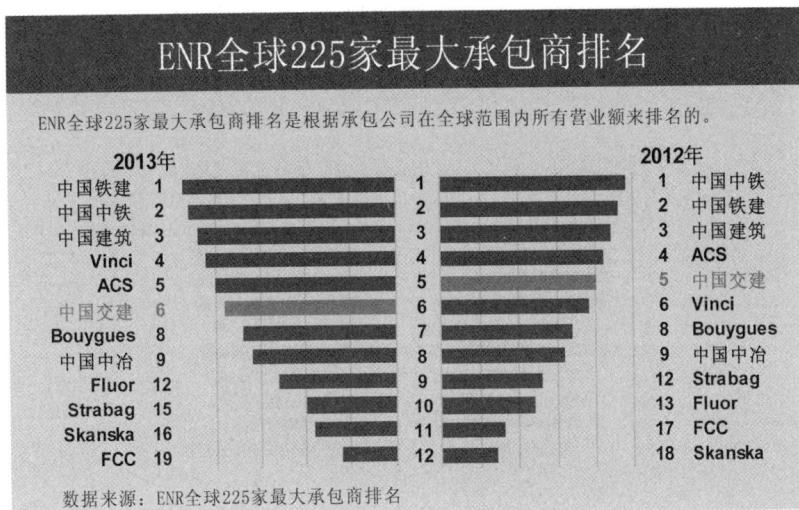

ENR全球225家最大承包商排名

ENR全球225家最大承包商排名是根据承包公司在全球范围内所有营业额来排名的。

2013年			2012年
中国铁建 1	1	1	中国中铁
中国中铁 2	2	2	中国铁建
中国建筑 3	3	3	中国建筑
Vinci 4	4	4	ACS
ACS 5	5	5	中国交建
中国交建 6	6	6	Vinci
Bouygues 8	7	8	Bouygues
中国中冶 9	8	9	中国中冶
Fluor 12	9	12	Strabag
Strabag 15	10	13	Fluor
Skanska 16	11	17	FCC
FCC 19	12	18	Skanska

数据来源：ENR全球225家最大承包商排名

二、ENR 全球 225 家最大国际承包商排名

根据承包公司上一年度在本土市场以外的海外业务营业收入评定，中国交建在 2013 年 ENR 全球 250 家最大国际承包商 2013 年中排名第 10 位。中国交建成为唯一进入 ENR 全球 225 家最大国际承包商前十强的中国企业。在 12 家企业中连续四年处于第 7 位，在国内 5 家企业中连续多年居于首位。ENR 全球最大承包商中，国内 5 家企业均进入了前 10 位，而 ENR 全球最大国际承包商排名前 10 位中仅中国交建一家，表明中国企业经营区域较小，仍然主要集中于中国本土，经营范围较窄，国际化指数偏低，国际竞争力依然较弱。

表 37　2012 年、2013 年 ENR 全球 225 家最大国际承包商排名

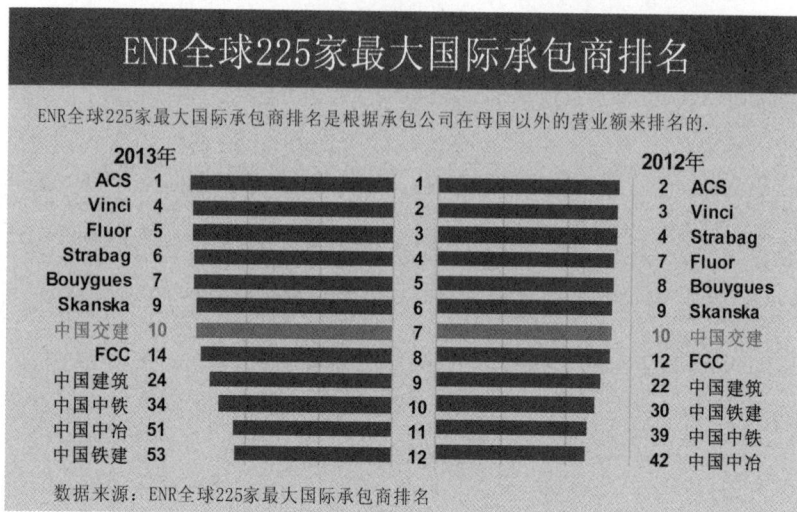

数据来源：ENR 全球 225 家最大国际承包商排名

—— 第 3 节 ——

对标指标的选取

为了更好的进行对标分析，本书将对标指标体系分为 5 个模块，分别是：

①经营规模，衡量指标包括营业收入、利润总额、归属母公司净利润、总资产、净资产、经营活动所产生现金净额。

②运营能力，衡量指标包括流动资产周转率、固定资产周转率、总资产周转率、人均产值。

③偿债能力，衡量指标包括流动比率、现金流动负债比率、资

产负债率。

④盈利能力，衡量指标包括营业利润率、总资产收益率、净资产收益率（不含少数股东）、盈余现金保障倍数、人均利润。

⑤发展能力，衡量指标包括三年营业利润平均增长率、三年营业收入平均增长率。

— 第 4 节 —
对标分析

一、分类指标对标

（一）经营规模对标

本书选取了最能反映经营规模情况的指标进行对比分析，包括营业收入、利润总额、归属母公司净利润、总资产、净资产和经营活动所产生现金净额等六项指标（见表38）。

表38 2013年全球知名建筑企业经营规模指标表

企业名称	国家	营业收入（亿美元）	利润总额（亿美元）	归属母公司净利润（亿美元）	总资产（亿美元）	净资产（亿美元）	经营现金净流量（亿美元）
中国建筑	中国	902.02	47.60	24.83	1028.6	220.26	3.78
中国铁建	中国	764.39	17.20	13.38	758.6	115.74	8.75
中国中铁	中国	734.90	17.50	11.61	868.9	139.51	−6.61
Vinci	法国	500.85	38.82	24.85	798.5	182.40	50.10
ACS	西班牙	497.77	−32.60	−24.97	538.8	74.05	16.84
中国交建	中国	466.11	24.49	19.33	684.7	151.84	21.05
Bouygues	法国	434.90	13.72	8.21	476.5	130.65	31.65
中国中冶	中国	341.29	2.93	−10.97	514.9	83.34	6.92
Fluor	美国	275.77	7.34	4.56	82.8	34.27	6.28
Skanska	瑞典	194.93	5.70	4.30	133.0	29.16	−0.14
Strabag	奥地利	168.31	2.03	0.79	131.4	41.00	3.48
FCC	西班牙	144.58	−13.48	−13.33	255.5	22.32	−18.09
中国交建排名（12家）		6	3	3	5	3	3
中国交建排名（5家）		4	2	2	4	2	1
12家企业平均值		452.15	10.94	5.22	522.68	102.04	10.34
国内5家企业平均值		641.74	21.94	11.64	771.15	142.14	6.78
中国交建与12家企业平均值比较		13.95	13.55	14.12	162.01	49.79	10.72

企业名称	国家	营业收入（亿美元）	利润总额（亿美元）	归属母公司净利润（亿美元）	总资产（亿美元）	净资产（亿美元）	经营现金净流量（亿美元）
中国交建与国内5家企业平均值比较		−175.64	2.55	7.69	−86.46	9.70	14.27
中国交建与12家企业最高值百分比		51.67%	51.44%	77.80%	66.57%	68.94%	42.02%
中国交建与国内5家企业最高值百分比		51.67%	51.44%	77.84%	66.57%	68.94%	100.00%

（二）运营能力对标

本书从流动资产周转率、固定资产周转率、总资产周转率、人均产值四项指标进行企业运营能力对比分析（见表39）。

表39　2013年全球知名建筑企业运营能力指标表

企业名称	营运能力			
	流动资产周转率（次）	固定资产周转率（次）	总资产周转率（次）	人均产值（万美元／人）
中国建筑	1.23	5.05	0.99	46.93
中国铁建	1.25	7.62	1.07	31.26
中国中铁	1.17	4.15	0.91	25.40
Vinci	1.62	1.01	0.62	25.99
ACS	1.39	2.15	0.85	30.64

企业名称	营运能力			
	流动资产周转率（次）	固定资产周转率（次）	总资产周转率（次）	人均产值（万美元/人）
Bouygues	2.07	1.67	0.92	32.51
中国中冶	0.90	2.41	0.66	27.72
Fluor	4.61	12.06	3.33	66.95
Skanska	1.97	7.15	1.55	34.43
Strabag	2.24	2.82	1.25	22.74
FCC	1.07	1.02	0.52	16.82
12家平均值	1.73	4.09	1.12	34.22
国内5家平均值	1.15	4.25	0.88	36.11
12家最优值	4.61	12.06	3.33	66.95
国内5家最优值	1.25	7.62	1.07	49.26
中国交建与12家企业平均值对比	−0.53	−2.11	−0.37	15.04
中国交建与12家企业最优值对比	−3.41	−10.08	−2.59	−17.69
中国交建与国内5家企业平均值对比	0.05	−2.26	−0.13	13.14
中国交建与国内5家企业最优值值对比	−0.05	−5.64	−0.33	0.00
12家中中国交建排名	9	9	9	2
国内5家中中国交建排名	3	5	4	1

（三）偿债能力对标

本书从流动比率、现金流动负债比率、资产负债率三项指标进行企业偿债能力对比分析（见表40）。

从竞争力到核心竞争力

中国企业集团国际化的理论与实践

表 40　2013 年全球知名建筑企业偿债能力指标表

企业名称	偿债能力		
	流动比率（%）	现金流动负债比率（%）	资产负债率（%）
中国建筑	135.32%	0.62%	78.59%
中国铁建	112.87%	1.50%	84.74%
中国中铁	118.77%	−1.14%	83.94%
Vinci	87.39%	14.34%	77.16%
ACS	105.84%	5.21%	86.26%
中国交建	106.85%	5.26%	77.82%
Bouygues	98.53%	14.50%	72.58%
中国中冶	114.29%	2.10%	83.81%
Fluor	156.78%	16.17%	58.59%
Skanska	117.39%	−0.15%	78.07%
Strabag	123.07%	5.92%	68.80%
FCC	87.46%	−13.37%	91.26%
12 家平均值	113.71%	4.25%	78.47%
国内 5 家平均值	117.62%	1.67%	81.78%
12 家最优值	156.78%	16.17%	58.59%
国内 5 家最优值	135.32%	5.26%	77.82%
中国交建与 12 家企业平均值对比	−6.87%	1.01%	−0.65%
中国交建与 12 家企业最优值对比	−49.93%	−10.91%	19.23%
中国交建与国内 5 家企业平均值对比	−10.77%	3.59%	−3.96%
中国交建与国内 5 家企业最优值值对比	−28.47%	0.00%	0.00%
12 家中中国交建排名	8	5	5
国内 5 家中中国交建排名	5	1	1

（四）盈利能力对标

本书从营业利润率、总资产收益率、净资产收益率、盈余现金保障倍数、人均利润五项指标进行企业盈利能力对比分析（见表41）。

表41　2013年全球知名建筑企业盈利能力指标表

企业名称	盈利能力				
	营业利润率(%)	总资产收益率(%)	净资产收益率（不含少数股东）(%)	盈余现金保障倍数（倍）	人均利润（万美元/人）
中国建筑	5.28%	5.21%	13.76%	0.11	2.48
中国铁建	2.25%	2.41%	12.40%	0.65	0.70
中国中铁	2.38%	2.18%	9.80%	−0.52	0.60
Vinci	7.75%	4.84%	14.42%	1.91	2.01
ACS	−6.55%	−5.54%	−41.78%	−0.92	−2.01
中国交建	5.25%	3.91%	15.61%	1.14	2.59
Bouygues	3.15%	2.91%	7.37%	3.35	1.03
中国中冶	0.86%	0.56%	−15.56%	−0.42	0.24
Fluor	2.66%	8.87%	13.55%	1.10	1.78
Skanska	2.93%	4.52%	15.12%	−0.03	1.01
Strabag	1.21%	1.50%	2.06%	2.44	0.27
FCC	−9.32%	−4.86%	−55.51%	1.28	−1.57
12家平均值	1.49%	2.21%	−0.73%	0.84	0.76
国内5家平均值	3.20%	2.86%	7.20%	0.19	1.32
12家最优值	7.75%	8.87%	15.61%	3.35	2.59
国内5家最优值	5.28%	5.21%	15.61%	1.14	2.59

企业名称	盈利能力				
	营业利润率(%)	总资产收益率(%)	净资产收益率(不含少数股东)(%)	盈余现金保障倍数(倍)	人均利润(万美元/人)
中国交建与12家企业最优值对比	−2.50%	−4.95%	0.00%	−2.22	0.00
中国交建与国内5家企业平均值对比	2.05%	1.06%	8.40%	0.95	1.27
中国交建与国内5家企业最优值值对比	−0.02%	−1.30%	0.00%	0.00	0.00
12家中中国交建排名	3	5	1	5	1
国内5家中中国交建排名	2	2	1	1	1

(五)发展能力对标

本书从三年营业利润平均增长率、三年营业收入平均增长率两项指标进行企业发展能力对比分析(见表42)。

表42　2011~2013年全球知名建设企业发展能力指标表

企业名称	发展能力	
	三年营业利润平均增长率（%）	三年营业收入平均增长率（%）
中国建筑	46.77%	33.24%
中国铁建	10.10%	14.80%
中国中铁	15.55%	14.59%
Vinci	−1.13%	−0.42%
ACS	9.83%	28.74%
中国交建	18.19%	11.93%
Bouygues	−24.20%	−3.84%
中国中冶	−16.14%	12.19%
Fluor	−13.59%	7.84%
Skanska	−7.18%	−0.58%
Strabag	−10.86%	0.01%
FCC	−178.18%	−8.68%
12家平均值	−12.57%	9.15%
国内5家平均值	14.89%	17.35%
12家最优值	46.77%	33.24%
国内5家最优值	46.77%	33.24%
中国交建与12家企业平均值对比	30.76%	2.78%
中国交建与12家企业最优值对比	−28.57%	−21.30%
中国交建与国内5家企业平均值对比	3.30%	−5.42%
中国交建与国内5家企业最优值值对比	−28.57%	−21.30%
12家中中国交建排名	2	6
国内5家中中国交建排名	2	5

二、EVA 及 EVA 率对标

EVA 概念从不同角度扩展了传统的剩余收益评价方法，更能准确地衡量企业创造的价值和经营业绩，更好地跟踪企业的价值。

由于本书所采用的数据来源于各企业的财务报表，这些企业来自不同的国家，报表披露的内容也不完全相同。本书在遵循 EVA 理念和概念的前提下，对 EVA 指标的计算办法进行了简化，不求准确，但求能够对比出各企业的价值创造能力。具体计算办法为：

EVA= 税后净营业利润 – 资本成本 = 税后净营业利润 – 调整后资本 × 平均资本成本率

税后净营业利润 = 净利润 + 财务费用 ×（1– 所得税税率）

调整后资本 = 平均所有者权益 + 平均负债合计 –（平均流动负债 – 平均借款）

其中平均资本成本率统一采用 5.5%，平均借款指流动负债项下的平均借款，所得税税率统一采用 25%。

EVA 率 =EVA ÷ 调整后资本 ×100%

（一）EVA 对比分析

根据上述算法本书对法国万喜、中国铁建、中国中铁等 9 家企业的 EVA 及 EVA 率进行了计算，详见下表。由于数据不全，美国福陆、瑞典斯堪斯卡和法国布依格这 3 家企业的 EVA 及 EVA 率无法计算。

中国交建 2012 年的 EVA 为 3.71 亿美元，在 9 家企业中排第 4 位，落后于中国建筑（17.83 亿美元）、法国万喜（5.65 亿美元）、中国铁建（5.05 亿美元）。9 家企业 2012 年 EVA 的平均值为 –4.59 亿美元，

中国交建的 EVA 比 9 家企业平均值高 8.3 亿美元，比最优值中国建筑（17.83 亿美元）低 14.12 亿美元，为中国建筑的 20.8%。

在国内 5 家企业中排第 3 位，落后于中国建筑（17.83 亿美元）、中国铁建（5.05 亿美元）。国内 5 家企业 2012 年 EVA 平均值为 −0.70 亿美元，中国交建的 EVA 比国内 5 家企业平均值高 4.41 亿美元，为中国建筑（17.83 亿美元）的 20.8%。

表 43　2013 年对标企业的 EVA 值及排名

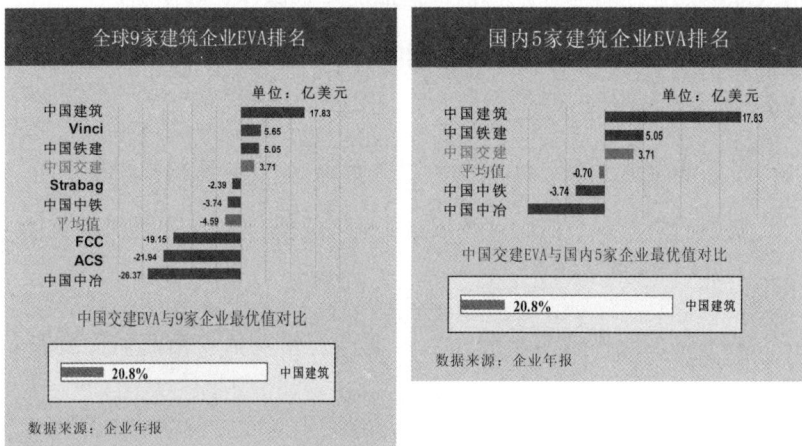

（二）EVA 率对比分析

中国交建 2012 年的 EVA 率为 1.06%，在 9 家企业中排第 4 位，落后于中国建筑（4.26%）、中国铁建（2.21%）、法国万喜（1.12%）。9 家企业 2012 年 EVA 率的平均值为 −2.50%，中国交建的 EVA 率比 9 家企业平均值高 3.56 个百分点，比最优值中国建筑（4.26%）低 3.2 个百分点，为中国建筑的 24.9%。

在国内 5 家企业中排第 3 位，落后于中国建筑（4.26%）、中国铁建（2.21%）。国内 5 家企业 2012 年 EVA 率平均值为 –0.57%，中国交建的 EVA 率比国内 5 家企业平均值高 1.63 个百分点，为中国建筑（4.26%）的 24.9%。

上述对比分析显示，中国交建在价值创造能力和价值创造效率方面在 9 家企业中属于中等水平，在国内 5 家企业中也属于中等水平。

表 44　2013 年对标企业 EVA 率及排名

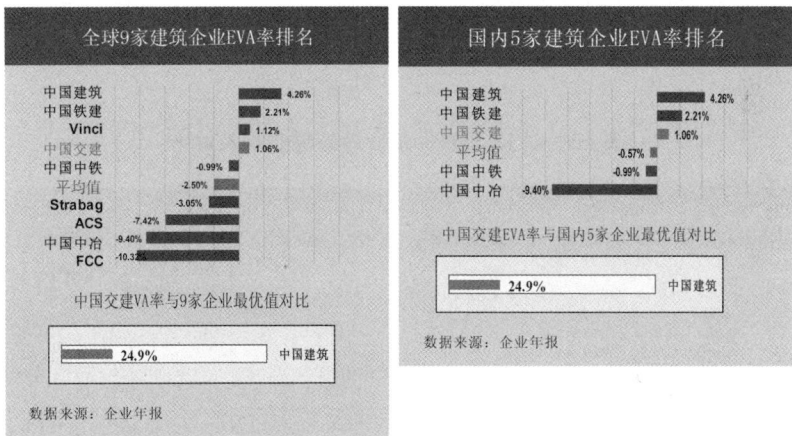

数据来源：企业年报

三、国际化经营对标

（一）海外营业收入对比

中国交建 2012 年海外营业收入为 132.92 亿美元，在这 12 家企业中排第 6 位，落后于西班牙 ACS（427.72 亿美元）、法国万喜（184.20 亿美元）、美国福陆（172.10 亿美元）、奥地利斯特伯格（160.62 亿美元）、法国布依格（141.96 亿美元），12 家企业 2012 年的海外

营业收入平均值为 130.69 亿美元,中国交建的营业收入比 12 家企业的平均值高 2.23 亿美元,为第 1 名西班牙 ACS(427.72 亿美元)的 31.1%。

在国内 5 家企业中排第 1 位,高于中国建筑(49.88 亿美元)、中国中铁(38.00 亿美元)、中国中冶(22.96 亿美元)及中国铁建(21.47 亿美元),国内 5 家企业 2012 年的海外营业收入平均值为 53.04 亿美元,中国交建的海外营业收入比国内 5 家企业平均值高 79.08 亿美元。

表 45 2013 年对标企业海外营业收入对比

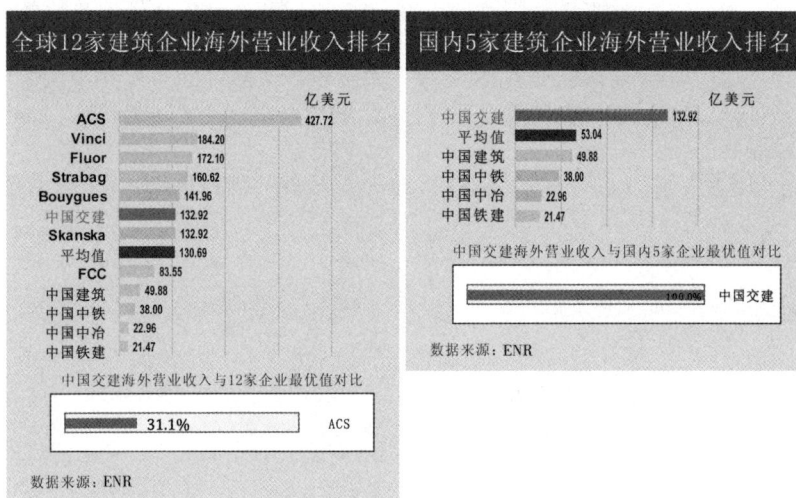

全球12家建筑企业海外营业收入排名	亿美元
ACS	427.72
Vinci	184.20
Fluor	172.10
Strabag	160.62
Bouygues	141.96
中国交建	132.92
Skanska	132.92
平均值	130.69
FCC	83.55
中国建筑	49.88
中国中铁	38.00
中国中冶	22.96
中国铁建	21.47

中国交建海外营业收入与12家企业最优值对比
31.1%	ACS

数据来源:ENR

国内5家建筑企业海外营业收入排名	亿美元
中国交建	132.92
平均值	53.04
中国建筑	49.88
中国中铁	38.00
中国中冶	22.96
中国铁建	21.47

中国交建海外营业收入与国内5家企业最优值对比
100.0%	中国交建

数据来源:ENR

(二)国际化经营指数对比分析

国际化经营指数是指海外营业收入占公司全部营业收入的比重,中国交建 2012 年国际化经营指数为 28.08%,在这 12 家企业中排第 8 位,落后于奥地利斯特伯格(86.55%)、西班牙 ACS(84.44%)、瑞典斯堪斯卡（77.20%）、美国福陆（76.99%）、西班牙FCC（56.19%）、法国布依格（41.89%）、法国万喜（36.59%），12家企业2012年的国际化经营指数平均值为29.34%，中国交建的国际化经营指数比12家企业平均值低1.26个百分点，为排第1位的奥地利斯特伯格（86.55%）的32.4%。

在国内5家企业中排第1位，高于中国中冶（7.28%）、中国建筑（6.13%）、中国中铁（4.64%）及中国铁建（2.54%），国内5家企业2012年的国际化经营指数的平均值为9.74%，中国交建的国家指数比国内5家企业平均值高18.28个百分点。

表46 2013年对标企业国际化经营指数对比

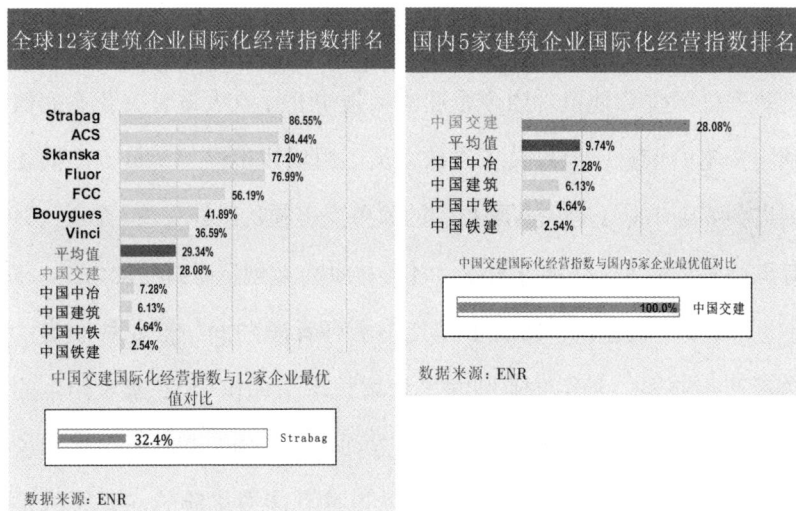

—— 第 5 节 ——
对标结果分析

一、发展优势

（1）人均产值、人均利润指标在 12 家企业中分列第 2 位和第 1 位，显示出中国交建人才结构合理，人员素质较高，人力资源使用效率处于优势地位。当今企业的年报中充斥着大量有关企业如何利用资本的信息，但对员工人数、员工组成或不同类型员工的描述则惜墨如金（除了有关薪酬福利的简单支出项目以外）。但如今，只有思维密集型人才（而非资本）才是推动企业创造财富的动力。

（2）利润总额、归属于母公司所有者净利润、营业利润率、净资产收益率、三年营业利润平均增长率指标位于 12 家对标企业的前三甲之列，反映出中国交建的盈利能力较强，在盈利规模和盈利水平方面处于优势。 中国交建取得盈利能力优势的主要原因是海外业务贡献不断增加，管理水平不断改善。2012 年，中国交建进一步加大海外业务的开发力度和资源投入力度，经营范围扩大，成功开拓了加纳、孟加拉、委内瑞拉、喀麦隆和墨西哥市场，成功进驻欧美市场，已在塞尔维亚和白俄罗斯获得大型桥梁和公路项目，并与波黑、立陶宛、黑山等国政府签署了合作备忘录。目前，中国交建集团已在全球 74 个国家设立了 91 个办事处，快捷、高效、优质的全球市场营销网络基本形成。海外全年新签合同额同比增长 9.5%。其中，合同额在 1 亿美元以上的项目 26 个，10 亿美元以上的项目一个；完成营业额同比增长 12.8%。目前，集团海外在建项目约 400 个，合同金额约 300 亿美元；实现利润总额同比增长 64.4%。政府框架项目、设计施工总承包等高端项目所占比例提高，政府框架类项目合同额 26.6 亿美元，占外经业务的 21.2%；境外项目的风险管控水平提升。在海外营业收入增加的同时，毛利率提升了 0.85 个百分点。同时，国内基建业务更加注重过程的精细化管理，成本管控水平进一步提高，基建业务板块毛利率增长了 0.54 个百分点。

（3）经营活动产生的净现金流量指标位于 12 家企业的前三甲之列，反映中国交建经营活动产生的净现金流量较好。中国交建经营活动产生的净现金流量提高主要因为：一是各单位重视应收账款的回收工作，制定了相应的催收措施，并尝试将催收结果与其业绩考核挂钩；二是部分单位制定了分包合同计量、结算、支付管理办法，强化资金的支付管理；三是对设备、原材料采购采用分期支付的方式，拉长了支付周期；四是部分单位 BT 项目回款较上年同期有所增加；五是 2012 年国家加大对铁路项目的投资力度，部分铁路项目业主以前年度欠付工程进度款拨付到位；六是海外业务板块经营性净现金流量较为充裕；七是装备制造业务板块的振华重工强化应收账款的日常动态管理，加大催收力度，本期应收账款收款情况良好，经营性净现金流有所改善。

二、发展不足

（1）资源使用效率偏低，综合反映在周转率指标排名靠后。流动资产周转率排名第9，国内5家企业排名第3；固定资产周转率排名第9，国内5家企业排名最后；总资产周转率排名第9，国内5家企业排名第4，且处于连年下滑态势。

造成上述情况的主要原因为：一是传统市场萎缩，集中体现在航务、疏浚和港机业务等方面，新的经济增长点尚未形成规模，造成公司的增长乏力。公司的三年营业收入平均增长率尽管在12家企业中排名中游，但更多是因为欧美等国的建筑企业受金融危机影响所致，在国内5家企业中排名最后；二是资源集约化程度较低，被行政划分割裂，资源集约化管理和配置的有效性较差，使资源无法在整个集团内高效流动，造成资源浪费的现象时有发生；三是资产配置与市场发展趋势的适应性有待提高，造成诸如铁路设备、疏浚船舶、港机生产等局部产能过剩。

（2）短期偿债能力有待提高，综合反映在流动负债比率指标偏低，在12家企业中排名第8。主要是因为近几年中国交建的流动负债增长过快，2012年与2010年相比，流动负债增长了32.76%，其中短期借款增长了85.77%，应付账款增长了36.35%，应缴税费增长了62.11%，应付利息增长了119.69%，应付股利增长31.97%，其他应付款增长了43.09%，其他流动负债增长了91.55%，几乎流动负债下的全部科目均呈现快速增长的局面，远远大于流动资产的增长幅度。

这一现象背后的原因是交通基础设施建设市场受国家货币政策

以及地方政府融资平台受限等影响，市场资金紧张，建设单位的支付能力下降，造成公司的工程项目结算滞后，支付周期延长，形成规模庞大且呈快速增长的应收账款和存货，资产的流动性显著下降，使用效率严重受限，企业正常经营所需资金不得不靠融资支持。同时，近几年，公司的投资业务快速增长，融资规模大幅增加。

（3）与标杆企业美国的福陆相比，中国交建同样具有全产业链优势，但由于长期处于行政割据状态，全产业得不到有效整合，价值链损耗环节较多。全产业链服务优势得不到有效发挥，全球资源整合能力偏弱，研发创新和一体化管理能力等均有待进一步提升。

（4）与标杆企业中国建筑相比，新领域的开拓明显落后，综合体现在战略布局、资源整合以及相应的组织结构调整等方面。对于新领域的拓展，中国交建目前还是以子公司自由拓展为主，形不成有效的战略布局、资源整合，新业务、新领域开拓的进度、效果等不显著，集团总部的战略管控、统筹引领、资源整合配置等能力需进一步增强。

（5）国际化经营水平仍有待提高。与国内对标企业相比，中国交建的国际化经营处于领先水平，但与国际上领先的建筑企业相比，还有很大差距。2012 年中国交建海外营业收入占总收入的比率为 28.08%，排名第 8 位，为第一名奥地利斯特伯格（86.55%）的 32.4%。这固然有企业所处地域以及所在国国内市场倒逼等因素的影响，但不可否认的是要实现建设世界一流企业的目标，以及实现企业可持续发展的要求，中国交建的国际化经营能力和国际化经营水平仍有待提高。

三、对标后的思考

（一）全面推进"大海外"

依托品牌，合作共赢，进一步提升海外贡献率。2012 年度，海外业务的规模、盈利能力、经营质量都有很大的提高，处于良好的发展态势，对中国交建的综合贡献度明显提高，处于国内大型建筑企业的领先水平。在区域结构上应继续巩固在非洲、亚太、中东等地区的优势地位，扩大中亚及拉美市场的业务规模，拓展新兴经济体地区的市场份额，逐步向欧洲和北美等发达国家渗透；在业务领域上要继续拓展港口、航道、路桥、港机等主营业务市场，广泛开拓机场、水利、电力、环保、能源等新型业务领域，尤其要在境外铁路、投资、海洋重工业务，特别是大型综合类项目开拓上加大力度，抢占发展先机；在业务模式上要积极稳妥推进 BT、BOT、BOO、PPP 以及资源换项目、战略联盟、跨国并购、绿地投资、返程投资等多种业务模式，大力推动政府框架项目，积极挖掘商贷项目对公司海外业务拓展的潜力，推进海外业务转型升级；在运作机制上要深化完善"一体两翼"为核心的中交总部、平台公司、各专业公司和驻外机构"四位一体"的海外运行机制，真正释放出"一体两翼"发展平台的巨大内生能量和活力，充分发挥海外事业部对海外发展的统领统筹作用，各品牌主体单位要切实承担起海外市场的发展责任，在超前配置优势资源的同时，着力提高自身资源的整合能力，把集团内外、境内外的资源以及产业链各环节资源有序组合，解决好海外业务快速发展和资源不足的矛盾，做强做优海外增量。

（二）加快新型市场规模化

进一步整合资源，挖掘潜力，优化新兴产业与传统产业的业务配比，形成多元化的经营发展格局。深入挖掘开发铁路市场的内在潜力，全面扩大铁路市场份额，实现规模与效益同步增长；打造海洋重工优势产业，增强海洋重工研发、设计、制造能力，加强营销拓展，依托"中交海洋工程船舶技术研究中心"，实现 F&G 与 ZPMC 产业链与价值链的深度融合；要积极进入海洋经济开发领域，进一步加大围海造地、人工岛屿、能源工程、海洋资源、海上风电等相关产业开发，不断提升市场占有率；要大力发展市政、水利、内河治理、桥梁检测及加固，机场、环保、核电、港口物流、盾构制造、大型钢桥等潜力市场，延伸产业链条，进一步提升利润贡献率；要有效整合设计、施工、装备、物流等资源，大规模培育 DB、EPC、PMC、PPP 等总承包市场，发挥板块协同优势，将产业链转化为价值链。

（三）做大区域市场增量

公司目前与 35 个省市地区签订了战略协议，这些地区是生产经营的重点区域，更是做大区域市场的增量来源。要密切跟踪区域重点项目，建立畅通有效的对接渠道，积极参与前期策划及后期实施，促进战略合作协议在区域市场落地；要加强区域市场开发系统规划，完善区域市场开发网络及信息收集渠道，加强与政府、其他市场主体的战略合作，拓展区域合作模式及盈利路径；要统筹区域市场管理，优化区域市场资源配置，利用各单位的区位优势、资质优势、业务

特点，提升一体化经营能力，提高区域市场的营销力度。海西、海南、新疆、华东、东北五个区域总部要进一步开展高端营销和相关投资业务的拓展工作，发挥引领和带动作用，促进区域市场做强做大。各单位要维护公司在区域市场的品牌形象，坚决不做有损企业声誉及利益的事情，强化大局意识，全面实现区域市场整体利益最大化。

（四）加强"适应性"组织建设

集团未来的经营环境凸显"信息化、国际化、高端化"三大特点。2013 年，要进一步构建"区域化、专业化"的适应性组织，处理好结构调整、转型升级和组织体系优化之间的关系，全面提升组织机构的专业化管理能力，既能灵活的应对市场变化，又能对跨区域、跨国经营表现出较强的适应力；要全面加强事业部、区域总部建设，按照"适应性"组织和打造世界一流企业的要求，对现行的规章制度进行修订和完善，理顺职责和流程，进一步提升执行力；要在组织形态、商业模式、体制机制等顶层设计方面树立创新意识，通过"适应性"组织的建设，完善企业内部产业链向价值链的转换，确保公司持续、健康、科学发展。

（五）切实转变总部职能

要进一步加强总部"六个中心"的功能定位，切实发挥总部"引领、管控、协调、服务、评价、奖惩"职能，推进总部职能转变，实现决策权、执行权、监督权三位一体有机运行，形成总部与子公司的价值与利益共同体。要进一步提升总部统筹能力，适度集权、合理分权，充分尊重子公司的独立法人地位和自主经营地位，重点加强战略功能建设,优化决策机制及办事流程,提升服务水平和服务效率;切实发挥总部业务指导、综合协调、过程监控职能,统领各业务板块、各子企业间有机协作,实现投资、设计、施工、装备等领域的资源共享;要进一步深化公司总部高端对接职能,建立、发展并保持与国家各部委、地方政府、业主客户之间的联系,实现高端市场统一对接,尤其在新型业务领域,要充分利用总部优势进行高端营销;两级总部要进一步改变工作作风,精兵简政、轻车简从,切实提高执行力,建立积极向上的总部文化。

(六)立足公司既有业务、市场、资源的优化再造,打造"五商中交"

努力培养提高五个核心能力,即以核心技术为中心的专业整合能力,以核心业务为主的产业链业务整合能力,强大而又稳定的融资能力,与潜在利益相关者形成的战略联盟能力和大型复杂性工程的集成化管理能力,成为全球知名的工程承包商。抓住城镇化建设带来的发展机遇,进一步将公司打造成集"规划设计、投融资开发、基础设施建设、房屋建筑工程、资产运营"等"五位一体"的城市综合体开发运营商。结合自身特色,推动房地产开发与集团"大土木""大海外",吹填造地、基础设施建设,以及城市综合体开发运营等业务的协同,打造成特色房地产商。进一步加快形成交通基础设施投资产业,不断优化投资业务结构和地区结构,促进长、中、短期投资业务协调发展,持续改善公司交通基础设施投资结构,优化盈利模式,打造成基础设施综合投资商。紧紧抓住全球节能环保趋势,抓住港口自动化和船舶大型化趋势,确保港口机械在世界行

业中的绝对领先地位；海工装备要立足长远，打造优质可靠的国产海工配套件，打破国外技术垄断，形成品牌优势；加强资源整合，推动与 F&G 公司深度融合，形成海工装备核心竞争力。打造海洋重型装备与港口机械制造及系统集成总承包商。

9

第九章

我国建筑企业未来发展应对之策

本章是建议篇。通过科学论述和严谨论证，介绍了中国建筑企业的未来发展趋势，并在此基础上，进一步介绍了中国交通建设股份有限公司作为中国特大型国有建筑企业的代表，其未来战略追求和发展方向在哪里，且通过陈述其最新举措，展示了中国交建打造世界一流建筑企业的步伐和实力。最后对中国建筑企业的未来做了展望。

——第1节——
中国建筑企业的发展趋势

随着中国改革开放的深入，中国经济持续保持高速增长，国内外对能源、交通等基础设施和住房的需求日益扩大，中国建筑业发展迅速，贡献巨大，中国的建筑市场也存在着巨大的潜力与广阔的前景。

在新的形势下，建筑业必须以科学发展观为指导，认真贯彻《"十二五"发展规划》《节能减排"十二五"规划》和国家的其他一系列方针政策，逐步克服现存的资本含量低、技术含量低、队伍素质差、行业效益差等问题，向着建筑业的绿色化、智能化、信息化方向迅猛发展。

建筑业作为促进我国经济社会发展的支柱产业，当前必须牢牢抓住促进建筑业发展的一切机遇，努力克服各种瓶颈因素制约，加快调整产业结构，加强技术进步和创新，促进未来我国建筑企业又好又快发展。

一、十八大精神为中国建筑企业未来发展指明了方向

国有企业是国民经济的重要支柱，国有企业尤其是央企的科学

发展关系到国家经济发展的质量和水平，中国建筑企业要立足企业实践，认真查找并解决企业发展面临的突出问题，推动企业科学发展迈上新台阶。

（一）十八大对中国企业未来发展提出了全新要求

党的十八大报告强调要增强公有制经济的活力、影响力和控制力，这给中国企业的发展指明了方向。对于建筑行业来说，结合实际，既要推动整个建筑行业的进步，还要不断提高效率和效益，确保企业的竞争力和影响力，并推动国家影响力的提升，同时还要积极推动区域经济发展，与更多利益相关方、更多企业伙伴合作共赢。中国建筑企业需要从质量、技术到管理方式、团队能力等各个方面不断改进、不断创新、不断提升，用实力赢得市场。

（二）总结以往经验，分析存在问题，对企业发展意义重大

近年来，通过建筑企业的探索和实践，进一步加深了对市场经济和企业发展规律的认识，使企业获得了发展的红利，增强了做优、做强企业的信心和决心，也积累了宝贵的经验。

一是必须深化改革，强化顶层设计，加快适应型组织建设，建立健全以市场为导向的管理体制和运行机制，才能不断适应国内国际环境变化，持续提升发展质量。

二是必须高度重视企业发展战略、总体规划和制度保障体系，才能增强企业发展的系统性、前瞻性和科学性，才能变被动的机会式发展为战略主导式发展。

三是必须坚持"科技兴企"和"人才强企"，才能创建质量效益型、科技创新型、智力密集型企业，提升企业核心竞争力。

四是必须不断健全科学合理、贴近市场化的绩效考评体系，才能发挥全产业链优势，充分调动各级组织的积极性和创造性，形成企业发展的强大合力。

五是必须持续管理提升，夯实管理基础。

六是必须加强和改进企业党建工作，才能把党组织的政治优势、组织优势和群众工作优势转化为核心竞争力，为企业发展提供强大的精神动力和政治保证。

总结经验的同时，通过对标分析，中国建筑企业还必须清醒地看到差距和不足。我们的发展目标是建成具有国际竞争力的世界一流企业，这就要求我们要具备"一流的自主创新能力，一流的资源配置能力，一流的风险管控能力，一流的人才队伍，一流的国际化经营能力，一流的经营业绩，一流的企业文化，一流的品牌形象"。

经过这些年的发展，中国建筑企业的整体实力得到增强，在业务规模、装备水平等硬实力方面初步具备了与世界一流建筑企业同台竞技的实力。但是，在规模快速扩大的同时，中国建筑企业的发展质量与规模相比没有得到同步提升，管理架构还不能适应市场需求，产业链协同效应发挥不够，信息化水平较低等问题依然突出。

中国建筑企业走到今天，如果没有对公司的未来发展有正确的判断，还享受在过去的辉煌当中，再出发的动力就不足。"十一五"期间，国内外经济高速平稳发展，依靠经济的高速增长拉动，建筑企业全方位的进入到市场，成就了"十一五"时期的辉煌和成绩。但是走到今天，高速增长拉动不如当年，部分企业的发展又到了高点，如何再出发，再增长，是企业面临的最大问题，其他的问题都是围绕这个问题展开，需要中国建筑企业共同思考和谋划。应该从思想深处对相关问题有深刻的认识，有问题不要紧，只要寻求解决之道，就有办法解决，但是如果不明白问题，还躺在过去的成功和骄傲之中，那将对未来的发展带来空前的灾难。

（三）建设世界一流建筑企业的目标明确，机遇与挑战并存

从总体形势分析，我国仍处于重要战略机遇期：一是十八大提出了新型工业化、信息化、城镇化、农业现代化的发展道路，为企业发展创造了良好的宏观经济环境；二是城镇化将成为未来中国经济发展的"主推力"，城市综合开发将逐步成为城市发展的引擎；三是公路、铁路、桥梁、港口、疏浚等交通基础设施建设仍有一定增长，积极的财政政策和稳健的货币政策，有利于缓解企业经营压力和资金压力；四是城市轨道交通建设市场空间巨大，海洋重工市场前景广阔；五是国际市场仍将保持快速增长，发展中国家市场前景广阔，尤其是中国资本走向全球的速度在加快，给中国建筑企业发展带来了机遇。

同时企业也要清醒地认识到，国内经济不平衡、不协调的问题依然存在，发达国家经济增长疲软和全球金融风险也给企业带来了挑战：一是交通基建投资总体放缓；二是地方融资能力受限，交通基建资金缺口加大；三是城市综合开发、轨道交通建设等业务对企业资源整合能力、合作模式的灵活性都提出了更高要求；四是国家将继续加强房地产宏观调控，土地成本上升，行业集中度趋势明显；

五是国际金融危机影响深远，部分地区局部动荡频繁发生；六是全球集装箱起重机市场的全面复苏还有待时日，海工装备市场竞争激烈；七是国内外项目大型化、跨专业化、跨领域化、综合一体化的特征越来越明显，对公司的业务模式、组织架构、产业链整合能力提出了新挑战。

复杂多变的国内外市场形势，是企业所不能改变的，我们能做到的就是要有敏锐的洞察力和快速的反应力，认清形势，顺势而为，化被动为主动，化挑战为机遇，争取更大的发展空间。

（四）处理好保基础、调结构与转型升级之间的关系意义深远

正确处理好保基础、调结构与转型升级之间的关系，是建筑企业面临的新课题。固本才能强基，转型才能升级，这看似矛盾，却反应了一种辩证关系，正确处理二者之间的博弈，是对企业智慧和能力的考验。

面对新的时期、新的挑战，企业要想继续向前发展，既要精耕细作传统市场，保持传统市场份额，为业绩提升提供有力支撑，又要调整经营策略，优化产业结构，战略性进入新兴市场，全面落实科学发展的责任。

保基础、调结构、走出去、转方式这几个方面有辩证关系。企业现在说创新发展，不是对过去基础性产业的忽略和忽视，因为企业所有的商业模式创新、结构调整，都是源自传统产业，传统产业对企业的发展非常重要。

市场竞争的残酷性和艰巨性更加突出，促进转型升级、提升发

展质量既是市场变化对企业提出的要求，也是企业保持健康可持续发展的必然选择。

二、构筑生命共同体，为建成世界一流建筑企业提供发展动力

坚持改革创新，发展提升，中国建筑企业要彻底理顺内部利益关系，彻底消除内部体制性障碍，彻底消除内耗和"集而不团""团而不集"，真正构建集团层面上的"利益共同体"和"生命共同体"，提升中国建筑企业的凝聚力和价值创造能力。

（一）将产业链转化成价值链

中国建筑企业要适应新形势下市场开拓的需求，迅速调整转变经营理念，创新经营模式和手段，集合集团人力资本、财务资本、技术专利、大型设备、品牌商誉等各种资源，握紧拳头，形成合力，抢滩夺点，合理布局，以崭新的形象、灵活的机制、创新的模式塑造中国建筑企业强大的核心竞争力。要尽快围绕核心主业和市场格局，优化资源配置，构建合理的产业链和能力链，实现资源要素的整体最大效能，把能力链、产业链转化为价值链。要尽快推进强总部建设、适应性组织建设，完善绩效评价体系。要全面梳理管理要素和管理单元，通过组织机构优化调整，激发价值链转化潜力。

实现价值转化，是一项系统工程。要做好战略与配套措施的适应性调整，注重系统性、整体性、协同性；要大胆探索、勇于开拓，切实提高企业的运行效力，看准了就要干，定下了马上办，一个一

个难点去突破，一个一个问题去解决。要通过深化企业改革，进一步解放生产力，增加企业发展的内生动力和活力。

全产业链是建筑企业的优势，而对于已经完整的产业链，仍有一些要素企业没有统筹起来。例如：中国交建码头交钥匙工程一般分设计、施工、装备三个部分来做，在总部就是三个部门来管理，三个领导分管。作为一个产品，在形成过程的路径上被分割，可想而知，协同能力、产业链向价值链转化的能力有多弱。如果企业设计为施工服务，设计为装备服务，国内为国外服务的意识都有，但是没有组织，没有制度，这种意识只是自觉行为，那么差异性就很大。因此将产业链转化为价值链，需要制度做保障。

要发挥业绩考核的指挥棒作用，把业绩考核的重点放到引导企业提高发展质量，调整优化结构，加快科技创新，提高国际化经营水平上来，切实发挥好业绩考核的导向和激励约束作用。要科学评价子公司间的战略协同价值和局部对于整体的边际贡献，进一步强化各级生产经营单位的集团意识，以集团整体利益最大化为原则，规范各级生产经营单位的行为，提高集团的协同效应。

（二）有效实现总部引领

从市场发展特征和国际经济形势来看，中国建筑企业传统分散的、以子公司为市场单一开发主体的营销方式已难以满足发展需要。必须积极响应市场，让总部与子公司共同承担起更大的发展责任，建设"强总部"的适应性组织，带领集团调整结构，开拓新业务，寻找增量市场。必须打破目前个体利益最大化的利益格局，统筹协调各种资源，加大战略互动，优化资源配置，实现集团内不同利益体的协同发展，促使产业链向价值链的转化，实现整体利益最大化。

加强"适应性"总部的建设，要坚持总部战略管控中心、资源配置中心、风险控制中心、投融资决策中心、绩效评价中心、价值服务中心"六个中心"的功能定位，发挥总部战略管控、职能管理、业务引领、价值服务、商务支撑、平台支持"六项职能"的核心作用。在发展理念上要进一步增强发展责任和市场开发能力，强化市场引领力，进一步形成与市场机制相融合的总部管理体系；在管理方式上要进一步提升总部的统筹力和管控力，发挥战略执行、资源配置、利益协调和经营管控的权限，确保协调发展，实现资源优化配置；在组织方式上要通过强大的总部组织架构以及事业部、区域总部的建设，构建发展责任体系和管理责任体系，打造具有价值创造能力的总部。

目前看来，大多数建筑企业子企业承担公司发展的责任已经很吃力，而总部更多的承担了管理责任，没有很好地肩负责、权、利清晰的发展责任。总部首先要定位为市场竞争的主体，要带领大家拓展发展空间，承担最终的发展责任，构建发展责任体系和管理责任体系，使总部成为市场开拓的"发动机"、价值创造的"驱动器"和利益分配的"调节阀"。

对于做企业来说，一定要读懂两个方面：一个是外部环境，另一个就是企业内部环境。所以企业的顶层设计只看单一的点还不行，只有跨子公司地打造事业部和区域布局，通过确立责任、制度、内在机制、业绩考核，才能使大家形成统一的、追求利益最大化的局面。

职能管理部门也要做一些调整，通过考核来激励大家的创新和

创造。事业部、区域总部围绕市场具有管理权限，增强总部的发展责任和管理责任。要不断地强化职能部门、事业部、区域总部的三位一体性，使"责、权、利"相互统一，建成决策权、执行权、监督权有机运行的新型管理责任体系。

利益分配链条以调整绩效为基础，通过绩效导向，将发展责任体系和管理责任体系有机结合，在事业部、区域总部统筹带动下，与子公司之间共同结成"利益共同体"和"生命共同体"，充分调动总部和子公司的积极性，为子公司发展提供空间，发挥协同效应，推动产业链向价值链转化。

（三）加快建设适应性组织

大市场、大业主发展模式与区域经济发展紧密结合，项目大型化、综合化、高端化的趋势越来越明显，对参与企业的投资能力、产业协调能力、资源整合能力提出了更高的要求。这就要求企业尽快适应市场变化，加强适应性组织建设。要着眼于企业的可持续发展，逐步形成"比较优势突出，差异化显著，专业分工与区域分工相结合"的业务布局和有机整体。

构建以海外事业部为统领的国际化经营体系，有的企业还要构建以投资事业部为主导的投资业务体系，构建以专业市场为主体的业务体系。专业市场布局和区域市场布局相结合，共同闯市场，共同打天下。

（四）进一步创新发展模式

当今企业之间的竞争，不仅是产品的竞争，还有发展模式的竞争。

然而，随着外部环境的变化，以及企业从成长期逐步向成熟期发展，想要继续保持之前的发展速度，沿用老路已经走不通，破解企业增长乏力的关键就是要进行发展模式的创新。

实现企业的高端发展、全球化发展、创新发展、一体化发展是创新发展模式的方向，也是转型升级的目标。高端发展要求中国建筑企业要着眼于市场发展的高端、高效环节，瞄准高端产业，配置高端资源，加强产融结合，推进主导市场向高端化发展，提升公司在价值链分工中的地位和作用，努力追求效益最大化；全球化发展要求中国建筑企业要立足向海外市场获取增量，在全球范围配置资本、人才、技术、市场等各种要素资源，在业务领域、项目类型、经营地域上均取得较大突破，逐步实现战略、运营、管理、文化的全球化；创新发展要求中国建筑企业要推进科技资源优化配置，提高科技进步和创新对企业发展的贡献率，在专业关键技术上形成一批拥有自主知识产权的主导产品和核心技术，打造一批世界领先的高端技术品牌，提高企业的核心竞争力；一体化发展要求中国建筑企业要统筹所有的要素资源，促进管理要素和管理单元的功能发挥，实现整体能力大于个体能力之和。

市场是最能教育人的，企业对市场形势应该更加敏感，特别是建筑企业，不能正确认识市场将会撞得头破血流；主动认识和适应市场，将会如鱼得水。例如在市场高端营销过程中，核心就是参与到地方经济发展中去，将资源整合成能力，为地方发展提供超价值服务，其他的发展方式转变也需要类似转换。

在打造集团生命共同体的过程中，有一些战略原则企业必须要遵守。第一，企业必须按照企业的规律、规范、标准要求自己。第二，

企业不管怎么转变，基础都要夯实；第三，产业链转变成价值链，最重要的在执行。

三、走出去拓市场，为建成世界一流建筑企业提供广阔空间

随着科技的进步和经济的不断发展，加快走出去步伐，增强企业国际化经营能力，培育一批具有世界水平的中国建筑跨国公司。

（一）提升全球资源配置能力，夯实发展基础

中国建筑企业要将国际化经营与结构调整、转型升级紧密结合起来，逐步做到全球配置资本、人才、研发等各类资源，通过开展国际工程承包、对外投资、海外并购等，提升自身的资源整合和集成能力，获取境外的研发、营销、品牌等资源，解决大海外发展所需资源不足的问题，拓展发展空间，提高发展的质量和效益。

要着力于构建和完善中国建筑企业在交通基础设施领域完备的系统集成与整体解决方案能力，进一步调整优化市场结构、产业结构、资产结构和组织结构，加快企业内部产业链向价值链转换的进程。

首先要盘活用好海外已投入资源，提高投入产出率；其次要通过机制体制的调整，调动各方积极性，配置优质资源"出海"；三是积极引导平台公司与专业公司联合建立相对固定的海外区域营销中心、海外生产基地、海外区域研发中心等海外根据地，使区域化资源配置更加合理高效；四是注重广泛合作，构建行业全球竞争联

盟，以开放的姿态、广阔的视野、共赢的胸怀，积极寻求国际间的广泛合作，加强与国内外知名跨国企业、行业组织、金融机构的交流合作，建立全球互利共赢的竞争联盟。

（二）创新发展理念，提高发展绩效

实施创新驱动，是适应全球新一轮科技革命和产业革命的必然要求，是实现海外发展战略目标最根本、最关键的力量。中国建筑企业要着眼顶层设计和措施细化，进一步加强海外发展理念创新、产品创新、品牌创新、组织创新、管理创新和商业模式创新，摒弃对传统路径的过度依赖，建设"学习型"和"适应性"组织，向同行先进、海外业务领先型企业对标学习。充分利用国家"走出去"系列政策的支持，认真研究东道国的实际需求，努力为其提供从项目策划到融资安排、规划设计、项目管理及项目建设运营、维护的"一条龙"服务，主动创造市场需求，创造海外发展增量。通过在境外依法合规经营，注重环境资源保护，加速与东道国经济社会发展的融合，积极履行社会责任，真正扎根当地社会，实现绿色、可持续发展。此外，随着海外规模的扩大和地位的提升，依靠引进技术实现转型发展的难度加大，自主创新刻不容缓。

（三）加快结构调整，发挥整体竞争优势

对于中国建筑企业来说，国际化视野至关重要。要站在海外发展全局高度，统一谋划、统一布局海外市场。要继续巩固亚非传统市场，开拓欧美新兴市场；统筹区域化管理，建立区域管控中心，将总部管理职能有效延伸到境外，加强对各区域内子公司的开发引

领协调服务，建立有序开发格局，提高设备资源使用效率；根据产业发展趋势，明确重点发展方向，加大向产业链上游的设计、咨询转移，引领设计、施工全面走出去，扩大国际市场份额。把加快培育和发展战略性新兴产业作为提高国际核心竞争力的战略突破口，将战略性新兴产业与原有产业优势相结合，抢占未来全球产业发展制高点。

充分发挥国际投融资平台作用，将各海外子企业从资源开发、基础设施建设到产品运输与销售组合成完整的产业链，真正形成整体竞争优势。要重点在境外铁路、投资、海洋重工、疏浚领域，特别是大型、特大型综合类、投资类项目开拓上加大开发力度。着眼于化解产能过剩的矛盾，适时启动海外生产基地建设，通过加快走出去，转移国内过剩产能，以国际化促进公司转型升级。

四、推进管理提升，为建成世界一流建筑企业提供持久支撑

牢牢把握"加快转变经济发展方式"的主线，深刻理解转变发展方式的内涵，以提高发展质量和效益为中心，推进管理提升，全力推动公司实现集约发展，为打造效益企业奠定坚实基础。

（一）加强标准化建设

一流的企业，必须具备一流的标准化。为打造"国际化、世界一流"，建筑企业要继续加强标准化建设，以基建、设计、投资等核心业务及人财物等核心资源为重点，将标准化贯穿至公司战略决

策、经营管理、科技创新、人才建设等各个方面，加快完善公司技术标准、管理标准和工作标准等各类标准体系，建立健全与业务体系相融合的标准体系，为筑牢基础管理和提升公司管理效率奠定坚实基础。

（二）加强制度化建设

制度化管理是当前跨国企业最为规范、最为有效的一种管理方式。随着向世界一流企业发展，加强制度化建设已成为中国建筑企业向精细化管理转变的必然选择和实现转型的迫切需要。"一切按制度办事"，是公司加强制度化建设的根本宗旨。加强制度化建设，不仅有利于经营管理工作的规范化、标准化，提高工作效率，而且有利于公司与国际融合，提高国际竞争力。"没有规矩，不成方圆"，通过理顺综合管理和专业管理的关系，全面梳理各项管理制度；要加大制度执行情况的检查力度，不断改进、完善各项管理制度，对制度建设进行闭环管理，切实做到"有章可依"，提高公司执行力。

（三）加强流程化建设

近年来，建筑企业的发展环境和业务范围也发生了很大的变化，但公司内部管理流程和机制并没有完全跟上变化，结果出现了权责不清、任务不明、职能重叠等状况，严重阻碍了公司经营运行效率。因此，加强流程化建设是公司一项持续不断的工作。

一定要着力加强流程化建设，根据战略目标变化及适应性组织建设，及时梳理和确定统领各项业务经营管理全过程的路径、步骤、流程和序列，认真分析职能管理和业务管理活动，不断优化，改造

工作流程，建立一套跨部门的、系统的、高效运作的流程体系，确保实现各项工作环环紧扣，道道把关，提升管理效率和管理水平。

（四）加强信息化建设和管理会计体系建设

党的十八大报告把信息化摆在更加突出的位置，明确提出"坚持走中国特色新型工业化、信息化、城镇化、农业现代化道路，推动信息化和工业化深度融合、工业化和城镇化良性互动、城镇化和农业现代化相互协调，促进工业化、信息化、城镇化、农业现代化同步发展"。建筑企业要率先建成世界一流企业，必须要有强大的信息化能力作为支撑。下一步，我国建筑企业必须要加快信息化建设步伐，着力推进生产经营、物资采购、人力资源、设备资产管理等"I4C"重点工程，进一步完善信息化管理体系和标准体系，大力提升信息化水平，不断提高信息化对集团发展的贡献率。

管理会计体系最重要的依托手段就是信息化，管理会计体系的建立、实施和应用是企业内涵式发展、精细化发展，实现国际一流的必然选择。

（五）加强风险管控

加强风险管控，就是要做到"居安思危"。时移事动，企业面临的风险不断变化，必然对公司的风险管控能力提出更高的要求。近几年，我国建筑企业风险管控水平取得了明显的提升，但与世界一流企业相比，与战略发展目标的需求相比，建筑企业在风险管控的思想理念、方法手段、制度体系和技术人才等方面还存在着一定的差距。

随着企业全产业链的不断深入及规模的不断扩大，持续提升风险管控水平已成为当下的迫切要求。加强风险管控，时不我待。中国建筑企业应切实把风险管理与各项经营业务特别是关键业务环节紧密结合。进一步完善风险管控体系建设，提升风险管控体系的覆盖面及有效性；进一步健全风险评估机制，加强"企业体检"，尤其要对"三重一大"、高风险业务、重大改革以及重大投资并购等重要事项建立专项风险评估制度，及时捕捉、发现风险苗头；进一步强化风险管控的过程管理，定期分析公司运营中面临的风险因素，制定风险防控的应对策略和解决方案；进一步探究风险管理的信息化方式，构建与业务信息系统无缝对接的风险管理系统，借助信息化实现风险的全业务链管理，提升风险管控的效率和水平。

五、培育核心团队，为建成世界一流建筑企业提供核心竞争力

坚持人才强企，以人才团队建设持续提升集团的核心竞争力和价值创造力，打造高绩效的决策力、执行力、创造力，建设具有战略思维、国际视野、世界一流水平的高素质领导团队和人才队伍，为企业的可持续发展提供核心能力支持。

（一）加强领导团队能力建设

中国建筑企业要以发展战略为指引，进一步加强领导团队能力建设，以"靠得住、能干事、在状态、善合作"为目标，打造高素质的领导人员队伍。

首先，领导人员要"靠得住"。

一是政治方向上"靠得住"。政治立场坚定，全面落实科学发展观，坚定不移地走中国特色社会主义道路。

二是执行决策上"靠得住"。能够坚决、认真、不折不扣地执行公司的决策和要求，听从指挥，服从安排。

三是忠诚企业上"靠得住"。具有较强的事业心和责任感，勤勉敬业，忠诚履职，具有良好的职业素养，不做损害公司利益的事情。

四是廉洁自律上"靠得住"。诚实守信，依法经营，作风正派，严以律己，遵守党风廉政建设的各项规定，自觉接受组织和群众的监督。

其次，领导人员一定要"能干事"。

一是企业发展上"能干事"。能够准确把握国内外经济形势变化，掌握行业的最新动态，抓住市场发展机遇，有效应对企业运行风险，圆满完成公司下达的各项指标。

二是改革创新上"能干事"。善于接受新生事物，不断推动机制创新、管理创新、科技创新，增强企业的市场"适应性"和核心竞争力。

三是内控管理上"能干事"。不断完善管理制度，优化管理流程，健全决策机制，切实加强对项目部的管控，确保安全生产上不出事。

四是和谐建设上"能干事"。履行企业社会责任，保护生态环境，提高社会服务水平，倾听员工心声，关心员工利益，稳定员工队伍，维护员工的合法权益。

再次，领导人员始终要"在状态"。

能力和水平只有放到工作中才能发挥作用，有能力不在状态效果等于零。

一是发展思路上"在状态"。作为领导人员，发展思路一定要和公司保持一致，要严格贯彻执行公司的决策和要求，不能模棱两可、驻足观望、背道而驰，否则只会起到反作用。

二是工作能力上"在状态"。不断学习业务知识，掌握前沿理论和信息，积极参加相关培训，不断提高工作能力和水平。

三是心理素质上"在状态"。有忧患意识，有将企业发展好、发展的更好的强烈愿望，工作中有冲劲、有干劲、有激情，不能患得患失、得过且过混日子。

四是身体素质上"在状态"。身体是革命的本钱，只有具有良好的身体素质，才能干好工作，干更多的工作。

最后，领导人员必须要"善合作"。

领导班子建设的好坏，最重要的标准就是能不能形成合力、发挥整体作用。领导班子要实现优势互补，能力互补，形成整体合力，实现一加一大于二的效果，而不能一盘散沙，单打独斗，各自为战。

一是与上级管理部门"善合作"。能够服从上级管理部门下达的目标和要求，不阳奉阴违，拖拉推诿。

二是与班子成员"善合作"。党政正职要发挥好模范带头作用，相互配合支持，要避免一人说了算、一人独大等家长制作风。

三是与分管下属"善合作"。能够合理安排分管部门和下属的工作，善于培养和发展优秀人才。

（二）完善领导团队管理机制

要进一步完善选人育人用人机制，尤其要加大竞争性选人用人的力度，推动领导人员能上能下，优化领导班子结构，使公司战略决策的执行和落实有可靠的领导人员队伍支撑，以领导人员素质的提升为动力全面促进公司转型升级。这其中包括以下几个方面：

一要完善竞争性选拔机制。今后，竞争性选拔领导人员将更加常态化、规范化、科学化，从而得到职工群众的认可。

二要完善交流机制。在新时期，要继续加大领导人员的交流力度，促进领导人员的有序流动。当然了，并不是一说交流，大家就全部换位置，而是要建立一个常态化的领导人员交流机制，针对需要交流的情况，有针对性地进行领导人员交流，并且不能影响企业的正常生产经营，不能造成企业的大范围动荡。

三要完善退出机制。推行领导人员退出机制首先要解放思想，更新观念，抛弃狭隘的官本位思想，破除进退荣辱的思想意识，在个人进退、去留的问题上保持一颗平常心，要破除"不犯错误不能下"的消极思想，要真正认识到职务不仅是一种权利，更是一种责任，职务越高，责任越大。

四要完善问责机制。增强领导人员的责任意识和大局意识，使权力与责任挂钩，保障权力与责任、义务之间的平衡。建立领导人员问责机制，加强经营管理的制度化、规范化，保障企业的科学健康发展。

（三）加强领导团队作风建设

中国建筑企业中，国有企业比例较高，企业领导人员在一定程度上有着"官"的特点，加强领导人员的作风建设，是一项长期性的艰巨的任务。2012年中纪委二次全会上，习近平总书记明确指出："工作作风的问题绝对不是小事，如果不坚决纠正不良风气，任其发展下去，就会像一座无形的墙把我们党和人民群众隔开，我们党就会失去根基、失去血脉、失去力量。改进工作作风，就是要净化政治生态，营造廉洁从政的良好环境。"对此，作为党员的国有建筑企业领导必须认真学习，认真加以贯彻落实，以领导干部作风建设的新成效，凝聚职工群众，推动企业发展。具体来讲，需要正确处理好四种关系。

首先，要把做人、做事和"做官"统一起来，树立正确的世界观、人生观和价值观。

如何做人、做事和"做官"，是衡量领导干部思想境界高低的一杆标尺。作为领导干部应该履行好职责，要珍惜组织和职工所给予施展才华、建功立业的机会，为企业、为群众多办实事。要不断充实自己、提高自己、完善自己，树立善恶分明的是非观、积极向上的奋斗观、先人后己的利益观、忠实诚信的人际观、严格自律的处事观，努力做一名务实、清廉的国企领导干部。

其次，要把自律和监督结合起来。

严格自律，正确用权，能够为职工谋福利，与员工情感相通，助推企业发展；回避监督，以权谋私，就会腐败堕落。所以，每位领导都要正确运用好手中的权力，要耐得住艰苦，挡得住诱惑，抵

得住人情，管得住小节。同时要提高接受监督的自觉性。监督不是找茬挑刺、与谁过不去，是一种约束，一种爱护，是靠制度的力量、组织的手段、领导的敲打、同事的提醒、群众的眼睛，提醒人行正道、业走正路、胸养正气。每个企业领导人员今天的荣誉和地位来之不易，都付出了超人的努力和勤奋，企业为培养一名领导干部也倾注了大量心血，因此，对组织的要求和群众的意见一定要正确对待，有则改之，无则加勉。要深入基层，理解基层，常做换位思考，杜绝独断专行，不要拍脑子决策，拍桌子管理。

再次，要把8小时内与8小时外的管理统一起来，做到警钟长鸣，常抓不懈。

一天24小时，除了上班8小时，其余时间处在领导干部自由支配之下。在上班时间，组织和同志的监督相对比较多，8小时以外组织的管理和监督就比较薄弱。比如在8小时之外，有的人热衷于吃喝玩乐，生活作风轻浮。这些问题的发生，很容易毁掉干部自身，也容易败坏党的形象。

最后，要把大节与小节统一起来，从我做起，从现在做起，从小事做起。

对于领导干部来说，无论大事、小事，都要严格要求，按规范办事。从近年来国资委纪委披露或查办的案件看，央企二级、三级企业贪污贿赂、违反财经纪律、违反廉洁自律规定的案件时有发生，其中不乏大案要案、串案窝案，给企业造成了严重经济损失和不良社会影响。这就要求领导干部遇事要三思而后行，在重大问题上要清醒把握，在小事上面要防微杜渐，只有管住小节，挡住诱惑，才能赢得职工群众的尊重和认可。

—— 第 2 节 ——
中国交建的战略追求和最新举措

一、打造"升级版中交"

打造"升级版中交",是续写辉煌中交的必然选择和共铸辉煌中交的重要路径。

培育具有国际竞争力的企业必须在适当时机进行准确的战略升级。当前,企业面临的综合环境发生了深刻变化,要素成本上升,技术来源出现变化,国际竞争对手更加关注,这是外因;前几年整合优势所释放的聚变效应正逐渐减弱,并有可能带来某种程度上的负效应,公司提出调结构已有时日,但老问题并未解决,新问题已有苗头,这是内因。必须要通过改革、创新、调整、提升,通过打造升级版,注入新动力,方能重新激发活力,提高企业竞争力。打造升级版,就不能停留在打补丁、查漏洞层面,而是全方位、全系统的战略升级。只有这样,才能续写中国交建的辉煌。

打造"升级版中交",是对中交以往发展的历史继承和创新提升。

利弊共生不仅是社会、也是企业发展中客观存在的普遍规律。公司从 2005 年合并重组至今,企业保持高速发展并成功迈入世界

500强行列，实现了从成长期逐步向成熟期的迈进。伴随成长而来的一些发展中产生的问题和矛盾也越发凸显，如业务结构相对单一，跨国指数仍然偏低，管理基础比较薄弱，部分财务指标出现下滑，高层次人才依然稀缺，"适应性"组织建设进展缓慢等。这就要求，一方面客观认识到企业当前所处的这个阶段以及其内涵本质，继续全面发掘支撑公司平稳较快发展的综合潜力，进一步释放重大改革带给企业的发展红利，解决"成长的烦恼"；另一方面针对内外变化，强化顶层设计，实现组织再造和管理提升，将产业链转变成价值链。只有这样，才能打破天花板，进入新天地。

打造"升级版中交"，内涵是转型、升级和高质量发展。

打造中交升级版是由量变到质变，从外延型增长向内涵型增长升级，从低劳动成本支撑向高技术支撑升级；从单纯的工程施工，向设计施工总承包、技术研发、采购、物流等完整产业链升级；从低层次、低附加值的施工作业，向高端、高附加值的工程产品升级；从以国内市场为主，向国内国际两个市场并举转变升级；从由一头独大的"承建商"，向总揽全局的"投资商"、"承包商"、"制造商"升级。只有牢牢把握高质量发展这一本质要求，才能真正实现转型升级。

打造"升级版中交"，实际上是一个从传统经济增长函数关系上升为新型经济增长函数关系的过程。

传统经济增长函数主要依靠资本、资源和劳动投入，升级版的经济增长函数则是主要依靠体制机制进一步变革和技术进一步创新的新型函数关系。到目前为止，中国交建的增长还主要依赖前者，在体制机制改革创新方面还有很大的潜力可以挖掘。打造"升级版中交"，当前要着力通过体制机制创新，激发活力和优势，推动创新，让资本、资源、劳动的投入形成更大的产出。打造"升级版中交"，要更加突出做强做优，更加突出深化改革，更加突出创新驱动，更加突出管理提升，更加突出党的建设，更加突出发展后劲。

打造"升级版中交"，没有固定路径可走，没有现成模式可资借鉴，唯有勇于改革，强化创新，才能突破思维禁锢，化解转型风险，实现升级成功。

中国企业最大优势是成本优势，这一优势即将消失，必须通过自主创新来重构竞争力。发展到今天，不可能再通过简单地引进、模仿来走捷径，必须要通过扎实的、系统的自主创新，来实现升级。只有强化观念创新，切实加快由速度规模向质量效益转变，由要素驱动向创新驱动转变，才能实现产业升级、企业升级。要加快创新步伐，着力实施科技创新、管理创新、产品创新、市场创新和商业模式创新，增强升级的活力。要努力培育尊重创新、鼓励创新、崇尚创新的创新文化，不安于现状，不故步自封，不墨守成规，形成良好的创新氛围。

打造"升级版中交"，既是系统工程，也是持久之战，同时还是一个渐进的过程。

"升级版中交"，是硬实力和软实力的全面提升，是企业发展和职工发展的有效统筹，是技术水平、产业结构、产品档次、商业模式、企业声誉等方面的全面升级，是涉及企业生产经营整个体系和各个环节的系统工程。要实现这些目标，必须要完善符合市场经

济规律的体制机制，在更宽领域、更大纵深推进体制机制创新，解决影响和制约企业科学发展的突出矛盾和问题，因此必须科学统筹，系统规划，循序渐进，切实提高发展质量和效益，建立管理改善和管理提升的长效机制，不断提高管理效率、效益、效能。

二、 实现转型升级，打造"五商中交"

中国交建提出，要把公司打造成全球知名的工程承包商、城市综合体开发运营商、特色房地产商、基础设施综合投资商、海洋重型装备与港口机械制造及系统集成总承包商。这是从全局上、系统上对公司未来发展的定位。

"商"强调的是综合运作实力、统筹发展战略、产业升级再造、价值链高端运作。"五商中交"所涉及领域都是公司经过多年积累和实践摸索形成的核心优势产业板块。打造"五商中交"是对公司多年发展成果的继承创新，是对公司现有产业板块领域的整合升级，是对公司现有价值链条的重组再造。产业升级、价值再造贯穿了打造"五商中交"的全过程。

（一）打造"五商中交"，是公司实现转型升级的内在要求

中国交建凭借重组和上市的巨大红利实现了多年较快的发展，但近一两年，改革的红利已基本用完，外部市场尤其是低端市场的竞争异常激烈，再增长面临巨大瓶颈；同时，公司虽然积聚了较大的产业板块规模和优势，但大多数业务单元仍处在单打独斗或机械

累加的状态，尚未形成价值链条，一些高附加值的领域没有得到很好的挖掘，增长质量、效益与规模之间的矛盾越发凸显。公司已进入改革创新、转型发展的关键期、攻坚期，只有打破发展的天花板和瓶颈，通过再改革、再创新，才能创造新红利，实现新发展。而"五商中交"正是从全局上、系统上对公司未来发展进行的战略定位，正是公司实现转型升级的顶层设计，所有工作都要围绕"五商中交"开展。

（二）打造"五商中交"，必须认识到位

当前，公司的发展处境面临危机。同行有的已遥遥领先，有的发展势头迅猛，中国交建面临着"前有标兵，后有追兵"的尴尬境遇。而公司正面临短板明显、增长乏力、市场空间不足的困境。对此必须清醒认知，若再不改变，还是坚持现在的发展方式，公司的发展将会难上加难，"中交梦"将成难圆之梦。

打造"五商中交"就是要在继承中国交建优秀文化基因基础上，不断吸收现代商业文化，实现由"技"到"商"的文化重塑：工程承包商要培养全寿命周期的文化理念，城市综合体开发运营商要培养与城市共进退的文化理念，特色房地产商要塑造与社区和谐发展的文化理念，交通基础设施综合投资商要培养创造长期价值的文化理念，海工港机集成承包商要培养提供超值服务的文化理念。

打造"五商中交"，就是要准确把握产业链转化为价值链的深刻内涵，崇尚长期价值创造、基业长青的现代商业文明，做规则制定者、财富创造者、市场创新者。所以，中国交建领导提出，全体中交人要深刻理解打造"五商中交"的工作要求，时刻保持危机意识、

责任感和使命感，解放思想，突破束缚，切实把公司各项战略决策落到实处。

（三）打造"五商中交"，必须组织到位

任何重大战略决策的提出，必然会伴随相应的改革举措，特别是要打破体制机制的障碍，以确保战略目标的实现。改革会带来阵痛，会面临阻力，但公司不能因为有阻力而放缓改革的步伐，只有想尽办法攻坚克难，企业的未来才有希望。打造"五商中交"，必须要加快适应性组织建设，以事业部构建和区域总部构建为突破口，逐步形成"比较优势突出，差异化显著，专业分工与区域分工相结合"的业务布局和有机整体；必须加强各级领导班子建设，完善领导人员竞争性选拔机制、交流机制、退出机制和问责机制，切实打造"靠得住、能干事、在状态、善合作"的领导人员队伍。只有这样，"五商中交"才有强有力的组织架构支撑和人才队伍保障。

（四）打造"五商中交"，必须执行到位

执行力是判断一个企业发展水平的关键指标。"不怕思想不解放，就怕行动跟不上。"打造"五商中交"，关键在于执行，具体而言，就是要做到：标准化建设到位，制度化建设到位，流程化建设到位，信息化建设和管理会计体系建设到位，集中采购到位，风险管控到位。中国交建要求，一定要增强信心，坚定信念，坚决执行，看准了就要干，定下了马上办，真正做到同心同德、同向同行、共同给力；同时，在执行过程中，要注意总结经验，及时调整完善，使"五商中交"在不断改革创新中得到更大提升。

打造"五商中交"是一项长期的系统工程，需要全体中交人的共同努力付出，只要凝心聚力，同舟共济，"中交梦"就能逐步变为现实，企业的前景和员工的生活就会越来越好。

三、将产业链打造成价值链

将产业链转化为价值链，打造生命共同体，是中国交建实现转型升级的关键。当前，中国交建具备咨询规划、设计、投融资、基础设施建设、房屋建筑、高端设备制造、运营和销售等多环节的能力，具有公路，水运、轨道、房地产等多领域的产业，但是这些能力和产业还以单点作战为主，没有形成链条，而这正是突破发展瓶颈的钥匙。

将产业链转化为价值链，打造生命共同体，只有发挥产业链优势，才能提高规模效益。

打造"五商中交"，单靠一个或几个企业的力量无法实现，必须进行有效的资源整合和流程再造，集合人力资本、财务资本、技术专利、大型设备、品牌商誉等各种资源，进一步发挥产业链各环节的主观能动性，构建与整体利益最大化相一致的完整产业配套体系。例如，要成为全球知名的工程承包商，需要具备五个核心能力，即以核心技术为中心的专业整合能力，以核心业务为主的产业链业务整合能力，强大而又稳定的融资能力，与潜在利益相关者形成的战略联盟能力，大型复杂性工程的集成化管理能力。提升这五项能力，根本还在于整合产业链。

将产业链转化为价值链，打造生命共同体，只有发挥产业链优势，

才能高起点切入新领域。

当前,国内外各大建筑企业都在调整结构,力求更宽的经营领域,尤其是积极寻求城镇化发展机遇。打造"五商中交",需要突破地域、板块、行业限制,加强经营业务活动的整体联动,高端切入新领域。这就要构建高效的策划体系、运营体系、管理体系,不断挖掘整合资源,培育新专业、新技术、新模式,打造合力,抢滩夺点,合理布局。例如,要打造城市综合体开发运营商、打造特色房地产商,根本在于全面整合房地产业务、投资业务、传统业务,发挥资金、品牌、技术、管理的综合优势。只有这样,才能为地方提供更全面、更有竞争力的综合方案,才能在与地方的合作中拥有更大的话语权,才能真正实现"规划设计、投融资开发、基础设施建设、房屋建筑工程、资产运营"等"五位一体"的发展模式。

将产业链转变为价值链,打造生命共同体,中国交建正在强化三点:完善绩效评价体系,加强总部引领和强化"适应性"组织建设。

业绩考核对企业发展具有指挥棒作用。要打造生命共同体,就需要科学评价子公司间的战略协同价值和局部对于整体的边际贡献,进一步强化各级生产经营单位的集团意识,以集团整体利益最大化为原则,发挥世界 500 强企业总部和子公司的两个积极性,规范各级生产经营单位的行为,提高集团的协同效应。同时,业绩考核的重点,也要放到引导企业提高发展质量,调整优化结构,加快科技创新,提高国际化经营水平上来。

以子公司为市场,单一开发主体的营销方式已难以适应市场、满足发展需要。必须积极响应市场,让总部与子公司共同承担起更大的发展责任,建设"强总部"的"适应性"组织,带领集团调整结构，开拓新业务，寻找增量市场。这就要打破个体利益最大化的利益格局，统筹协调各种资源，加大战略互动，优化资源配置，实现集团内不同利益主体的协同发展，促使产业链向价值链的转化，实现整体利益最大化。总部建设工作重心，是通过建立完善事业部和区域总部，构建发展责任体系和管理责任体系，使总部成为市场开拓的"发动机"、价值创造的"驱动器"和利益分配的"调节阀"。

传统交通基建市场增长空间受限，城镇化建设提供了新机遇。大市场、大业主发展模式与区域经济发展紧密结合，项目大型化、综合化、高端化的趋势越来越明显，对参与企业的投资能力、产业协调能力、资源整合能力提出了更高的要求，这就要求我们尽快适应市场变化，加强"适应性"组织建设，着眼于企业的可持续发展，要以事业部和区域总部的构建为突破口，逐步形成"比较优势突出，差异化显著，专业分工与区域分工相结合"的业务布局和有机整体。

将产业链转化为价值链，打造生命共同体，是进一步解放生产力，增加企业发展的内生动力和活力的必由之路。

在产业链转化为价值链过程中，切实做好企业的内部资源优化整合，转型升级才能成功；在打造生命共同体的过程中，切实调动各方的积极性，才能提升总体竞争力。

四、 加快总部适应性组织建设

加快总部适应性组织建设，是中国交建应对市场变化的客观需

要，是改革创新的内在需要，是率先建成世界一流企业的必然要求。

从外部环境看，我国传统交通基建市场增长空间有限，但城镇化发展给城市综合开发、市政基础设施建设、土地整理及房地产开发等带来发展机会，大市场、大业主的发展模式与区域经济发展紧密结合，项目大型化、综合化、高端化的趋势愈发明显，对参与企业提出更高要求，各级政府及业主要求公司总部直接参与市场。只有通过加快总部适应性组织建设，增强总部的发展责任，实现引领，以整体优势参与市场竞争，才能实现中国交建的升级发展。

从内部发展看，中国交建传统业务的同质化现象普遍存在，现阶段增长速度放缓。要实现高位突破，必须打破发展瓶颈。这就要必须加强总部的统筹力、引领力和管控力；要以市场为导向，承担更大的市场发展责任，扩大增量市场，统筹协调各种资源，实现公司内部不同利益体的协同发展，逐步形成"比较优势突出，差异化显著，专业分工与区域分工相结合"的业务布局和有机整体，促使产业链向价值链的转化。

从战略目标看，国务院国资委已将公司列为"培育国际竞争力世界一流企业"10家重点联系企业和"国际化经营战略"10家重点联系企业，"率先建成世界一流企业"已成为公司战略目标。世界一流企业首先要有世界一流的企业总部。这就要在总部发展理念上，要进一步增强发展责任和市场开发能力，进一步形成与市场机制相融合的总部管理体系；在管理方式上，要进一步提升总部的统筹力和管控力，发挥战略执行、资源配置、利益协调和经营管控的权限，实现资源优化配置；在组织方式上，要通过强大的总部组织架构以及事业部、区域总部的建设，构建发展责任体系和管理责任体系，打造具有价值创造能力的总部。

1. 打造"六个中心"，实现总部管理升级

总部必须从提供传统基础性管理服务职能升级为"战略管控中心"，为企业定目标、定方向策略、定组织构架和管理规范；总部必须从传统资源管理职能升级为"资源配置中心"，为企业统筹管理配置内外资源；总部必须克服子企业仅重视与己相关的项目风险的不足升级为"风险控制中心"，立足于集团进行企业风险评估管控，从宏观出发规避各类外部风险，从整体出发管理各类内部风险；总部管理职能必须集中资金、集中决策、集中评价、集中服务而升级为"投融资决策中心""绩效评价中心"和"价值服务中心"。

2. 发挥总部"六项职能"，释放强大能量

总部管理提升必须发挥战略管控、职能管理、业务引领、价值服务、商务支撑、平台支持的"六项职能"，才能增强企业发展的系统性、前瞻性和科学性，发挥产业价值链条的带动作用，提供平台，整合资源，促进产业的快速发展，呈现出平等竞争、相互融合、相互促进、互利共赢的良好格局，彻底消除内部体制性障碍，彻底消除内耗和"集而不团"、"团而不集"的问题，真正构建中国交建"利益共同体"和"生命共同体"。

3. 打造总部两大责任体系

公司总部适应性组织建设，通过建立完善事业部和区域总部，构建发展责任体系和管理责任体系。发展责任体系是事业部、区域总部及子公司共同构建的责任体系，由海外业务发展体系、传统业

务发展体系、投资业务发展体系、房地产业务发展体系、区域市场发展体系"五大"发展体系构成，改变过去以子公司为单一市场开发主体的传统做法，形成事业部、区域总部为主导，事业部、区域总部、子公司共同开发市场、各有侧重的新型发展责任体系。管理责任体系以职能部门、事业部和区域总部为管理责任主体，形成职能管理、专业管理和区域管理紧密结合，职能部门、事业部、区域总部三位一体，"责、权、利"相互统一，决策权、执行权、监督权有机运行的新型管理责任体系。

4. 优化绩效考核导向

利益分配链条以调整绩效为基础，运用管理会计的方法进行绩效导向，将发展责任体系和管理责任体系有机结合，使事业部、区域总部、子公司结成"利益共同体"和"生命共同体"，理顺各责任主体的职责、权限和利益关系，充分调动总部和子公司的积极性，发挥协同效应。

五、创新推动升级

回顾中国经济30年高速增长，可以看到一个基本的模式：购买国外成熟的技术甚至是过时的技术，然后依靠中国巨大市场，迅速形成新的产业。30年的发展过程中，经历了几轮主导产业更迭，基本循环是：第一，居民收入提高，市场形成；第二，国内储蓄和国外技术相结合，迅速形成新产业；第三，依托广大国内市场，企业迅速发展壮大；第四，国内市场饱和之后，企业开始向外发展，利用成本优势占领国际市场。

从这个循环中也可以看出一个基本事实：产业升级是依靠引进技术。以前，国外的成熟技术、甚至过时技术卖给中国企业，市场都觉得很好；国外技术资源丰富，中国企业购买技术比较容易。在中国经济持续 30 年高增长之后，技术来源已经或者将要出现问题。以前国内外产业差距比较大，买技术很容易。现在市场对低端过时的技术不感兴趣了，中国企业需要新技术甚至是前沿技术，这恰恰是国外公司自己正在用来占领市场、主导市场的看家本领。如果外国企业把自己正在赖以为生的技术卖给中国企业，它自己就根本失去竞争力。因此，今后中国企业购买技术越来越困难，这意味着，今后国内产业进一步升级的技术来源将出现问题，一些战略性的重要技术来源将会出现严重问题。这已经有了端倪。一个表现是，国内资金很多，但没有好项目，没有好项目的背后是没有新技术。

购买技术的路子越走越窄，产业和产品的升级靠什么？只能靠自主研发。中国企业都要恶补自主创新这堂课，你要不补，迟早是要出问题的。企业必须下决心转向自主创新。尤其是大企业必须依靠自主创新，大企业没有自己的技术是站不住脚的，大企业站在别人的基础上是不可能长久维持的。通过产业、产品、技术升级，不断地提升企业的层次，这既是技术问题，也是战略的问题。要培育具有国际竞争力的大企业、大集团。什么叫国际竞争力？就是在一个重要的产品上，中国企业能够以自主知识产权、自主品牌成为世界重要产品的主宰，还要在第一代产品的基础上，规划发展第二代、第三代乃至更远的产品。这才是真正的国际竞争力。

在 2013《财富》世界 500 强排行榜上，中国交建排名第 213

位，连续多年成为亚洲最大的国际承包商，在国际承包市场上具有重要影响力。公司之所以能在短短几年时间里实现跨越发展，有天时、地利、人和诸方面因素，坚持创新发展是其中非常重要的一环。2005 年以来，公司共获得国家科技进步奖 28 项，其中一等奖 7 项，在国内所有企业中位列前茅。正是坚持创新驱动发展，使得公司在主营业务领域均掌握核心技术，并在港口设计建设、长大桥梁设计建设及港口机械设计制造等方面处于国际领先水平，极大提升了公司的国际竞争力。

现在，公司确定了"率先建成世界一流企业"的战略目标。这一目标对公司的科技创新体系提出了更高要求。除了在传统业务领域保持技术优势外，还要对海洋重工、轨道交通、城市综合体开发等重点进入领域加大技术投入，对海外工程项目中的共性难点技术加大研究力度，对市政、水利、内河治理、桥梁检测及加固，机场、环保、核电、港口物流、盾构制造、大型钢构制造等产业链延伸领域的技术创新进行扶持。总之，要按照公司总体发展战略，在巩固传统产业技术优势的基础上，加大对拓展领域利润增长优势专业和海外技术创新的支持力度，突破影响企业生存发展的重大关键技术，取得一批拥有自主知识产权和具有世界先进或领先水平的科技成果。此外，还要强化科研基础管理，进一步完善和提升三级联动、结构合理、产学研用相结合、高效、协同的技术创新体系；研究探讨建立在"共享价值"基础上的成果交流和推广应用机制；通过制订和宣传贯彻中国交建企业技术标准，打造中国交建技术品牌；不断完善公司技术创新、科技进步评价体系。

六、打造高素质领导团队

习近平总书记在近期召开的全国组织工作会议上强调，实现党的十八大确定的各项目标任务，进行具有许多新的历史特点的伟大斗争，关键在党，关键在人。关键在人，就要建设一支宏大的高素质干部队伍。

中国交建提出打造"五商中交"的发展目标，并加快适应性组织建设等一系列重大改革创新。要继续保持发展领先优势，再续辉煌，关键在人、在广大领导干部。

公司培育引进了一大批优秀干部，为创造公司优秀业绩发挥了中坚作用，也为打造"升级版中交"奠定了基础。但干部队伍中也存在一些不好的风气。有的对企业发展缺少危机感和责任感，习惯于今天和昨天一个样，随波逐流，退避三舍；有的缺少创新意识，不爱学习，不能接受新事物，故步自封，不能打开发展的新局面；有的能力水平已明显跟不上企业发展的要求，难以应对发展的复杂局面；有的身心没有放在工作上，喜欢应酬，得过且过，不在状态；有的喜欢搞一言堂……这些现象或苗头与一个优秀领导干部的要求格格不入，与公司当前改革发展的艰巨任务完全不符。

当前公司改革发展任务艰巨，压力巨大，这对各级领导干部提出了更高要求，需要选拔、培养、调配更多优秀干部，充实公司各级领导岗位。

什么样的领导干部是符合事业发展要求的？应当坚持怎样的用人标准？中央强调，选拔干部要坚持德才兼备，以德为先。中国交建近期提出了"靠得住、能干事、在状态、善合作"的领导人员选

拔任用标准，是对中央"德才兼备、以德为先"的细化，是立足公司干部现状和发展实际提出的，是我们今后必须坚持的干部选拔任用考核标准。

（一）领导人员首先要"靠得住"

"靠得住"与"德才兼备、以德为先"一脉相承。"靠得住"，说明干部的政治素质过硬，说明干部的"德"好。要在政治方向上"靠得住"，政治立场坚定，模范遵循执行党的路线方针政策；要在决策上"靠得住"，坚决贯彻执行公司决策部署，不摇摆彷徨，不蒙混过关；要在忠诚企业上"靠得住"，恪尽职守，勤勉敬业，时刻维护公司整体利益；要在廉洁自律上"靠得住"，严格遵守党风廉政建设的各项规定。

（二）领导人员一定要"能干事"

"能干事"强调领导干部的能力水准，是对领导人员的综合素质要求，能胜任工作岗位要求，顺利完成各项任务。要在企业发展上"能干事"，准确把握形势变化，掌握最新动态，抓住发展机遇，有效应对风险，圆满完成任务；要在改革创新上"能干事"，善于接受新生事物，不断推动创新，增强企业的市场"适应性"和核心竞争力；要在内控管理上"能干事"，不断完善管理制度，优化管理流程，确保安全生产上不出事；要在和谐建设上"能干事"，履行企业社会责任，提高社会服务水平，关心员工利益。

（三）领导人员始终要"在状态"

品德好，有能力，还要"在状态"，不在状态效果肯定不好。要在发展思路上"在状态"，认真学习公司发展思路，严格贯彻执行公司决策，不能驻足观望或背道而驰；要在工作能力上"在状态"，抓好学习这个主渠道，不断学习，不断提高工作能力和水平；要在心理素质上"在状态"，有将企业发展好、发展得更好的强烈愿望，有冲劲、有干劲、有激情；要在身体素质上"在状态"，达到胜任岗位要求的身体素质条件。

（四）领导人员必须要"善合作"

合作产生合力，合作增进感情。衡量领导班子建设就是看能不能形成合力、发挥整体作用，其中主要负责人的作用更关键。常看到一个企业基础很好，但最终垮了。究其原因，是这个企业的班子散了。各级领导班子都应高度重视这个问题。个别领导争争斗斗，企业发展受损，个人也没好处。领导班子要实现优势互补，能力互补，一加一大于二，而不能一盘散沙，单打独斗，各自为战。这就要求各级领导班子要与上级管理部门"善合作"，要与班子成员"善合作"，要与分管下属"善合作"，合理安排分管部门和下属的工作，善于培养和发展优秀人才。

"靠得住、能干事、在状态、善合作"，简单通俗、内涵丰富。中国交建要求各级领导干部都应对照这 12 个字的标准，照照镜子，查找不足，改进提高，为公司改革发展担起关键职责。

七、 用优秀文化凝聚升级共识

中国交建提出强化顶层设计，打造"五商中交"，推动升级发展，率先建成世界一流企业的发展方向，并开始战略调整。通过强化打造"六个中心"、发挥总部"六项职能"来推进适应性总部建设，通过建立完善事业部和区域总部来构建发展责任体系和管理责任体系，推进公司产业链转化为价值链。这需要建设更具凝聚力的企业文化，让中交人同心同德、同向同行、共同给力。

中国交建所属企业中，有百年老店，有和共和国同龄的企业；包括国有独资、中外合资、上市公司等不同类型，涵盖设计、施工、工业等不同行业。中国交建改革发展进程中，进军铁路、重组中房，新的文化不断注入，投资转型，地产崛起，新的文化正在成长。这就要持续推动文化深度融合，建设更加和谐统一、更具凝聚力和价值创造力的中交主流文化，形成生命共同体文化和理想共同体文化。

（一）文化深度融合

文化融合的本质是人心的融合。当前，中国交建企业文化建设要实现深度融合，不是停留在文化手册和文化口号层面的融合，而是要实现总公司文化深度融合、母子公司文化深度融合、公司文化与社会先进文化深度融合；由基于企业使命、企业愿景的理念型企业文化，向基于公司治理、流程控制的管理型企业文化转变，将企业文化集成内化在企业制度和企业流程。文化融合的最终目标是形成一个既集中统一又包容开放的中交主体文化。各单位要强化集团意识，维护集团利益最大化；要强化品牌意识，共举一面旗帜、塑造一个品牌；要强化角色意识，找准在中交产业链中的位置。

（二）文化基因重组

中国交建正在经历着深刻的嬗变，重组上市让中国交建由传统国有施工企业向现代企业转型，当前正在由工程承包商向投资商、运营商、开发商、集成商转变。这就要在继承中国交建优秀的工程师文化基因基础上，不断吸收现代商业文化，实现由"技"到"商"的文化重塑。插下旗子干活，干完了拔起旗子走人，这是施工企业的根本基因。中国交建将着力打造全球知名工程承包商、城市综合体开发运营商、特色房地产商、交通基础设施综合投资商、海工港机集成承包商，必须要有与之相适应的企业文化，其核心在于，崇尚长期价值创造、基业长青的现代商业文明，做规则制定者、财富创造者、市场创新者。

（三）文化重塑梦想

文化重塑中交梦，实干托起中国梦。"固基修道，履方致远"，"让世界更畅通"，这包含着"中交梦"的现实和理想。因专业和操守而受人尊重，以勤劳智慧享有体面生活，用心浇筑千家万户满意，以创造不朽工程并塑造商业文明，用企业基业长青提升国家竞争力。文化重塑梦想，中交梦要承载央企使命。中国企业国际化发展必将涌现一批世界顶级企业，中国交建要立意高远，率先建成世界一流企业，通过提升企业核心竞争力来提升国家竞争力，这是作为中央企业应有的国家责任和民族责任。中交梦要承载社会责任，全面履行企业社会责任，做优秀的全球企业公民；要把企业发展和股东、

员工、客户的利益密切联系在一起，创造财富价值，打造中国交建与股东、员工、客户的利益共同体，打造更具投资价值的上市公司；要全面关注利益相关方诉求，创造社会价值，在推动行业进步、社区和谐、区域经济发展方面做出央企表率；要持续推动节能减排，重视环境保护，创造环境价值，在推动人与自然和谐发展上做出应有贡献。

随着适应性组织建设的推进，组织架构已经成型，相关领导班子基本到位，资源配置也将逐步到位。中国交建提出，人的思想也必须尽快到位，把"五商中交"的内涵学习深、理解透，把思想统一到打造"五商中交"的方向上来，把精气神凝聚到建设世界一流企业的伟大事业上来，坚定不移贯彻落实公司战略部署，积极主动推进各项工作，创新创意打开工作局面。不能围观看热闹，不能模棱两可、首鼠两端，更不能阳奉阴违、背道而驰。"率先建成世界一流企业"，是全体中交人的"中交梦"。强化顶层设计、打造"五商中交"，实现升级发展，才能美梦成真，才能让每个中交人与企业共同享有机会和成果。

八、改革激发动力，打造全球中交

中国交建，必须通过深化改革激发企业的内生动力和活力。中国交建多次强调，必须深化改革，强化顶层设计，加快适应型组织建设，建立健全以市场为导向的管理体制和运行机制，不断适应国内国际环境变化，持续提升发展质量。打破发展的天花板和瓶颈，需要立足"五商"，做好战略与配套措施的适应性调整，从全局上、系统上对企业未来的发展进行准确定位，打造"全球中交"。

打造全球中交，归根结底是将中国交建率先建成具有国际竞争力的世界一流企业。当前，深化改革海外业务发展体系的重点是成立海外事业部，打造"一体两翼"的发展平台和管理平台。"一体"就是中国交建的整体，实现形式是海外事业部，海外事业部是集中了中国交建的海外发展责任和管理责任为一体的责权利相统一的平台。"两翼"就是中国港湾和中国路桥，要把中国港湾和中国路桥打造成平台公司，任务就是以中国港湾和中国路桥的品牌，以海外事业部为核心，同海外事业部共同构成发展平台和管理平台。

要在更高层次上理解"一体两翼"。中国交建作为世界 500 强企业，母体一定要参与到海外竞争中，这是企业规律，也是市场的呼唤。全球中交的发展目标要求我们要立足向海外市场获取增量，在全球范围配置资本、人才、技术、市场等各种要素资源，在业务领域、项目类型、经营地域上均取得较大突破，逐步实现战略、运营、管理、文化的全球化，这是作为母体和整体的中国交建才能实现的任务。建设世界一流企业，要求我们具备"一流的自主创新能力、一流的资源配置能力、一流的风险管控能力、一流的人才队伍、一流的国际化经营能力、一流的经营业绩、一流的企业文化、一流的品牌形象"，这是作为世界 500 强的中国交建才能实现的目标。

在这一顶层设计指导下，才能实现打造具有国际竞争力的跨国公司。要不断夯实以"一体两翼"海外管理新体制，妥善处理结构调整、转型升级和组织体系优化之间的关系，不断增强海外改革的系统性、整体性、协同性，以增量提升和发展提升为落脚点，以实践结果来审视和检阅公司海外发展现有模式、流程与标准。跨国公

司的根本要求是全球一体化发展，这就要求我们站在全局高度，整体谋划，统一配置资源，统一布局市场，最终实现统一管控。

第一，全面提升国际化经营的能力，制定国际化经营战略；建立跨国经营的管理、监控、考核和激励体系；提高风险意识，增强风险管理能力；吸引与培养国际化人才。

第二，牢固树立互利共赢理念，加强合作；建立国际经营的战略性联盟，加强与国内相关企业优势互补，抱团出海；加强与国际一流企业合作，取长补短，为我所用。

第三，利用好中交国际（香港）作为企业海外投资与国际化经营的平台，把握国际工程承包市场由工程总承包业务向投融资业务转型的发展趋势，积极谨慎地推进海外投资类业务开展。

第四，履行企业社会责任，构建具有中国交建企业特色的社会责任体系，提升中国交建跨国公司的国际形象。

要进一步凝聚共识，加强指导，加强协调，搞好制度和政策的对接磨合，促进思想上有共识、政策上相配套、行动上能协调，形成公司上下员工都支持、推动中国交建改革发展、打造全球中交的浓厚氛围和强大合力。

九、 坚定信心，全力打造"升级版中交"

中国交建提出，要加强顶层设计，打造"升级版中交"，实现中交升级发展，用精炼形象的语言表达了公司转变方式、转型发展的目标。可以说，"五商中交"，重在打开市场空间；"品质中交"，重在打造生命共同体；"全球中交"，重在提升全球发展水平；"效益中交"，重在提升管理水平；"和谐中交"，重在凝心聚力。

（一）"五商中交"

"五商中交"，就是要打造全球知名的工程承包商、打造城市综合体开发运营商、打造成特色房地产商、打造成基础设施综合投资商、打造成海洋重型装备与港口机械制造及系统集成总承包商。当前传统优势市场增量有限，建筑行业整体竞争激烈。这就要求我们找到企业发展的战略性市场方向。党的十八大报告提出城镇化和建设海洋强国，为公司围绕核心产业关联发展指明了方向。公司在基础设施投资建设运营、城市建设和开发、海洋工程与装备方面有完整的产业链和深厚的技术、管理积累。发挥传统产业优势，"进城下海"打开市场新天地，打造"五商中交"就成为升级发展的必然选择。

（二）"品质中交"

"品质中交"，就是要打造中交生命共同体、利益共同体。当前公司处在高位运营，组织管理依然采用传统长链条模式，产业链优势没有充分发挥，市场开发以子企业在"红海"激烈竞争为主，难以适应当前市场要求。这就迫切要求我们进行组织变革，进行有效的资源整合和流程再造，建设更加适应市场的组织管理模式，发挥产业链各环节的主观能动性，构建与整体利益最大化相一致的完整产业配套体系，实现产业链向价值链的转变。只有这样，才能从单纯的工程施工，向投融资、设计施工总承包、技术研发、采购、物流、资产运营等完整产业链升级，实现由产业链低端向产业链高

端、由低端市场向高端市场、由低话语权向高控制力的转变。基于此，公司启动适应性总部建设，明确总部"六个中心"定位和"六项职能"，成立事业部和区域总部，形成新型发展责任体系和管理体系，目的在于彻底理顺内部利益关系，彻底消除内部体制性障碍，彻底消除内耗，真正构建中国交建"利益共同体"和"生命共同体"。

（三）"全球中交"

"全球中交"，就是要破解海外业务发展瓶颈，全面提升海外业务发展水平。中交重组过程中，公司成立了两个对外窗口，继承CHEC（中港）和CRBC（中路）两个国际知名品牌，定位于主要参与境外市场的经营。8年发展，两个牌子做大做强变成了实体，不可避免的形成了局部利益，甚至出现CHEC、CRBC与CCCC关系上的分歧。打造"一体两翼"的发展平台和管理平台，根本上就是要解决这个问题。"一体"就是中国交建，这个"体"既是作为出资人的"母体"，也是作为世界500强企业的整体，实现形式是发展责任和管理责任为一体的海外事业部。"两翼"就是中国港湾和中国路桥，要把中国港湾和中国路桥打造成平台公司，任务就是以中国港湾和中国路桥的品牌，以海外事业部为核心，同海外事业部共同构成发展平台和管理平台。

（四）"效益中交"

"效益中交"，就是要全面提升公司基础管理水平。公司提出"要率先建成世界一流企业"的战略目标，这就要求我们具备"一流的自主创新能力，一流的资源配置能力，一流的风险管控能力，一流的人才队伍，一流的国际化经营能力，一流的经营业绩，一流的企业文化，一流的品牌形象"。国务院国资委也明确了建设世界一流企业的 13 项要素。对照这些标准，我们发现，公司还有很多不足和短板。我们必须推进管理提升，坚持创新发展，全力推动公司实现内涵式、集约型增长，才能真正实现升级发展，早日建成世界一流企业。

（五）"和谐中交"

"和谐中交"，就是要充分调动中交人的积极性，同心同德、同向同行，共同给力。这就要持续推动文化深度融合，建设更加和谐统一、更具凝聚力和价值创造力的中交主流文化，强化集团意识，强化品牌意识，强化角色意识，形成生命共同体文化和理想共同体文化。"升级版中交"的发展目标的实现，重大改革创新的落实执行，关键在人的思想认识，特别是广大领导干部的思想认识；公司的改革发展对各级领导干部提出了更高要求，需要选拔、培养、调配更多优秀干部，充实公司各级领导岗位。各级领导干部要根据"靠得住、能干事、在状态、善合作"的要求，照照镜子，查找不足，改进提高，做到思想到位，认识到位，执行到位，为公司改革发展担起关键职责，只有这样才能团结带领广大员工投入到伟大事业。

打造"升级版中交"，是系统工程，是渐进过程，是持久之战，唯有勇于改革，强化创新，才能突破思维禁锢，化解转型风险，实现升级成功。

—— 第 3 节 ——

对中国建筑企业未来的展望

改革开放以来，经济全球化日益深入，中国经济持续稳定增长，人均 GDP 超过 6000 美元，中国已步入中等收入国家行列，企业国际化成为中国进行经济结构转型和摆脱中等收入陷阱的必由之路。

一方面，全球经济在曲折和不平衡中渐进发展，各国利益博弈引发的保护主义和跨国投资审批渐趋严格所造成的倒逼机制，将给中国企业国际化带来巨大的挑战。另一方面，经济全球化的大趋势并没有改变，特别是在金融危机后全球经济金融格局重构的大背景下，中国企业国际化亦将迎来时代机遇，加快企业国际化建设是中国企业适应全球经济金融格局重构与中国发展方式转变的理性选择。

据商务部数据显示，2012 年中国境内投资者共对全球 141 个国家和地区的 4425 家境外企业进行了直接投资，累计实现非金融类直接投资 772.2 亿美元，同比增长 28.6%。中国对外投资的持续增长预示着企业国际化进入了一个新的阶段，这既有微观层面的企业努力，也有宏观层面的政策支持，更与中国从二元经济结构推动的工业化阶段向资本有机构成提高的资本化阶段的过渡密切相关。

但同时中国的对外投资具有投资质量不高和失衡的现象，具体而言：

其一，从投资主体来看，主要以国有企业为主，大型央企和国企凭借国内相对优势地位实现了快速扩张后，开始进行企业国际化的进程，鉴于中国企业的国家背景，外国政府对中国投资可能导致的国家资本主义倾向的担忧正与日俱增。

其二，从投资领域来看，主要集中在资源交易和对外工程承包方面，服务领域投资占比仍较低，企业国际化更多依赖于外延式拓展，企业仍处于价值链的低端，中国企业的国际化总体水平还处于初级阶段，成熟度仍然较低。

其三，从投资区域来看，主要集中在南美、非洲、欧洲等地区，对美国的投资由于审查严格，企业国际化经验不足导致投资阻力重重，收获甚微。

展望未来，要有效推进企业国际化，中国也还有许多功课要做。

就宏观层面而言，中国政府应该出台相关政策为企业国际化提供更好的服务。中国"十二五"规划纲要首次提出中国要逐步发展大型跨国公司，大力实施"走出去"战略，推动产能过剩行业的对外投资，支持资源型企业到境外设立战略资源供应基地，实施互利共赢的开放战略，进一步提高对外开放水平，加快企业国际化步伐；进一步简化投资审批制度，深化境外投资管理体制改革，完善市场环境，促进企业投资，弱化企业的国家背景，确保投资项目的商业性和投资决策过程的透明度，最终实现投资的自由化。

就微观层面而言，企业本身要从战略定位、组织架构、人才配置、管理体制等方面打造国际化的经营平台，认真研究企业国际化过程中的国别和地区差异，充分了解投资国的制度、风俗、宗教等方面的情况，减少企业国际化的风险和成本。

　　英国作家狄更斯曾说："这是最坏的时代，也是最好的时代。"对于中国的企业而言，这是一个遍布荆棘的时代，也是一个繁花似锦的时代，机遇和挑战并存，风险和回报共生。春暖花开之时，企业国际化的中国时代亦将扑面而来。

参考文献

[1] 高遐，井润田，马振中.基于知识整合的企业进入模式研究.管理学报，2009，6（5）

[2] 李福胜.中国企业"走出去"面临的国家风险研究.拉丁美洲与研究，2006（6）：51~56

[3] 鲁桐.中国企业海外市场进入模式研究 [M].北京：经济管理出版社，2007

[4] 尚耀华，金维兴.中国建筑企业的战略选择：基于价值链理论的分析.建筑经济，2005（10）：5~10

[5] 徐登峰.中国企业对外直接投资进入模式研究.北京：经济管理出版社，2010

[6] 阎大颖.中国企业国际直接投资模式选择的影响因素：对跨国并购与合资新建的实证分析.山西财经大学学报，2008，30（10）：24~33

[7] 张一驰，欧怡.企业国际化的市场进入模式研究述评.经济

317

科学，2001（04）：11~19

[8] A.D.Chandler，（1962），Strategy and Structure：Chapter in the History of Industrial Enterprise.

[9] Agarwal，S.，& Ramaswami，S.N.（1992），Choice of foreign market entry mode.

[10] Aguilar Francis J.（1967）.Scanning the business environment. Macmillan press in New York.

[11] Ahmed，Z.U.，Mohamad，O.，Tan，B.，& Johnson，J.P.（2002），International risk perceptions and mode of entry：A case study of Malaysian multinational firms.Journal of Business Research，55，805~813.

[12] Anand，J.，& Delios，A.（1997），Location specificity and the transferability of downstream assets to foreign subsidiaries.Journal of International Business Studies，28，579~603.

[13] Andersen，O.（1997），Internationalization and market entry mode：A review of theories and conceptual frameworks.Management International Review，37，27~42.

[14] Anderson，E.，& Gatignon，H.（1986），Modes of foreign entry：A transaction cost analysis and propositions.Journal of International Business Studies，11，1~26.

[15] Anderson，E.，Coughlan，A.T.（1987），International Market Entry and Expansion via Independent or Integrated Channels of Distribution，Journal of Marketing，51（1）：71~82.

[16] Andrews Kenneth R.（1971）.Concept of Corporate Strategy，

1971, Richard D Irwin Press.

[17] Ant ó nio, Nelson Santos. (2006), Organizational Strategy: from Positioning to Movement, 2nd Edition.

[18] Baek, H.Y. (2003), Parent-affiliate agency conflicts and foreign entry mode choice.Multinational Business Review, 11 (2), 75–97.

[19] Barney, J.B. (1991), Firms resources and sustained competitive advantage, Journal of Management, 17 (1), 99~120.

[20] Barney, B.J. (1991), Firm resources and sustained competitive advantage, Journal of Management, 17 (1), 99~120.

[21] Barney, J. (1995), Looking inside for Competitive Advantage, Academy of Management Executive, 9 (4).

[22] Bartlett, C.and Ghosal, S. (1991), Global strategic management: impact on the new frontiers of strategy research, Strategic Management Journal, 12, 5~16.

[23] Bhaumik, S.K., & Gelb, S. (2005), Determinants of entry mode choice of MNCs in emerging markets.Emerging Markets Finance and Trade, 42 (2), 5~24.

[24] Blomstermo, A., Sharma, D.D., & Sallis, J. (2006), Choice of foreign market entry mode in service firms, International Marketing Review, 23 (2), 211~229.

[25] Bradley, F., & Gannon, M. (2000), Does the firm's technology and marketing profile affect foreign market entry? Journal of International Marketing, 8 (4), 12~36.

[26] Brass, D.J, Galaskiewicz, J., Greve, H.R., & Tsai, W.(2004),

Taking stock of networks and organizations: A multilevel perspective, Academy of Management Journal, 47, 795~817.

[27] Brouthers, K.D., & Bamossy, G.J. (2006), Post-formation processes in Eastern and Western European Joint Ventures, Journal of Management Studies, 43, 203~229.

[28] Buckley, P.J, Casson, M.C. (1998), Analyzing Foreign Market Entry Strategies: Extending the Internalization Approach, Journal of International Business Studies, 29: 539~562.

[29] Buckley, P.J.and Casson, M.C. (1976), The Future of Multinational Enterprise, Holmer & Meier Publishers, New York, NY.

[30] Buckley, P.J.and Pearce, R.D. (1979), overseas production and exporting by the world's largest enterprise: a study in sourcing policy, Journal of International Business Studies, 10, 9~20.

[31] Burke, M.C. (1984), Strategic choice and marketing managers: an examination of business-level marketing objectives, Journal of Marketing Research, 21, November, 345~59.

[32] Caves, R.E.and Mehra, S.K. (1986), Entry of foreign multinationals into US manufacturing industries, in Porter, M.E. (Ed.), Competition in Global Industries, Harvard Business School Press, Boston, MA.

[33] Coase, R.H. (1937), the nature of the firm, Economica, 4, 386~405.

[34] Conner, K.R. (1991), A historical comparison of resource-based theory and five schools of thought within industrial organization

economics: do we have a new theory of the firm?, Journal of Management, 17 (1), 121~54.

[35] Cool, Schendel, (1988), Performance Differences Among Strategic Group Members, Institute for Research in the Behavioral, Economic, and Management Sciences, Krannert Graduate School of Management, Purdue University, 1988

[36] Cox, D.R. (1970), Analysis of Binary Data, Methuen & Co., London.

[37] Cross, J.C.and Walker, B.J. (1987), Service marketing and franchising: a practical business marriage, Business Horizons, 30 (6), 50~8.

[38] Daniel Sullivan.Measuring the Degree of Internationalization of a Firm.[J], Journal of International Business Studies, 1994, 25.

[39] Davidson, W.H. (1982), Global Strategic Management, John Wiley & Sons, New York.

[40] Dunning NY, J.H. (1977), Trade, location of economic activity and the MNE: a search for an eclectic approach, in Ohlin, B.et al. (Eds), The International Allocation of Economic Activity Proceedings of a Noble Symposium Held in Stockholm, Macmillan, London.

[41] Dunning, J.H. (1980), toward an eclectic theory of international production: some empirical tests, Journal of International Business Studies, 11, Spring/Summer, 9~31.

[42] Dunning, J.H. (1988), the eclectic paradigm of international production: a restatement and some possible extensions, Journal of

International Business Studies, 19, Spring, 1~31.

[43] Dunning, J.H. (1993), the internationalization of the production of services: some general and specific explanations, in Aharoni, Y. (Ed.), Coalitions and Competition: The Globalization of Professional Business Services, Routledge, New York.NY.

[44] Dunning, J.H.and McQueen, M. (1982), The eclectic theory of the multinational enterprise and the international enterprise and the international hotel industry, in Rugman, A.M. (Ed.), New Theories of Multinational Enterprise, St Martin's, New York, NY.

[45] Dunning, J.H. (1998), Explaining International Production, Allen and Unwin: Lodon.

[46] Dwyer, R.F.and Welsh, A. (1995), Environmental relationships of the international political economy of marketing channels, Journal of Marketing, 49, November, 397~414.

[47] Edwards, (1955), 1955 Supplement to American Constitutional Law, Foundation Press

[48] Eicher, T., Kang, J.W.Trade (2005), Foreign Direct Investment or Acquisition: Optimal Entry Modes for Multinationals, Journal of Development Economics, 77 (1): 207~228.

[49] Ekeledo, I.and Sivakumar, K. (1998), Foreign market entry mode choice of service firms: a contingency perspective, Journal of the Academy of Marketing Science, 26 (4), 274~92.

[50] Elango, B. (2005), the influence of plant characteristics on the entry mode choice of overseas firms, Journal of Operations

Management, 23（1）, 65~79.

[51] Elango, B., & Sambharya, R.S.（2004）, the influence of industry structure on the entry mode choice of overseas entrants in manufacturing industries, Journal of International Management, 10（1）, 107~124.

[52] Erramilli, M.K.and D'Souza, D.E.（1995）, Uncertainty and foreign direct investment: the role of moderators, International Marketing Review, 12（3）, 47~60.

[53] Erramilli, M.K.and Rao, C.P.（1993）, Service firms' international entry-mode choice: a modified transaction-cost analysis approach, Journal of Marketing, 57, July, 19~38.

[54] Galliers, R.D.（1991）Choosing appropriate information systems research approaches: a revised taxonomy.

[55] Grazia Letto Gillies & Robin John, Global Business Strategy, International Thomson Business Press, 1997.

[56] H.I.Ansoff,（1957）, International Marketing: Strategy, Planning, Market Entry & Implementation, Kogan Page,

[57] Hall, R.（1992）, the strategic analysis of intangible resources, Strategic Management Journal, Vol.13, 135~44.

[58] Hamel, G.（1991）, Competition for competence and interpartner learning within international strategic alliances, Strategic Management Journal, Vol.12, Winter special issue, 83~103.

[59] Harzing, A.W.K.（2007）, Publish or Perish, version 2.3.2808. Retrieved October 10, 2007, from /http: //www.harzing.com/pop.htmS.

[60] Hennart, J-F. (1989), Can the 'new forms of investment' substitute for the 'old forms'? A transaction costs perspective, Journal of International Business Studies, Vol.20, Summer, 211~34.

[61] Hill, C.W.L. (2002), International Business, McGraw-Hill Irwin, New York, NY.

[62] Hirschheim Rudy A. (1985), Office automation: concepts, technologies, and issues, Addison-Wesley Pub.Co., 1985

[63] Hofer, C.W.and Schendel, D. (1978), Strategy Formulation: Analytical Concepts, West Publishing Company, St Paul, MN.

[64] Horst, T. (1972), Firm and industry determinants of the decision to invest abroad: an empirical study, Review of Economics and Statistics, August, 258~66.

[65] Hunt, S.D.and Morgan, R.M. (1995), The comparative advantage theory of competition, Journal of Marketing, Vol.59, April, 1~15.

[66] Hymer, S (1960), the International Operations of National Firms.The MIT press, ambridge, Mass, Previous Unpublished Ph.D Dissertation.

[67] Hymer, S.H (1976), The International Operations of National Firms: A Study of Direct Investment, Cambridge, MA: MIT Press.

[68] Hymer, Stephen (1972), The Multinational Corporation and the Law of Uneven Development, Economics and the New World Order. World Law Fund, New York.

[69] Impact of ownership, location, and internalization factors. Journal of International Business Studies, 23（1）, 1~27

[70] Johanson, J.and Vahlne, J.E.（1977）, The internationalization process of the firm-a model of knowledge development and increasing foreign market commitments, Journal of International Business Studies, Vol.8, Spring/Summer, 23~32.

[71] Johanson, J.& Wiedersheim-Paul, F.（1975）, The internationalization of the Firm-Four Swedish Cases, Journal of Management Studies.

[72] Johanson, J.Mattsson, L.E.（1988）, Internationalization in Industrial System: a Network Approach, in Hood, N., Vahlne, J.-E.（Eds）, Strategies in Global Competition, Routledge, London.

[73] Kachigan, S.K.（1986）, Statistical Analysis: An Interdisciplinary Introduction to Univariate and Multivariate Methods, Radius Press, New York, NY.

[74] Kaplinsky, Raphael & Morris, Mike & Readman, Jeff,（2002）. "The Globalization of Product Markets and Immiserizing Growth: Lessons From the South African Furniture Industry, " World Development, Elsevier, vol.30（7）, pages 1159~1177, July. Easterby-Smith et al（1997）

[75] Kim, W.C.and Hwang, P.（1992）, Global strategy and multinationals' entry mode choice, Journal of International Business Studies, Vol.23, 1st quarter, 29~54.

[76] Kimura, Y.（1989）, Firm specific strategic advantages and

foreign direct investment behavior of firms: the case of Japanese semi-conductor firms, Journal of International Business Studies, Vol.20, summer, 296~314.

[77] Kiyoshi Kojima, Direct Foreign Investment: A Japanese Model of Multinational Business Operations, Taylor & Francis, 1978.

[78] Kogut, B.and Zander, U. (1993), Knowledge of the firm and the evolutionary theory of the multinational corporation, Journal of International Business Studies, Vol.24, 4th quarter, 625~45.

[79] L.Wrigley,(1970),Divisional Autonomy and Diversification.(Ph. D Dissertation) Harvard Business School.

[80] Lehmann, D.R., Gupta, S.and Steckel, J.H. (1998), Marketing Research, Addison-Wesley, New York, NY.

[81] M.Gort, (1962), M.Gort, Diversification and Integration in American Industry (Princeton University Press, Princeton, 1962

[82] Madhok, A. (1997), Cost, value and foreign market entry mode: the transaction and the firm, Strategic Management Journal, Vol.18, 39~61.

[83] Mahoney, J.T.and Pandian, R. (1992), The resource-based view within the conversation of strategic management, Strategic Management Journal, Vol.13, June, 363~80.

[84] Markowitz, H.M., (1952), Protfolio Selection, The Journal of Finance, Vol.7, No.1, March.

[85] Mathe, H.and Perras, C. (1994), Successful global strategies for service companies, Long Range Planning, 27 (1), 36~49.

[86] Melin, L. (1992), Internationalization as a strategy process, Strategic Management Journal, Vol.13, 99~118

[87] Meyer, K.E., & Nguyen, H.V. (2005), foreign investment strategies and sub-national institutions in emerging markets: Evidence from Vietnam, Journal of Management Studies, 42, 63~93.

[88] Meyer, K.E., & Peng, M.W. (2005), Probing theoretically into Central and Eastern Europe: Transactions, resources, and institutions, Journal of International Business Studies, 36, 600~621.

[89] Montgomer, Hariharan (1991).Diversified Expansion by Large Established Firms, Journal of Economic Behavior and Organization, 15, 71~89

[90] NY.Day, G.S. (1994), The capabilities of market-driven organizations, Journal of Marketing, Vol.58, October, 37~52.

[91] Palmer, A.and Cole, C. (1995), Services Marketing: Principles and Practice, Prentice-Hall, Englewood Cliffs, NJ.

[92] Pampel, F.C. (2000), Logistic Regression: A Primer, Sage Publications, Thousand Oaks, CA.

[93] Patterson, P.G.and Cicic, M. (1995), A typology of service firms in international markets: an empirical investigation, Journal of International Marketing, 3 (4), 57~83.

[94] Pease, S., Paliwoda, S., & Slater, J. (2006), The erosion of stable shareholder practices in Japan (Anteikabunushi Kosaku), International Business Review, 15, 618~640.

[95] Penrose, (1959), The Theory of the Growth of the Firm,

Oxford University Press,

[96] Peteraf, M.A. (1993), The cornerstones of competitive advantage: a resource-based view, Strategic Management Journal, 14(3), 179~91.

[97] Porter M.E. (1986), Changing Patterns of International Competition, California Management Review, Vol.XXVIII, No.2, winter, 10~11.

[98] Porter, M.E. (1988).On Competition.Boston: Harvard Business School Press

[99] Porter, M.E. (2008).The five competitive forces the shape strategy, Special Issue on HBS Centennial.Harvard Business Review 86, no.1

[100] Porter, M.E. (1980), Competitive Strategy: Techniques for Analyzing Industries and Competitors, Free Press, New York/Collier Macmillan, London.

[101] Porter, M.E. (1985), Competitive Advantage: Creating and Sustaining Superior Performance, Free Press, New York/Collier Macmillan, London.

[102] Porter, M.E. (1990), The Competitive Advantage of Nations, Free Press, New York/Collier Macmillan, London.

[103] Prahalad, C.K.and Hamel, G. (1990), The core competence of the corporation, Harvard Business Review, 68 (3), 79~91.

[104] R.P.Rumelt, (1974), Strategy, Structure and Economic

Performance, Boston Harvard Business School.

[105] Rajan, K.S.& Pangarkar, N. (2000), Mode of entry choice: An empirical study of Singaporean multinationals, Asia Pacific Journal of Management, 17, 49~66.

[106] Rasheed, H.S. (2005), Foreign entry mode and performance: The moderating effects of environment.Journal of Small Business Management, 43 (1), 41~54.

[107] Roberto, B. (2004), Acquisition versus greenfield investment: The location of foreign manufacturers in Italy, Regional Science and Urban Economics, 34 (1), 3~25.

[108] Root, F.R. (1994), Entry Strategies for International Markets, D.C.Heath, Lexington, MA.

[109] Rugman, A.M. (1980), Internalization as a general theory of foreign direct investment: a reappraisal of literature, Weltwirtschaftliches Archiv, 116 (2), 365~79.

[110] Saaty, T.L. (1980), The Analytic Hierarchy Process: Planning, Priority Setting, Resource Allocation, McGraw-Hill: London.

[111] Sabi, M. (1988), An application of the theory of foreign direct investment to multinational banking in LDCs, Journal of International Business Studies, Vol.19, Fall, 433~48.

[112] Sanchez-Peinado, E.& Pla-Barber, J. (2006), A multidimensional concept of uncertainty and its influence on the entry mode choice: An empirical analysis in the service sector, International Business Review, 15 (3), 215~232.

[113] Somlev, I.P.& Hoshino, Y. (2005), Influence of location factors on establishment and ownership of foreign investments: The case of the Japanese manufacturing firms in Europe, International Business Review, 14 (5), 577~598.

[114] Stephen Young, James Hamill, Cohn Wheeler, Richard Davies (1989), International Market Entry and Development, Harvester Wheatsheaf, p.2.

[115] Tallman, S.B. (1991), Strategic management models and resource-based strategies among MNEs in a host market, Strategic Management Journal, 12, 69~82.

[116] Teece, D.J. (1981), The market for know-how and the efficient international transfer of technology, Annals of the American Academy of Political and Social Science, Vol.458, November, 81~96.

[117] Teece, D.J. (1988), Capturing value from technological innovation: integration, strategic partnering, and licensing decisions, Interfaces, Vol.18, May-June, 46~61.

[118] Teece, D.J., Pisano, G.and Shuen, A. (1997), Dynamic capabilities and strategic management, Strategic Management Journal, 18 (7), 509~533.

[119] Terpstra, V.and Sarathy, R. (1994), International Marketing, 6th ed, Dryden Press, Fort Worth, TX.

[120] Thunen, J.H.Von, Isolated Stated in its relation to agriculture and national economy, Oxford, New York, Pergamon Press, 1826 (original version)

[121] Weber Alfred, Theory of the Location of Industries. Chicago: The University of Chicago Press, 1929

[122] Weinstein, A.K. (1977), Foreign investment by service firms: the case of multinational advertising agencies, Journal of International Business Studies, 8 (1), 83~91.

[123] Welch, L.S., and R.K.Luostarinen (1988), Internationalization: Evolution of a Concept, Journal of General Management, 14 (2), 34~55.

[124] Wernerfelt, B. (1984), A resource-based view of the firm, Strategic Management Journal, Vol.5, 171~80.

[125] Wernerfelt, B. (1989), From critical resources to corporate strategy, Journal of General Management, 14 (3), 4~12.

[126] Williams, J.R. (1992), How sustainable is your competitive advantage, California Management Review, Vol.34, Spring, 29~51.

[127] Williamson, O.E. (1979), Transaction-cost economics: The governance of contractual relations, Journal of Law and Economics, 22, 233~261.

[128] Williamson, O.E. (1975), Markets and Hierarchies: Analysis and Antitrust Implications, Free Press, New York, NY.

[129] Williamson, O.E. (1981), The modern corporation: origins, evolution, attributes, Journal of Economics Literature, Vol.19, December, 537~68.

[130] Williamson, O.E. (1985), Assessing contract, Journal of Law, Economics, and Organization, 1, 177~208.

[131] Williamson, O.E. (1993), Calculativeness, trust and economic organization, Journal of Law and Economics, 36, 453~486.

[132] Woodcock, C.P., Beamish, P.W.& Makino, S. (1994), Ownership-based entry mode strategies and international performance, Journal of International Business Studies, 25, 253~273.

[133] Young, S. (1989), International Market Entry and Development: Strategies and Management, NY: Harvester Wheatsheaf.

[134] Zacharakis, A.L. (1997), Entrepreneurial entry into foreign markets: a transaction cost perspective, Entrepreneurship Theory and Practice, 21 (3), 23~39.

[135] Zikmund, W.G. (1997), Exploring Marketing Research, 6th ed., The Dryden Press, New York, NY.

[136] Zou, S.and Cavusgil, S.T. (1996), Global strategy: a review and an integrated conceptual framework, European Journal of Marketing, 30 (1), 52~69.

后　记

历经 30 多年改革开放，中国取得了举世瞩目的成就，从突破原有的计划经济理念，到引入市场经济概念；从制造业链条的全球分工增加，到三来一补、引进外资；中国不仅要"引进来"，更要"走出去"，把中国企业的触角往外延伸，把中国的产业转移到国外去。2012 年，中国人均国内生产总值超过 6000 美元，已进入直接投资发展路径理论所说的对外投资快速增长阶段，在此阶段，以对外投资来开拓对外市场，争得国际话语权成为了中国企业发展所需要解决的首要问题。

1988 年至今，我先后在中国水电与中国交建两家中央企业从事企业管理实践工作。中国水电和中国交建这两家企业都是令人尊重的企业，它们都是国务院国资委确定的 10 家培育国际化经营重点联系企业，两家企业的国际化都走在了中国企业的前列。25 个年头，我有幸参与和见证了这两家世界 500 强大型建筑企业里程碑式的发

展节点，也有机会深入理解这两家公司扎根国内市场、拓展国际市场过程中的运行方式发展实践。在国际化的大趋势下，我深感中国需要按照一种新的全球化理念和规则来运营企业，中国企业需要把前些年高速增长带来的毛病尽快改正，需要在当前的大背景下取势、明道、优术，培育自己的世界一流企业。

《从竞争力到核心竞争力——中国企业集团国际化的理论与实践》以中国大型企业为研究对象，分析了国际化经营的内外部环境及战略选择，对企业国际化经营市场进入模式选择的概念和分类、内在属性、影响因素进行阐述。本书的研究聚焦于中国大型企业的代表——中国交通建设股份有限公司（简称"中国交建"），构建了中国交建国际化经营的 SWOT 分析框架及权重体系，提出了市场进入模式选择的三大前提及理论框架，并以中国交建进入安哥拉和肯尼亚市场为例，验证了理论框架的有效性和适用性，弥补了企业国际化经营市场进入模式选择理论的空白。本书还展望了中国建筑企业未来发展的走势，尤其是重点介绍了中国交建追求"五商中交"的一系列战略思考，理论高度和实践价值相得益彰，可为有志于"出海"的企业提供国际化经营思路方面的有力参照。

轻轻合上书稿，油然而生的除了思绪万千的眷恋，更有温暖在心的感谢：

感谢我的葡萄牙籍导师 Nelson Santos António 教授和他的妻子 Virginia Trigo 教授，他们曾经在澳门大学工作过很长时间，并在北京大学、上海交通大学、电子科技大学等多所大学任教和做讲座，是国际上研究中国问题的知名专家。这本书初稿原用英文编写，Nelson 教授和 Virginia 教授成为我文章初稿的第一读者，他们的许多观点和文字修改都进入了这本书的终稿，并为这本书写了序，我从他们那里体会到的开阔的国际视野、严谨的学风、务实的作风将让我终身受益。

感谢我的中国导师井润田教授。井教授虽然很年轻，但已经是我国管理理论方面的著名学者，被认为是中国管理理论界的希望之星，井教授在管理理论方面的造诣令我敬佩，也正是在井教授的引导下，我才对管理学产生了浓厚的兴趣，井教授不但是我的良师，更是我的益友。

感谢我的领导和同事，在工学矛盾的情况下，他们给予了我理解和帮助。尤其是时任中国路桥安哥拉区域总部的杜飞总经理、肯尼亚区域总部的李强总经理、中国港湾安哥拉区域总部的李懿总经理、中国水电国际的苗军总经理助理，中国路桥的高级翻译李聚广先生和中国交建办公厅的杨帆女士等很多同事，他们在工作之余，为我提供了大量研究信息、一手资料和辅助性工作，让我顺利完成了调研、访谈、问卷调查以及案例分析等工作。

同时，借此机会我要特别感谢一些多年的朋友，近些年来我的一些观点，尤其是在中国企业国际化战略方面的想法，多是在与这些友人交流过程中形成的。他们是国务院发展研究中心企业所所长赵昌文教授，北京大学经济管理学院的曹和平教授，北京大学闫雨教授、赵占波副教授和张楚扬研究员，电子科技大学的李仕民教授、肖文博士，中国人民大学的崔十安博士、唐龙博士，中国交建的何卉博士、张颖博士、梁运斌博士，《施工企业管理》杂志的副主编龚炜先生，他们曾对本书提出过不少建议和修改意见。

国务院发展研究中心企业研究所赵昌文所长、Nelson Santos

António 教授和 Virginia Trigo 教授在百忙中为本书写了很有分量的序言，让本书增色不少。

最深的感谢要致以我的父母、妻子和可爱的女儿，感谢你们体谅我在写作过程中对你们的疏忽，是你们的爱和鼓励，让我的写作有了坚持下去的勇气，让我的人生充满了力量、智慧和毅力。

我还要感谢翻阅此书的读者，无论你是社会大众、企业家、高等学校师生还是政府官员，感谢你同我一样热衷于研究和探索中国企业国际化发展，愿意采撷我思想的火花。

中国正处于发展进程中的关键历史时期，中国企业正是其中关键角色。让我们携手向"中国梦"出发，坚持"行大道，做善事，树正气"，通过自身努力，改变和影响自己的家人、周围的同事和朋友，为中华民族的尊严和强大尽自己微薄之力。

书中还有许多不足之处，我会不断修改和完善，恳请读者谅解并通过邮件不吝指教，作者的邮箱：6yys8@vip.sina.com，我将进一步研究和实践。

杨永胜

2013 年 9 月 10 日下午于北京

图书在版编目（CIP）数据

从竞争力到核心竞争力：中国企业集团国际化的理论与实践 /
杨永胜著 . —北京：中国发展出版社，2013.11（2014.8 重印）

ISBN 978-7-5177-0038-8

Ⅰ . ①从… Ⅱ . ①杨… Ⅲ . ①企业集团－跨国经营－
研究－中国 Ⅳ . ① F279.244

中国版本图书馆 CIP 数据核字（2013）第 250698 号

书　　　名：从竞争力到核心竞争力：中国企业集团国际化的理论与实践
著作责任者：杨永胜
出 版 发 行：中国发展出版社
　　　　　　（北京市西城区百万庄大街 16 号 8 层 100037）
标 准 书 号：ISBN 978-7-5177-0038-8
经 销 者：各地新华书店
印 刷 者：北京科信印刷有限公司
开　　　本：710mm×1000mm　1/16
印　　　张：23
字　　　数：260 千字
版　　　次：2013 年 11 月第 1 版
印　　　次：2014 年 8 月第 4 次印刷
定　　　价：48.00 元

联 系 电 话：（010）68990625 68990692
购 书 热 线：（010）68990682 68990686
网 络 订 购：http://zgfzcbs.tmall.com//
网 购 电 话：（010）68990639 88333349
网　　　址：http://www.develpress.com.cn
电 子 邮 件：fazhan010@126.com